R
REGARDS
CROISÉS

Sur le coaching

Éditions d'Organisation
1, rue Thénard
75005 Paris
Connectez-vous sur le site :
www.editions-organisation.com

DANS LA MÊME COLLECTION

Laurent SAUSSEREAU et Franck STEPLER, *La formation, vers les Universités d'entreprise*, à paraître.

© Éditions d'Organisation, 2002
ISBN : 2-7081-2810-8

Gilles FORESTIER

R

REGARDS CROISÉS

Éditions
d'Organisation

La collection « Regards croisés » : des ouvrages qui se veulent différents

Malgré toute leur utilité, les livres de management classiques, généralement écrits par des experts, oscillent souvent entre la théorie et les éclairages pratiques, sans faire le tour d'un sujet de façon complète et objective. Résultat, le lecteur doit lire plusieurs ouvrages pour faire le tour d'une question sans pour autant alors nécessairement posséder des repères simples et pouvoir prendre du recul. Si ce n'est pour mieux aborder cette littérature spécialisée.

Une collection informative qui fait « l'état de l'art » sur un sujet, en mixant la pédagogie, le « vécu » et l'expertise. Des ouvrages haut de gamme sur le fond et la forme qui se lisent et se gardent dans une bibliothèque.

Chaque ouvrage est structuré autour de trois parties distinctes ayant chacune leur fonction, mais qui forment un tout cohérent : *Grands repères, Sur le terrain, Avis d'experts*. Elles peuvent être abordées dans n'importe quel ordre, ce qui permet à chacun de trouver rapidement le type d'information dont il a besoin. Vous pouvez capter les idées principales de l'ouvrage en lisant le résumé de chaque partie.

Grands repères, en 100 pages environ, le lecteur obtient un maximum d'informations et d'éclairages, sans esprit de chapelle ou de dogme. Les chapitres sont organisés autour de questions simples qui permettent de rentrer très facilement dans le sujet.

Sur le terrain, une dizaine de cas d'entreprises sont sur le « grill ». Elles exposent leur approche, mais aussi leurs attentes et leurs difficultés.

Avis d'experts, huit spécialistes venus d'horizons divers ont la parole : consultant, universitaire, historien, sociologue, philosophe, psychanalyste… La richesse et la diversité de leurs points de vue donnent des éclairages inédits et permettent d'aller plus loin.

SOMMAIRE

Deuxième partie
Sur le terrain

Le constructeur veut imposer un nouveau style de management via le coaching valorisant les compétences humaines. Objectif : mieux faire face aux retournements très durs de conjoncture dans l'automobile.

Pour redécoller et instaurer un management participatif, la filiale d'EADS a fait appel au coaching. L'équipe de direction s'est soudée autour de nouveaux objectifs.

Le coaching a participé à l'évolution du concept de 8 à Huit et à la motivation du comité de direction autour du nouveau projet.

Comprendre par l'art et le coaching les mécanismes mentaux qui bloquent la confiance, telle est l'approche des laboratoires Boiron connus pour leur management participatif.

Alain Thibault s'est appuyé sur le coaching pour former sa nouvelle équipe de direction après le rachat de son cabinet par Renaissance.

la forte croissance de l'entreprise a soumis les jeunes décideurs d'origine à une forte pression. Le besoin de se faire épauler s'est alors fait sentir.

Troisième partie
Avis d'experts

Mémento pratique

Première partie

Grands repères

Le coaching, qui revendique à la fois l'héritage de la maïeutique et du sport de compétition, ne semble pas se résumer à un simple effet de mode. La réflexion autour de la création de valeur dans le domaine des ressources humaines, la reconnaissance de l'intelligence émotionnelle de même que le développement des approches systémiques et cliniques sont favorables à sa croissance. Même si en France, il a encore parfois une connotation négative : « Vous êtes cassé, on va vous réparer », il se révèle très utile à tous pour gérer des situations précises comme : passer un cap professionnel, améliorer son leadership, gérer un changement organisationnel, apprendre à maîtriser son temps ou son stress... Jusque-là réservé à une élite, il semble aujourd'hui se démocratiser. Après les dirigeants et les hauts potentiels, c'est au tour du management intermédiaire et des chefs de projet d'en bénéficier.

La relation triangulaire (commanditaire, coach, personne accompagnée) est en général la règle. Reposant sur un contrat moral avec le coaché et sur un contrat légal avec l'entreprise, elle est par nature délicate à gérer et pose des problèmes éthiques. L'entretien préliminaire, la signature du contrat, le nombre de séances, le prix, le lieu, la durée de l'intervention, la restitution et l'évaluation des résultats sont autant de paramètres à gérer avec soin.

Les méthodes et les outils à disposition des professionnels sont nombreux. Comme toute discipline, le coaching est traversé par des grands courants de pensée. Inspiré par le mouvement des thérapies brèves, le coaching « orienté solution », par exemple, rencontre un grand succès dans les pays de culture anglo-saxonne, alors que le coaching systémique domine dans les pays germaniques. Les psychanalystes occupent pour leur part le terrain du coaching centré sur le sujet. Il existe aussi un coaching dit « créatif » basé sur l'envie et le plaisir d'apprendre. N'oublions pas enfin le coaching comportementaliste, imprégné par les préceptes de la programmation neuro-linguistique. Mais, au final, chaque coach se fabrique sa propre grille de lecture et d'intervention.

La profession, comme beaucoup d'autres, a ses stars et ses soutiers. C'est un monde en soi avec ses pionniers et ses nouveaux venus. Les itinéraires empruntés pour devenir coach sont variés : thérapeute diversifiant ses activités, manager profitant de son expérience, consultant poussé par le marché, DRH heureux ou contraint de se recycler. La majorité des coachs exerce une autre profession et certains ne sont pas identifiables en tant que tels.

Tout n'est pas rose cependant au pays du coaching ! Les politiques mises en place se réfèrent souvent à des modèles de compétences comportementales avec comme porte d'entrée le 360 degrés, un système d'évaluation. Les DRH doivent jouer pleinement leur rôle pour éviter aux entreprises de tomber dans une sorte d'intégrisme managérial faisant du coaching un outil de conformité. Les managers, promus coachs et utilisant ces techniques pour encadrer leurs équipes, ne doivent pas plus abuser de leur pouvoir hiérarchique pour déstabiliser leurs collaborateurs.

Quant au coach, il ne peut prétendre résoudre à lui tout seul les problèmes des entreprises. Il doit trouver sa juste place à côté du formateur et du consultant en management. Son chemin de crête est étroit et son équilibre instable. D'autant plus qu'il est soumis à deux tentations : devenir conseiller occulte ou thérapeute déguisé. Certains « professionnels » ne sont pas à l'abri des dérives : les risques de manipulation mentale sont réels. L'ombre des sectes rôde comme dans le conseil en formation.

Mais, une fois bien maîtrisé, le coaching devrait même sortir du monde professionnel pour aller dans la société civile. Outre-Atlantique, il se développe tous azimuts. Le « coaching pour tous » devrait devenir une réalité. Exemples ? L'accompagnement de retraités qui veulent définir un projet pour les années qui leur restent à vivre, ou encore d'étudiants prêts à faire leurs premiers pas sur le marché du travail. Le droit à la formation tout au long de la vie ne devrait-il pas inclure un droit à se faire coacher aux moments charnières de son existence ?

1 La demande de coaching s'amplifie

Quelles sont ses origines ?

En quoi consiste-t-il ?

Quel est son héritage théorique ?

Le coaching est-t-il un effet de mode ?

Quelles sont ses origines ?

Le coaching revendique à la fois l'héritage de la maïeutique et du sport de compétition. Même s'il provoque encore des rejets, ce métier fascinant acquiert cependant progressivement ses lettres de noblesse. Ainsi, les générations montantes perçoivent le fait d'être coaché comme un signe de reconnaissance.

COACH ! Voilà un mot que les Anglo-Saxons nous ont emprunté avant de le réexporter à travers le monde. Tiré du français « coche », le terme « coach » fait allusion à une grande voiture tirée par un « cocher », mais aussi au « coche d'eau », bateau tiré par des chevaux avançant sur la rive. Selon les spécialistes, « coche » proviendrait lui-même du hongrois « *kocs* », qui signifie « voiture transportant des voyageurs ». Le cocher est donc celui qui conduit des voyageurs d'un point à un autre. Notons qu'il ne choisit ni ses passagers ni l'endroit où il les mène : son intervention consiste uniquement à aider les voyageurs qui le souhaitent à atteindre la destination qu'ils se sont fixée. On retrouve ainsi la philosophie du coaching dans l'étymologie du mot. On comprend également mieux pourquoi certains coachs, comme Daniel Cohen, de Mediator, ou Bruno Philippe, d'Algoé Consultants, se désignent « passeurs ». Mais il ne s'agit pas pour le coaché de franchir le Styx, le fleuve des morts, sur une barque conduite par Charon, le nocher des enfers, pour un voyage sans retour. Seulement de se faire accompagner pour avoir la révélation de ses potentialités et trouver les moyens d'atteindre ses objectifs.

On retrouve ainsi la philosophie du coaching dans l'étymologie du mot.

Dans cette optique, le coach est celui qui accompagne un bout de chemin, le passeur qui aide à franchir un seuil, à l'occasion, par exemple, d'une prise de fonction. Il donne les impulsions et manie les rênes ou le gouvernail avec suffisamment de finesse et de souplesse pour permettre au coaché de donner le meilleur de lui-même. Engagé dans une relation de proximité individualisée et d'interdépendance avec son passager, il est au service des intérêts de celui-ci. « *Le coaching s'inscrit dans une longue tradition d'accompagnement, constate Édouard Stacke, directeur chez Euro-*

group RH. C'est le sage qui éduque le prince à l'usage du pouvoir ; c'est le compagnon qui va former l'esprit et l'attitude de l'apprenti au travers des acquisitions du métier ; c'est l'instituteur du village qui va éveiller la curiosité sur le monde et donner confiance ; c'est aussi l'entraîneur qui va faire découvrir comment s'investir, puis se dépasser dans l'action, malgré les peurs ou les risques. Cela suppose une relation individualisée, forte d'une confiance réciproque. » Qu'il soit guide, thérapeute, consultant, révélateur, catalyseur, accoucheur ou simple passeur, le coach semble polymorphe et ses pratiques s'inscrivent, à n'en pas douter, au registre des savoir-faire demandant à être interrogés et clarifiés.

En se référant aux dictionnaires français usuels, « coach » est traduit par « répétiteur » ou « entraîneur », le coach d'un étudiant lui permettant d'accéder à la réussite d'un examen. Mais la référence la plus fréquente est davantage à chercher dans le milieu sportif, où le coach a pour mission d'aider l'athlète à être plus efficace. Le terme a déjà traversé l'Atlantique Nord une première fois et il nous est revenu sous sa forme américaine, porté par le *Gulf Stream*. On retrouve pour le verbe *« to coach »* les notions de préparer, motiver, accompagner, voire entraîner (à ne pas confondre avec *« to train »* qui signifie former). Le substantif « coach » ne pouvait donc échapper à la Commission de terminologie de la Délégation générale à la langue française. Fonctionnant comme un vrai laboratoire d'idées, elle poursuit avec constance un travail de traduction du vocabulaire économique et financier de l'anglais vers le français. Elle a donc examiné ce mot sous toutes ses coutures pour lui trouver un équivalent. Mais la mission s'est révélée impossible, même si elle a pensé à « mentor » sans conviction. En effet, le coach et le mentor sont comme deux cousins germains : la ressemblance n'est qu'apparente. Là où le mentor montre le chemin en transmettant son savoir, le coach doit aider son client à trouver le sien. C'est un allié qui s'adapte à la personnalité de son interlocuteur, mais certainement pas un maître d'apprentissage. Ce n'est pas non plus un moniteur ou un formateur, censés transmettre leur savoir et savoir-faire, et pas davantage un tuteur, qui est là pour « soutenir » et « supporter » une jeune pousse pour l'aider à croître. Pour un coach, l'autre est ressource et il convient de le reconnaître comme telle.

Le coach et le mentor sont comme deux cousins germains.

Le vocabulaire du sport

La notion de coach, plus généralement utilisée dans le monde sportif, repose sur l'hypothèse de la compétition et une représentation héroïque du dirigeant assimilé à un champion. Le coach d'une équipe sportive mobilisera toutes les ressources à sa disposition pour la victoire finale. Il considère la personne comme un système énergétique afin de l'amener à la performance idéale. C'est pourquoi le coaching des athlètes de haut niveau inspire certains praticiens du coaching. Aux États-Unis, de grands coachs ont un passé d'entraîneur sportif. Au Center for Creative Leadership, à Colorado Springs – l'équivalent du centre de préparation préolympique de Font-Romeu (Pyrénées) – s'est développée une école de la psychologie des performances. Ce courant de pensée met en avant la gestion de l'énergie. Or, le management efficace de celle-ci dépend du rythme de récupération après l'effort. Pour être plus rapidement d'attaque, des rituels existent. Ainsi, les grands champions ne travaillent pas que sur leur capacité physique et ne surveillent pas seulement leur régime alimentaire ; ils utilisent aussi des méthodes d'auto-hypnose pour bénéficier de temps de récupération courts, de moins de quinze minutes. *« Cette capacité mentale,* note Éric Asselin, le DRH d'Ondeo, *n'est pas vraiment développée dans les grandes écoles. C'est dommage ! »* Le coach entraîne alors ses poulains à exprimer leurs émotions, à visualiser dans leur laboratoire mental des séries de gestes techniques, à développer le plaisir de passer au-dessus de la barre.

Pour un coach, l'autre est ressource et il convient de le reconnaître comme telle.

Le coaching peut donc revendiquer un premier héritage du côté du sport. Mais, du monde sportif à celui de l'entreprise, il y a un fossé. *« Un sportif se prépare pour un match. La finalité est très claire : il peut perdre ou gagner,* note Olivier Devillard, vice-président de Dexteam. *En entreprise, on a tendance à vouloir gagner tout le temps. Ce que je garde du coaching sportif est l'importance d'encourager la personne. »*

L'ombre de Socrate

Le coaching assume aussi un autre héritage : celui de la maïeutique. Bien que l'on ne dispose pas d'écrits de sa main, Socrate est considéré comme l'un des pères fondateurs de la pensée occidentale. Son « *Connais-toi toi même* » nous réveille du sommeil dans lequel nous avons tendance à nous complaire. Sous cette injonction, l'homme devient inquiétude, recherche et conscience. Le coaching équivaut à une conversation d'un type particulier où le coach laisse le coaché plonger en lui-même pour trouver la solution. L'engouement qu'il engendre nous donne-t-il la permission de parler de management post-socratique ? Oui, à condition de ne pas oublier que la maïeutique ne se réfère pas à la seule parole socratique, mais qu'elle se nourrit des apports de courants ayant traversé l'Humanité. La « *Bhagavadgita* » (poème sanskrit inclut dans le « *Mahabharata* ») ne nous dit-elle pas : « *Mieux vaut, même de façon imparfaite, s'acquitter de sa propre tâche, plutôt que, même correctement, d'une autre qui ne correspondrait pas à notre voie. En accomplissant l'œuvre prescrite par notre propre nature, nous ne pouvons pas nous tromper* » (chap. 18, 47).

Le coaching assume aussi un autre héritage : celui de la maïeutique.

Étienne Roy, le fondateur de Koalto, cabinet de conseil en maïeutique, estime que le dirigeant a besoin d'un espace d'écoute et de soutien hors de l'entreprise. Jusque-là, il cherchait à résoudre ses problèmes de couple avec son psychanalyste, à trouver des réponses à sa quête existentielle avec le prêtre de sa paroisse, et à développer son entreprise avec des experts en organisation et en gestion. Il attend aujourd'hui une prise en compte de besoins affectifs, spirituels et intellectuels dans le cadre de sa fonction. « *Les maïeuticiens répondent à ce besoin, précise-t-il. Ils actualisent la maïeutique socratique, l'art d'accoucher des idées. Ils aident les personnes à comprendre leurs forces et leurs faiblesses et à évoluer en tenant compte des contingences économiques, sociales et organisationnelles.* » Mais, même si de nombreux coachs font référence à Socrate pour évoquer leur pratique, tous ne partagent pas cette vision. « *Il faut avoir en tête tout ce qu'a dit Socrate sur le savoir, la cité, la corruption… sous peine de mutiler sa pensée*, précise Yvon Minvielle, sociologue du travail. *La maïeutique est liée en réalité à l'idée de renaissance. Les âmes ayant déjà voyagé au pays de la connaissance, elles peuvent redécouvrir ce qu'elles ont déjà appris.* »

Pour résumer, le coach maïeuticien accompagne une personne pour l'aider à mieux décrypter sa carte du monde. Il peut aussi l'aider à modifier les croyances qui le limitent pour élargir son répertoire de comportements. C'est en quelque sorte un accoucheur aidant le coaché à mieux sculpter son chemin professionnel, si ce n'est son destin personnel. Par le plus étrange des hasards, la mère de Socrate était sage-femme et son père sculpteur. Étienne Roy fait du reste un parallèle entre la sage-femme accompagnant la femme enceinte et le maïeuticien qui guide son client. Il parle ainsi de la phase de délivrance : « *Débarrassé de ce qui l'encombrait, l'individu ressent un immense bien-être, une sérénité certaine et un grand soulagement d'avoir passé cette épreuve. Plus libre et ayant évacué les obstacles qui l'empêchaient d'avancer, il peut alors se tourner vers ce nouvel avenir et son nouveau projet. Traduit dans le cadre de l'entreprise, le coaché est donc un "homme projet" qui va pouvoir envisager de nouvelles options avec l'aide de son coach.* »

Un état d'esprit

La filiation avec Socrate ou l'entraîneur sportif est incontestable, mais impuissante à expliquer la nouveauté et l'ampleur du phénomène. Le coaching est un état d'esprit en résonance avec notre époque. Il ne relève plus du luxe ou du narcissisme, il devient nécessité. Tout manager éprouve le besoin, à un moment de sa vie professionnelle, de se retrouver et de souffler pour faire le point. Chacun ressent la nécessité d'un espace protégé pour exprimer en toute sécurité, en dehors de toute pression et loin des regards critiques, ses préoccupations et ses difficultés. « *Quelle entreprise française aurait osé conseiller un coaching à un collaborateur il y a deux ou trois ans ? Quel cadre aurait pensé à demander l'accompagnement d'un coach ?*, notait Jean-Luc Buridans, le président de Garon Bonvalot, dans un édito rédigé en janvier 2000. *La formidable percée de la démarche devrait bientôt ranger de telles pudeurs aux oubliettes : le coaching a fait une entrée en force dans l'entreprise en un temps record.* »

Le coaching est un état d'esprit en résonance avec notre époque.

La pratique du coaching a d'abord commencé à se répandre au sein des entreprises anglo-saxonnes. Les DRH français y ont maintenant recours une fois convaincus qu'il s'agit d'une démarche professionnalisée reposant sur une véritable méthodologie. Si nul ne s'en étonne plus, on constate que le coaching est l'objet d'un triple mouvement de récupération, de fascination ou de rejet, qui n'en laisse pas assez voir les originalités et qui entretient la confusion ambiante sur son impact. La récupération s'exprime par le fait qu'on a tendance à dénommer coaching des pratiques n'en étant pas, comme le conseil en management, la formation individualisée, le développement personnel ou encore le transfert sur un consultant extérieur des attributions du manager. Coaching par ci, coaching par là ! « *Tout le monde en parle à tort et à travers* », estime Jean-François Noble, le président de la Société romande de coaching. Tantôt ancienne pratique de formation ou de supervision relookée, tantôt développement personnel flirtant avec la psychothérapie pratiquée en amateur. Tantôt accompagnement professionnel dans un contexte de changement et de restructuration, tantôt démarche individuelle et d'équipe. Tantôt démarche de culture institutionnelle et de « visioning », tantôt management dans la complexité par la communication et les finalités. Si tout cela est du coaching, à sa façon, n'est-on pas en présence d'un mot-valise ? « *Sans doute, mais pas simplement,* répond Nicole Raoult, consultante détachée à l'Observatoire de l'Union des caisses nationales d'assurance de Sécurité sociale (UCANSS). *La demande sociale est largement modelée par l'offre de service. Or le terme "coaching" est devenu aussi une sorte de mot fétiche, rassemblant plus qu'il ne divise.* »

La pratique du coaching a d'abord commencé à se répandre au sein des entreprises anglo-saxonnes.

La fascination qu'il exerce s'illustre par la croissance exponentielle des formations, le nombre de plus en plus important de personnes se définissant comme coach, la multiplication d'articles de presse et de séminaires professionnels – l'année 2001 ayant été particulièrement faste dans ce domaine. Même la télévision s'y est mise : le coach apparaît sur TF1 dans une émission éponyme, destinée au grand public et animée par Julien Courbet. Un coach cathodique aidant à négocier l'achat d'une voiture ou à perdre des kilos.

Chaque article publié sur le sujet provoque une montée en puissance des vocations. Le métier fait rêver : tel coach, après avoir eu droit à un article dans un mensuel féminin, a reçu des dizaines d'appels de cadres désireux de changer de profession. Le coaching fait tellement fantasmer que certains s'autodésignent coach après deux jours d'initiation à la Programmation neurolinguistique ou trois jours de formation à la Gestalt Thérapie. « *Le fait de tomber sur des coachs n'ayant fait qu'un travail superficiel sur eux-mêmes et ayant une compréhension insuffisante des enjeux de ce type d'intervention nuit à la profession tout entière* », juge Stéphanie Féliculis-Yvonneau, coach et psychologue. Ainsi, il est difficile d'être coach à 25 ou 30 ans car il faut avoir fait un certain parcours. La personne qui devient coach doit avoir nettoyé ses lunettes. Le marché du coaching est encore immature et les coachs de qualité sont rares. Une situation qui fait penser au marché de la chasse de têtes à ses débuts. « *À côté de gens recommandables, on trouve des zozos* », note un DRH.

Le battage médiatique autour des pratiques de coaching reste à ce jour plus important que sa diffusion réelle dans les entreprises. Cette pratique devrait cependant acquérir progressivement ses lettres de noblesse.

Le marché du coaching est encore immature et les coachs de qualité sont rares.

En quoi consiste-t-il ?

Le coaching est l'action d'accompagner quelqu'un, sur une période limitée, à atteindre un ou deux objectifs déterminés. Il répond à des situations précises comme passer un cap professionnel, améliorer son leadership, gérer un changement organisationnel ou apprendre à maîtriser son stress.

« LE COACHING *est un accompagnement personnalisé, limité dans le temps, où l'on se tient aux côtés d'une personne souhaitant cheminer d'un point A à un point B, où on lui fournit des balises et un regard extérieur bienveillant mais pas complaisant* », souligne Pierre Blanc-Sahnoun, de la Compagnie des coachs. Semblable à un guide de randonnée, le coach suggère le chemin pour arriver à la destination qu'il n'a pas choisie et, lorsqu'il y a des obstacles, enseigne comment les surmonter ou les accepter quand on ne peut les éviter.

À la base, le coaching doit permettre de retrouver du plaisir dans l'exercice de son métier : une condition essentielle pour (re)devenir efficace. Car un individu seul n'a pas toujours la ressource suffisante pour faire face aux exigences de son environnement professionnel. La fameuse solitude du manager, amplifiée chez les dirigeants, est loin d'être une formule toute faite. Combien d'entre eux souffrent ! À la fois d'une charge de travail harassante, d'une déshumanisation des rapports professionnels, viciés par une course à la performance – celle de faire toujours plus avec moins –, d'un emploi du temps totalement éclaté et de la difficulté de se confier à leur entourage en se débarrassant d'un statut social parfois pesant. Il y a aussi ceux qui ont perdu tout ressort après avoir affronté toutes sortes de difficultés financières, commerciales, techniques ou sociales ; d'autres vivent perpétuellement les mêmes problèmes relationnels. Bon nombre ont suivi de multiples séminaires, lu des articles sur la manière de se comporter, de diriger, de déléguer.

La fameuse solitude du manager, amplifiée chez les dirigeants, est loin d'être une formule toute faite.

De tous ces enseignements reçus, slogans avalés, transparents projetés, dysfonctionnements listés, problèmes identifiés, plans d'action établis, intervenants épuisés…, il est peut-être resté quelque chose, pour le moins du vocabulaire et souvent quelques allergies. Mais, en dépit des « check-lists » pertinentes, de métaphores édifiantes et de classeurs pieusement conservés, ils se retrouvent sans ressort. « *Or, plus le dirigeant se rapproche du sommet de la pyramide, plus ses comportements quotidiens sont porteurs de sens pour ses équipes,* explique Nello-Bernard Abramovici, dans un ouvrage collectif intitulé : Les Neuf Défis du manager (Maxima Laurent du Mesnil Éditeur). *Qu'il le veuille ou non, le manager devient ainsi un modèle qui va influencer directement la réussite collective. Le cœur du management se situe bien là, dans ces micro-gestes journaliers pouvant stimuler ou décourager toute une organisation : une certaine façon d'aborder un collaborateur, de le regarder, de l'écouter, de lui couper la parole… Une façon de gérer son temps et de se positionner dans l'espace, de savoir déléguer, d'organiser son bureau.* »

Quel en est l'intérêt du coaching pour l'entreprise ? Un coaching léger, de trois à six mois, permet dans la plupart des cas d'apporter des solutions satisfaisantes aux problèmes rencontrés et d'éviter des décisions lourdes (mutation, licenciement…). D'autre part, c'est une solution humaine apportée à un problème humain. Loin des méthodologies compliquées et mécaniques, il fait confiance au dialogue et à l'intelligence du salarié pour identifier et résoudre ses difficultés en comptant sur ses propres forces. *« Il s'adresse,* précise Pierre Blanc-Sahnoun, *à toute personne rencontrant ponctuellement ou chroniquement des difficultés dans sa vie professionnelle, qui se pose des questions sur son orientation, son mode de fonctionnement, ses possibilités d'évoluer. »* Il concerne donc aussi bien le cadre à haut potentiel cherchant à affûter ses compétences, que le jeune manager prenant une nouvelle fonction, la femme promue directeur après avoir été trop longtemps adjointe qui a du mal à se faire entendre, ou encore le contremaître devant gérer une équipe de « bras cassés ». L'intervention d'un coach n'apporte pas seulement une bouffée d'air frais, elle doit permettre à chacun de se situer par rapport à son entourage professionnel, de faire évoluer son dispositif de représentation mentale, de connaître ses moteurs, ses freins et ses limites pour se remettre en route et tracer son chemin. Chez Ernst & Young, le coaching change de nature suivant les personnes à qui il s'adresse : coaching de soutien pour les managers en difficulté, coaching de performance pour accroître l'efficacité des associés.

Le coaching est une solution humaine apportée à un problème humain.

Un miroir qui donne du sens

Le premier apport du coaching, c'est une leçon particulière en matière d'amélioration de la performance. Pour le coaché, il s'agit de relever un défi professionnel, de dépasser un conflit relationnel, de prendre une nouvelle fonction, d'atteindre un objectif précis. Le coach aide à prendre une orientation, à choisir, à décider. Il stimule sans jamais précéder et, ce faisant, suscite, favorise ou éprouve la réflexion du sujet afin qu'il prenne de la hauteur et fasse le point. *« Pour coacher sur le thème de la performance, souligne Éric Asselin, DRH d'Ondeo, il faut soi-même avoir vécu ce type de situation et avoir dirigé des équipes dans des environnements mobiles et complexes où la dimension politique est importante. »*

Le premier apport du coaching, c'est une leçon particulière en matière d'amélioration de la performance.

Le second apport du coaching est d'offrir à une personne un cadre de transformation permanent. Cette dimension est plus avant-gardiste. On parle alors de coaching de croissance ou de transformation : il s'agit d'aider le coaché à mieux prendre du recul, à manager autrement, à développer son leadership, à donner du sens à son parcours ou même à redéfinir un projet de vie plus global. Le coach sert alors de miroir et pose la question du sens. Il invite son client à s'ouvrir à d'autres possibles à partir de son potentiel et en utilisant sa liberté. Il le conduit alors à développer ses talents avec assurance, à les structurer et parfois à oser pour entreprendre. Si la notion de compétence correspond à un savoir-faire professionnel, la notion de talent apporte une dimension supplémentaire : celle du plaisir au travail. Plaisir à faire, plaisir à être.

« Plusieurs évolutions structurelles dans les entreprises sont à l'origine de la demande de coaching », estime Bénédicte Gautier, consultante « executive » de PDI France. Les structures matricielles et en réseau font perdre leurs points de repère aux cadres. L'autorité au sens traditionnel du terme disparaît ; à la place apparaît un pouvoir d'influence exercé par des responsables sans statut formel. La double hiérarchie – métier et projet – induit des risques de manipulation. Le raccourcissement des échelons hiérarchiques et les exigences accrues de performance mettent un certain nombre de managers en difficulté et les obligent souvent à se concentrer en priorité sur leurs tâches et à consacrer moins de temps à leur équipe. Les opérations de reengineering ou de réduction des coûts, entraînant une diminution des effectifs au siège et dans les services fonctionnels, se traduisent par le départ anticipé des 50/60 ans et la disparition d'un cadre régulateur et de référents humains et techniques.

Les structures matricielles et en réseau font perdre leurs points de repère aux cadres.

En matière de coaching, Bénédicte Gautier parle de démarche anticipatrice ou résolutive suivant les cas. La première approche se fait à titre préventif ; il s'agit d'éviter l'apparition de problèmes. Elle donne l'exemple, encore peu fréquent, d'un coaching déclenché après seulement cinq ans de vie professionnelle : *« Il s'adresse à des jeunes ayant eu l'embarras du choix au démarrage de leur carrière. Le coach les aide alors à construire leur identité professionnelle*

Les différents types de coaching

Démarche anticipatrice				Démarche résolutive	
Débuts de la vie professionnelle (30-35 ans)	La maturité professionnelle (40-50 ans)	Prise de fonction	Développement dans sa fonction	Réorganisation fusion	Contre performance
Construire son identité professionnelle	S'accomplir dans la vie professionnelle	Gérer les transitions	Améliorer ses performances	Faire le deuil intégrer une nouvelle identité	Sortir par le haut et rebondir

Source : Bénédicte Gautier, PDI.

et à trouver véritablement leur voie. » L'objectif de la seconde approche est de se sortir d'une situation pesante. Elle prend l'exemple de personnes qui, lors de fusions-acquisitions, éprouvent des difficultés personnelles ou ont du mal à se concentrer sur leur nouveau métier. Le coach peut les aider à s'en sortir et à rebondir.

Construire de nouvelles façons de faire

Voici trois situations de changement caractéristiques des organisations actuelles. À chaque fois, l'enjeu est l'inédit. Chacun doit imaginer et inventer de nouvelles façons de fonctionner et de coopérer au quotidien. À la suite de la fusion dans le secteur des services, les responsables opérationnels et fonctionnels doivent faciliter l'émergence d'une nouvelle identité de groupe. Mais ils souhaitent aussi préserver la richesse et la spécificité des deux cultures, notamment dans leurs relations avec les clients. Autre exemple : après une carrière réussie dans la finance, M. Zorg est nommé directeur général d'une filiale d'un groupe de médias. Il doit simultanément prendre la dimension de son nouveau poste, constituer une équipe et faire en sorte que son entreprise se retrouve en position de leader sur un nouveau marché. Troisième situation : les dirigeants d'une entreprise industrielle doivent, ensemble, faire évoluer leurs pratiques de management. Ils veulent développer le travail en réseau et rêvent de transformer leur société en une « entreprise apprenante », capable de conjuguer souplesse et innovation au quotidien. « *Dans les trois cas, il y a bien un enjeu inédit qui demande à chacun de construire de nouvelles façons de faire,* explique Danièle Darmouni, PDG de International Mozaik. *Pourtant, ni le conseil ni la formation classiques ne fournissent une réponse pertinente pour transformer les façons de pensée, d'être et d'agir. Cette mutation en profondeur doit reposer sur un nouvel art du changement soutenu par une approche du coaching intégrant les hommes et l'organisation.* »

Principales situations où un coaching peut être recommandé

Amélioration du leardership, du style de management, élargissement des responsabilités	249	83 %
Amélioration de son fonctionnement avec son équipe	193	64 %
Prise de poste	143	48 %
Accompagnement sur un enjeu fort	137	46 %
Accompagnement dans les changements de l'entreprise (fusions-acquisitions-réorganisation…)	129	43 %
Changement de poste	115	38 %
Développement dans son poste	112	37 %
Développement de carrière	111	37 %
Amélioration de sa communication	105	35 %
Gestion de conflit	90	30 %
Gestion du stress	67	22 %
Management de projet	67	22 %
Évolution dans un environnement multiculturel	61	20 %
Préparation à l'expatriation ou au retour	40	13 %
Autre	11	4 %
Total des réponses / % des répondants	1 630	100 %

Source : Syntec Conseil en évolution professionnelle.

Peu d'enquêtes ont été réalisées sur la « consommation » de coaching. Cette rareté donne encore plus de valeur aux résultats publiés par Syntec Conseil en évolution professionnelle. Durant le mois de décembre 2000, ce syndicat professionnel a interrogé 1 200 personnes (des clients et des prospects des cabinets adhérents) par questionnaire auto-administré. 300 d'entre eux ont répondu, dont une majorité de DRH (57 %), des directeurs généraux (14 %) et des responsables de développement de la carrière des cadres (7 %). Premier constat : suivant l'objectif poursuivi, les entreprises se tournent vers des coachs de sensibilités différentes. Il s'agit de personnes formées à la psychologie pour travailler sur son leadership ou son style de management, des profils « teintés entreprise », pour faire face à un changement organisationnel. Second constat : c'est lorsque l'avenir immédiat impose une nouvelle façon de faire que le coaching est utile : après un recrutement, à l'occasion d'un changement de poste, dans le cadre d'un nouveau projet à conduire. Mais il se révèle aussi utile quand il s'agit de développer des compétences managériales très ciblées : négociation avec les clients, évaluation des collaborateurs, conduite de réunions ou prise de parole en public.

Suivant l'objectif poursuivi, les entreprises se tournent vers des coachs de sensibilités différentes.

SE FAMILIARISER AVEC LE COACHING : QUELQUES EXEMPLES DE MISSIONS

Passage de cap d'un cadre en difficulté

Ingénieur des Mines, W. a 45 ans. Il a effectué toute sa carrière dans un groupe international du secteur aéronautique. Il a occupé différents postes sans aucun fil directeur et se trouve directeur administratif et financier d'une division dont tout le personnel doit être muté dans un pays étranger où il ne veut pas aller. Son attitude est, de manière générale, très négative, critiquant les décisions de la direction générale et attendant qu'on lui fasse des propositions pour les étudier. Compte tenu de son ancienneté dans le groupe, des services rendus et de son rang de directeur, la direction lui propose alors un coaching qu'il accepte. L'action menée par le coach de Cuneo & Noailly a consisté à lui faire prendre conscience que son attitude n'avait aucune rationalité et ne pouvait déboucher que sur un éventuel départ de l'entreprise ; à faire émerger dans son parcours professionnel les domaines où il avait réussi et avait un avantage compétitif et à l'amener à chercher par lui-même un poste en interne répondant aux conditions précédentes. De manière générale, le coaching aide à se montrer plus souple et plus pro-actif. Grâce à ses propres recherches, W. a fini par trouver un poste au sein de la direction informatique, hors hiérarchie, tout en conservant son rang de directeur.

Passage de cap d'un haut potentiel

Jacques Coignard, de Eos Conseil, s'est occupé d'un cadre étranger âgé de 34 ans, considéré comme un haut potentiel et nommé patron d'un service important d'une filiale d'un groupe français leader mondial sur son marché. Celle-ci compte mille personnes et exporte 90 % de ses produits. La nouvelle fonction de ce cadre supérieur recouvre l'administration des ventes et la logistique, prioritaires pour une entreprise qui exporte. Patron d'un service de 50 personnes, en cours d'une réorganisation affectant un tiers de son équipe, il a pour tâches la remotivation des équipes en place et l'amélioration de la productivité de 50 % en un an. Ses handicaps ? Il n'a jamais dirigé d'équipe importante, il est étranger et assez isolé dans son activité, même si ce n'est pas de son fait. Jacques Coignard l'a accompagné dans sa montée en puissance comme manager et dans la réalisation de ses objectifs : 50 heures en séances de deux heures axées sur les aptitudes à diriger, l'affirmation de soi en toute occasion professionnelle, les questions d'organisation du travail, d'atteinte des objectifs et la découverte des coutumes culturelles et managériales françaises. Après six mois de coaching, ce cadre semble à l'aise dans son rôle et est reconnu en tant que tel par ses supérieurs et ses collaborateurs. Six mois ont suffi, au lieu des douze prévus, pour que 70 % des objectifs soient atteints en matière de productivité et d'efficacité du service. Un an après, il est promu à un poste d'envergure internationale, beaucoup plus tôt que prévu. ▓

Coaching en matière de management

Directeur technique d'une entreprise industrielle, G. encadre une équipe de 50 personnes. Il doit développer ses capacités managériales, organiser l'action collective, établir des rapports internes où l'ouverture sur les autres l'emporte sur la tendance à dire « non », établir des rapports plus directs, ouverts et affirmés avec les clients finaux comme avec la hiérarchie. Pour tout dire, il a besoin de gagner en crédibilité. L'enjeu est double pour le coach de Garon Bonvalot : le premier est d'aider la hiérarchie à sortir de l'état de dépit dans lequel elle est plongée et de valider avec elle sa volonté de briser un système de management tendant à se renforcer en identifiant les résultats attendus et en clarifiant ce qui pourrait rester non dit, tout en évitant les procès d'intention. Le second enjeu est de faire accepter au participant le coaching qui n'est pas choisi et de centrer son travail sur

l'action pour le mettre en situation d'opérer des modifications mesurables. Il s'agit aussi de l'aider à trouver des leviers pour qu'il contourne les résistances au changement du système, induites par ses propres changements. Au fil des séances de coaching, le directeur technique abandonne ses postulats : « *Je me connais suffisamment pour savoir ce que j'ai à faire* », « *Ils savent bien que je suis comme je suis et que je ne vais pas changer* », « *Je suis le chef, donc j'ai le pouvoir* », « *Il ne faut pas prendre mes coups de gueule au pied de la lettre.* » Cette prise de conscience se traduit progressivement dans l'action : des réunions de service fonctionnent efficacement et sont reconnues utiles par le DRH. Le directeur technique apporte des réponses précises et circonstanciées aux questions posées par ses collaborateurs. Il énonce ce qu'il compte faire pour obtenir les réponses qu'il ne peut fournir immédiatement. Il ne se justifie plus ou n'agresse plus si une question lui est renvoyée. Il élargit aussi son influence au comité de direction. Le directeur général remarque que son collaborateur est mieux écouté s'il prend la parole, qu'il s'exprime sans s'excuser ou se justifier et qu'il fait préciser les questions au lieu de les prendre au premier degré. ▓

Coaching de management couplé à du « team building »

X., cadre dirigeant âgé de 52 ans, expert dans son domaine, gère un projet essentiel pour une entreprise industrielle de transformation. Il est doublement mis en cause : pour des raisons personnelles (fausses allégations graves sur un comportement personnel) et à cause de son style de management (il dirige affectivement et autoritairement son équipe rapprochée). Le manque de délégation se répercute aux niveaux n-2 et suivants. Il désire faire le bien d'autrui, mais il s'aperçoit avec détresse qu'il fait leur malheur. À partir de ce constat, François Bechet, d'Homme et Mobilité, l'aide à remonter la pente et à réapprendre à gérer la relation à autrui en travaillant sur les principes de pouvoir, les affects et les émotions. Un coaching d'équipe est décidé en complément du coaching individuel pour le rendre plus performant grâce à un travail sur l'écoute, le respect mutuel, la délégation et la prise de décision. ▪

Quel est son héritage théorique ?

La reconnaissance récente de l'intelligence émotionnelle et le développement des approches systémiques et cliniques forment un cadre théorique favorable au développement du coaching, alors même que se met en place un nouveau paradigme pour les organisations.

LA RÉUSSITE PROFESSIONNELLE ou sociale est peu liée au quotient intellectuel, elle dépend surtout d'une autre forme d'intelligence : l'intelligence émotionnelle, qui peut être comprise comme l'aptitude à combiner nos émotions et notre raison, notre inconscient et notre conscient pour déchiffrer le monde et agir plus efficacement. Cette notion remonte aux années 1930, mais il a fallu attendre plusieurs décennies pour que des psychologues comme Carl Rogers, qui a popularisé le concept d'empathie, ou Daniel Goleman en démontrent la pertinence dans l'organisation des entreprises d'aujourd'hui. Daniel Goleman, docteur en psychologie et journaliste au *New York Times*, a suivi durant de nombreuses années les progrès de la recherche en sciences sociales. Son ouvrage publié en 1997 chez Robert Laffont, dans une version traduite sous le titre *L'Intelligence émotionnelle,* a fait l'effet d'une bombe dans les milieux du management puisqu'il remettait en cause les théories traditionnelles sur l'intelligence en mettant à l'honneur les travaux de psychologues comme Peter Salovey et Howard Gardner. Le mérite de Daniel Goleman a été de regrouper les résultats des principales études sur l'intelligence émotionnelle pour mieux nous faire comprendre le rôle des émotions dans la performance des individus et des managers. Une étude sur les chercheurs du laboratoire Bell, à Princeton (New Jersey, États-Unis) montre ainsi que les « stars » de ce centre de recherche réputé ne se distinguent pas des autres chercheurs par leur Q.I., mais par leurs capacités émotionnelles. Les meilleurs travaillent plus efficacement car ils cultivent des relations avec un grand

Le mérite de Daniel Goleman a été de regrouper les résultats des principales études sur l'intelligence émotionnelle.

nombre de personnes en sachant qu'ils pourront faire appel à elles à des moments critiques. Quand ils ont besoin d'une aide ou d'un conseil, ils obtiennent la réponse immédiatement, tandis que leurs collègues moins ouverts perdent un temps précieux. Pour Daniel Goleman, l'intelligence émotionnelle repose sur cinq piliers : la conscience et la maîtrise de ses propres émotions, la capacité de se motiver, la perception des émotions des autres et la maîtrise des relations avec nos semblables, renforcée par la capacité de synchroniser son attitude sur celle de son interlocuteur.

Daniel Goleman avait identifié trois grands domaines d'application de ses travaux : la vie de couple, la santé et le management. Mais le court chapitre consacré à ce dernier sujet avait pu laisser les lecteurs sur leur faim. Depuis, plusieurs ouvrages sont parus sur l'application de ce domaine de recherche au management, tel que *Emotional Intelligence at Work* (éditions Jossey-Bass, 1998) de Hendrie Weisinger, psychologue et spécialiste de la gestion de la colère. Partisan de la pensée positive, il présente des techniques et méthodes destinées à accroître l'intelligence émotionnelle. Dans son ouvrage *Putting Emotional Intelligence at Work* (éditions Butterworth & Heinemann, 1997), David Rybak, consultant et conférencier en management, propose une méthode d'évaluation du quotient émotionnel pour permettre à chacun de découvrir son paysage intérieur et ses talents ignorés emprisonnés par nos inhibitions.

L'idéal du moi à l'œuvre

Il voit passer beaucoup de cadres de plus en plus jeunes faisant des infarctus.

Jean-Benjamin Stora est psychanalyste, psychosomaticien et doyen honoraire du groupe HEC. Il a également été professeur de management stratégique et a présidé l'Institut de psychosomatique. À la Pitié-Salpetrière, où il travaille depuis sept ans, il voit passer beaucoup de cadres de plus en plus jeunes faisant des infarctus. « *Dans les entreprises, les pulsions agressives sont souvent retournées contre soi. Les tensions non évacuées se traduisent par des troubles* », explique-t-il. Il défend une approche clinique du management imprégnée par la psychanalyse. « *Dans la volonté de réussir, c'est l'idéal du moi qui est à l'œuvre. Mais ce désir pouvant déboucher sur le succès à un moment donné de la vie peut aussi handicaper une personne à d'autres moments »*, précise-t-il. On l'aura compris, l'idéal du moi peut devenir tyrannique.

Elliott Jacques, dans les années 1950, a été le premier à vouloir adapter la psychanalyse au monde de l'entreprise par la méthode socio-analytique. En 2001, l'Insead et HEC ont lancé conjointement une formation haut de gamme au coaching. Intitulée « International Diploma Programme in Consulting and Coaching for Change », elle est centrée sur une approche psycho-analytique de l'entreprise et sur un retour sur l'expérience personnelle. Gilles Amado, docteur en psychologie clinique de l'université de Paris VII, diplômé de la Harvard Business School et professeur à HEC, et Manfred Ket de Vries, de l'Insead, sont co-directeurs de ce programme.

L'idéal du moi peut devenir tyrannique.

En 1962, un psychologue du nom de David Murphy fonde à Big Sur (Californie) le Esalen Institute. C'est l'acte de naissance du Mouvement du potentiel humain. Le but recherché est la libération du corps et de l'esprit. Dans un climat de contre-culture alimenté par des valeurs de communication, d'authenticité et d'implication, les nouvelles thérapies prennent leur envol. Elles proposent une cure rapide, radicale, ayant des effets immédiats. Leurs approches séduisent parce qu'elles sont non dogmatiques : il s'agit d'établir des contacts véritables, de perdre sa rigidité, de retrouver sa spontanéité et de ne pas intellectualiser. Beaucoup de psychothérapeutes américains hors du commun sont dans la lignée du mouvement humaniste américain : Milton Erickson, le créateur de l'hypnose éricksonienne, Frédérik Perls, le père de la Gestalt Thérapie ou encore Paul Watzlawick, la figure de proue de l'école de Palo Alto (Californie). Leurs travaux influencent les pratiques de nombreux coachs, aux États-Unis ou en Europe.

De son côté, Peter Senge, professeur au MIT, auteur de deux best-sellers, *La Cinquième Discipline* et *La Danse du changement*, transpose dans le monde de l'entreprise ce que le Mouvement humaniste américain a développé dans l'univers de la thérapie. Avec ses collègues de la Society for Organizational Learning (SOL), il a créé une nouvelle discipline de la performance, à base d'analyse systémique, de remise en question des modèles mentaux, de mise en avant des équipes et de la vision. Depuis plus de 20 ans, la SOL forme les cadres des plus grandes entreprises du monde à une écoute différente : écoute des autres et écoute des problèmes. Elle encourage une forme de dialogue laissant la place au silence, aux divergences, et même à tout ce qui veut émerger. Ils regardent les organisations comme des groupes d'hommes créant une œuvre en commun. Elle mobilise ce qui est créatif et vivant chez les cadres pour dynamiser les organisations. L'entreprise est une occasion de pratiquer un savoir-être collectif étroitement lié au savoir-être individuel. Les dilemmes sont des tensions créatrices, et la condition pour utiliser leur énergie positive est de décoder les modèles mentaux qui nous verrouillent.

Elle encourage une forme de dialogue laissant la place au silence, aux divergences.

Le pilotage des systèmes complexes

La pensée systémique se révèle aussi extrêmement riche en théories stimulantes qui favorisent la montée en puissance du coaching. Ses racines sont à rechercher dans la cybernétique. La réputation du professeur Stafford Beer, fondateur du management cybernétique et ancien directeur des sciences du management chez United Steel, est très forte dans les cercles spécialisés. Il a été simultanément ou successivement philosophe, mathématicien, chercheur en management, entrepreneur, conseiller gouvernemental dans 26 pays et président de l'Organisation mondiale des systèmes et de la cybernétique. Lors des années 1950, il crée un modèle mathématique du cerveau déclinable dans le monde industriel et générant de larges économies. Durant les années 1960, il étend le domaine de ses recherches à tous les secteurs d'activité et crée une société de conseil nommée Sigma (Standing for science in general management). Il définit le management cybernétique comme la science du pilotage des systèmes complexes : « *Les managers ne pensent pas d'une façon systémique mais réductrice et simplifiée. Les écoles d'économie n'enseignant rien d'autre, ils ne connaissent pas autre chose* », explique-t-il.

« La réalité est composée de holons, c'est-à-dire d'éléments qui sont à la fois un tout et partie d'une autre totalité. » Voilà comment on pourrait résumer la pensée holistique. À la conférence mondiale de coaching, organisée en août 2001 à Chicago, de nombreux participants se promenaient avec leur dernier « Wilber » sous le bras : *A Brief History of Everything,* édité chez Shambhala Publications. Dans cet ouvrage, teinté de bouddhisme zen, le philosophe Ken Wilber présente un outil baptisé *Les quatre quadrants de développement,* que les coachs n'ont pas tardé à s'approprier. Il s'agit pour Ken Wilber de pouvoir regarder le monde avec différents points de vue : le quadrant numéro un – la dimension individuelle extérieure, les comportements – se mesure de façon objective et empirique. Le quadrant numéro deux – les systèmes sociaux – est sa traduction collective. Le quadrant numéro trois – la dimension individuelle intérieure, la perception – est subjective, intentionnelle et dépend du niveau de conscience. Le quadrant numéro quatre est sa traduction collective : la culture et les valeurs que l'on partage.

Chaque quadrant possède ses propres vérités. L'ambition de Ken Wilber est de dépasser cette fragmentation apparente pour déboucher sur une vision de la totalité. *« Le coaching peut y contribuer, car il est une révolution contre l'étroitesse d'esprit »,* souligne Julio Olalla, fondateur du Newfield Network, un institut qui a formé des milliers de coachs. Il estime que l'éducation formelle profère un genre d'apprentissage qui n'est donc plus suffisant pour maîtriser le monde. *« Nous passons de l'ère industrielle à l'ère du savoir sans avoir changé notre mode d'apprentissage,* ajoute Julio Olalla. *Né d'une crise dans notre manière d'apprendre et de savoir, le coaching peut être interprété comme une réponse intuitive à cette crise de la connaissance. »*

Le coaching est une révolution contre l'étroitesse d'esprit.

Le coaching est-il un effet de mode ?

L'émergence dans les années 1990 du coaching ne semble pas se résumer à un simple effet de mode. En effet, loin de s'essouffler, le phénomène s'inscrit durablement dans l'histoire des différents métiers de conseil aux entreprises.

POUR UN INGÉNIEUR, les problèmes se réduisent souvent aux processus et à la technique. Certains sont plus efficaces que d'autres, certaines donnent aux entreprises un avantage sur leurs concurrents. Frédéric W. Taylor, dont la tombe porte l'inscription « Le père du management scientifique », était la fois un ingénieur et un des premiers consultants en management. En France, les consultants se sont longtemps fait appeler « ingénieur conseil » car ils utilisaient les méthodes et les outils des ingénieurs pour résoudre les problèmes. Le *reengineering*, communément traduit en français par « la refonte des processus » et popularisé par James Champy au début des années 1990, s'inscrit dans cette approche. Pour un économiste, le nœud gordien est la maximisation du profit. De nombreux consultants analysent les problèmes à travers ce prisme, à l'image de Gary Hamel. Pour un biologiste, l'entreprise se conçoit comme un organisme vivant. En s'inspirant d'une analogie entre le génome de l'homme avec ses 23 chromosomes et le génome « entreprise », auquel ils ont attribué 12 chromosomes, Francis Grouillart et James Kelly ont développé il y a quelques années un modèle organique ambitieux de transformation de l'entreprise. « *Le patrimoine génétique de l'entreprise contient les éléments vitaux pour sa survie et sa réussite. Il doit permettre de réorienter son action, de restructurer ses modèles de fonctionnement, de revitaliser sa croissance et de régénérer son capital humain* », expliquaient-ils. Pour un psychologue, la clé de la vie des affaires repose sur les attitudes et les comportements. Si une organisation est source de dysfonctionnements comportementaux, tous les autres efforts pour la développer ne marcheront pas. Les psycho-

Pour un biologiste, l'entreprise se conçoit comme un organisme vivant.

logues industriels ont eu un gros impact sur le conseil en management. Frank et Lilian Gilbreth ont mené nombre d'études sur l'efficacité industrielle entre 1910 et 1940. Comme Taylor, ils se sont penchés sur les facteurs qui affectaient la productivité des salariés, mais en se basant sur l'aptitude au travail. Elton Mayo, à partir de son enquête à la Western Electric, a mis en évidence l'importance des facteurs affectifs dans la compréhension du comportement des individus au sein d'une entreprise et, au-delà, celle de l'informel. « *Les consultants nous ont répété que la stratégie et l'organisation d'une entreprise devaient être parfaitement cohérentes. C'était leur équation magique. Mais ils ont oublié un paramètre : les comportements* », souligne Éric Albert, fondateur de l'Institut français de l'anxiété et du stress.

Le mode de pensée « ingénieur » ou « économiste » prédomine dans le conseil traditionnel, ce qui se traduit par des approches réductrices laissant de côté le mode psychologique ou biologique. « *Régulièrement,* ajoute Éric Albert, *je suis sollicité par des dirigeants qui ont une bonne stratégie et une organisation bien pensée. Pourtant, ça ne marche pas. Les cabinets de conseil leur demandent alors de changer leur organisation alors que les enjeux sont comportementaux.* » L'histoire qu'il raconte montre à quel point les vieux automatismes ont la vie dure : « *Un dirigeant d'un groupe international avait lancé une stratégie de diversification. Pour mettre en place ses activités nouvelles, il avait créé des filiales relativement autonomes. Mais les responsables, au lieu de travailler de concert, se taillaient des croupières entre eux. Il a donc fait venir un consultant. Ce dernier lui a expliqué qu'il fallait introduire une organisation matricielle avec des lignes de produits centralisées. Alors qu'en réalité, le dysfonctionnement était de nature comportementale. Comme les cabinets de conseil ne savent pas aborder ces questions, ils essayent de remettre à chaque fois une couche de changement organisationnel.* » Cette débauche organisationnelle semble aujourd'hui avoir atteint ses limites. N'est-il pas temps de donner des marges de manœuvre aux individus en les soutenant pour qu'ils puissent atteindre leurs objectifs ?

Cette débauche organisationnelle semble aujourd'hui avoir atteint ses limites.

Tenir compte des motivations fondamentales

Rien d'étonnant donc que le coaching provoque un tel engouement. Comme l'explique Maurice Thévenet, professeur en gestion du personnel au Cnam et à l'Essec dans une interview accordée à *Courrier Cadres* n° 1409, « *le coaching se développe parce qu'il permet de compenser des organisations du travail, certes plus efficientes à court terme, mais plus avares de lieux de temps et de parole* ».

François Delivré, consultant en relations humaines et organisation, montre dans un article paru dans la revue mensuelle des anciens de l'École polytechnique, La Jaune et la Rouge, en octobre 1999, que le sens de cette nouvelle technique d'intervention va bien au-delà de l'effet de mode. Sa démonstration utilise la fameuse pyramide de Maslow établie voici plus de cinquante ans qui présente les besoins de l'homme au travail, par ordre successif de prise de conscience. Par voie de conséquence, elle indique les diverses sources potentielles de motivation, « denrée » recherchée au plus haut point par les entreprises puisqu'elle conditionne la façon dont les salariés mettent leur énergie à leur service. « *Les deux premiers étages*, note François Delivré, *correspondent aux besoins "matériels" et de "sécurité". Ils sont satisfaits par la rémunération et les diverses formes d'accompagnement salarial (sécurité de l'emploi, statut, conventions collectives, etc.). Puis vient le besoin "d'appartenance" qui permet à la personne de se situer socialement du fait de son travail. La satisfaction de ces trois premiers besoins correspond à la période taylorienne durant laquelle on crut qu'il était possible, en fournissant un salaire, une sécurité et une appartenance à l'entreprise, d'obtenir automatiquement l'adhésion des salariés. Bientôt, pourtant, les entreprises déchantèrent. L'homme au travail, même payé correctement, ne montrait pas toujours la motivation escomptée. C'est alors que, à la suite de la célèbre expérience faite par Elton Mayo avec les ouvrières d'Hawthorne en 1930, on prit conscience du quatrième besoin : la reconnaissance. Le seul fait de reconnaître les personnes contribuait à accroître leur motivation au travail. De là à considérer qu'il s'agissait d'un nouveau "bouton magique" sur lequel il suffisait de jouer pour obtenir cette motivation, il n'y avait qu'un pas*

Par voie de conséquence, elle indique les diverses sources potentielles de motivation.

qui fut franchi par l'école dite des relations humaines, dont les enseignements sont repris depuis lors dans tous les stages de management : *"Reconnaissez les gens, et ils seront motivés." Mais là encore, les entreprises durent sortir de l'illusion : même si l'importance de la reconnaissance est rentrée dans les murs, il s'avère que la reconnaissance, si excellente soit-elle, ne donne pas automatiquement au salarié l'envie de mettre toute son énergie au service de l'entreprise : ce n'est pas parce que le manager dit "bonjour" à son équipe le matin qu'elle travaille en chantant tout le jour. »*

Restait donc le dernier étage de « l'accomplissement de soi », qui explique l'apparition du coaching. « *C'est le besoin le plus profond et le plus fort d'une personne au travail, insiste François Delivré, puisqu'il est directement lié au sens et à la réussite de sa vie. La motivation d'un salarié cherchant à satisfaire ce besoin peut s'accroître notablement. Il est donc naturel que les entreprises s'y intéressent, afin que les salariés puissent donner le meilleur d'eux-mêmes. Pour se réaliser pleinement, ils devront explorer les ressorts insoupçonnés de leur personnalité, dans une démarche de développement psychologique. Cette dernière doit reposer le plus possible sur l'initiative individuelle du salarié qui veut "s'accomplir", et il est intéressant de laisser à celui-ci, avec un tiers extérieur, un espace le plus complet possible de liberté de parole. »*

Vu du côté des entreprises, le coaching tire donc partie de l'envie des personnes de réussir leur vie professionnelle. Il peut apaiser et dénouer les « organi-drames » permanents qui s'y déroulent. « *Toutes les entreprises sont traversées d'irrationnel, de secrets, de souffrances, de projections, d'angoisses, de désirs… que le coaching peut aider à canaliser »*, estime Stéphane Haefliger, sociologue, conseiller personnel de Jacqueline Maurer, présidente du gouvernement vaudois. Il remarque cependant que le coaching, symbole du management post-moderne, peut aussi déboucher sur le viol de la sphère privée : « *L'emprise de l'organisation fait peur à tout le monde. Or la culture de la performance a un coût : l'usure mentale et la liberté surveillée. En contrôlant l'intériorité des collaborateurs, le coaching met à l'épreuve les frontières tracées entre la vie privée et publique. Il abolit la distance entre le collaborateur et l'entreprise. Il peut se faire le complice d'une sorte d'intégrisme managérial. »*

Or la culture de la performance a un coût : l'usure mentale et la liberté surveillée.

Une pratique qui se banalise

Beaucoup de modes ont traversé le management ces trente derniè-res années. Certaines résistent à l'épreuve du temps alors que les moins solides finissent aux oubliettes. Si le coaching est vécu avant tout comme une nouvelle méthode de management, il occu-pera le devant de la scène quelques années avant de tirer sa révérence. C'est ce qui menace le concept de « manager coach » ou du « manager dans sa dimension coach » très en vogue actuel-lement. Si le coaching doit plutôt être considéré comme un nou-veau métier, qui a toute sa place dans l'histoire du conseil, il devrait perdurer, mais en perdant, à la longue, de sa superbe. Le conseil, métier aux multiples visages, subit, à la longue, un effet de banalisation.

Sans jouer les prophètes, on peut prédire que le sort du coaching sera identique.

En devenant une profession comme les autres, il perd de son mys-tère et, pour tout dire, de son aura. « *Avec le temps va, tout s'en va* », chantait Léo Ferré. Les prestations intellectuelles achetées par les entreprises n'échappent pas à ce constat. La passion initiale ou le rejet impulsif font place au fur et à mesure à la consommation rai-sonnée et calculée. Sans jouer les prophètes, on peut prédire que le sort du coaching sera identique. Ce qui était d'abord du registre de la direction générale descend immanquablement au niveau fonctionnel puis opérationnel.

Dans les années 1970, les chasseurs de têtes forment un club fermé, une société quasi secrète, dont les rites restent incompré-hensibles pour le profane. Ils ne fréquentent que des PDG prêts à exploiter leurs précieuses « connaissances ». Trente ans après, ils sont « scotchés » au niveau du DRH groupe ou filiale. Leur métier est aujourd'hui reconnu, prospère, mais terriblement banalisé. L'offre est compréhensible par tous et a perdu beaucoup de son pouvoir de séduction. Seuls les cabinets de conseil en recrutement

Aujourd'hui, les directions générales et de la stratégie font souvent le travail.

de dirigeants, qui ont développé des propositions pour la recher-che d'administrateurs, à l'image de Korn Ferry, gardent un contact rapproché avec les présidences et les directions générales.

Même les cabinets de stratégie n'échappent pas à cette loi d'airain de la banalisation. La matrice du Boston Consulting Group a fait rêver dans les années 1960 tout une génération de dirigeants français mûrs pour faire leurs premiers pas en matière de planification stratégique. Aujourd'hui, les directions générales et de la stratégie font souvent le travail. Les consultants en stratégie livrent surtout des informations et font en quelque sorte du *benchmarking* plutôt que de livrer une stratégie complète clé en main. La stratégie descend de plus en plus souvent au niveau opérationnel. Pour sa part, le coaching, substitut aux dispositifs de formation ou au conseil en management lorsque tous deux s'essoufflent, sera lui aussi un jour rattrapé par la banalisation. Même s'il ne représente actuellement qu'un marché à faible niveau de maturité où la conscience des besoins ne fait qu'éclore, il devrait suivre la même pente que d'autres métiers de conseil.

2 Le coaching en action dans les entreprises

Le coaching est-il un outil de performance ?

Qui est concerné ?

Comment coacher une équipe ?

Comment choisir un coach ?

Le coaching est-il un outil de performance ?

Mises en place par les entreprises dans un souci de performance toujours plus grand, les politiques de coaching se réfèrent de plus en plus à des modèles de compétences comportementales. Avec des avantages mais aussi des limites.

POUR REPENSER LA PERFORMANCE, il va falloir repenser l'avenir qui pourtant n'est plus prévisible. Sous l'effet conjugué de la déréglementation, de l'effacement des frontières entre secteurs d'activités, de la mondialisation et de la révolution technologique, les règles fondamentales de la concurrence se sont modifiées. Nul n'est capable de pronostiquer comment elles évolueront, mais, dans un futur proche, l'organisation la plus performante sera celle qui saura le mieux affronter l'inattendu. C'est la thèse défendue par Michael Fradette et Steve Michaud dans *L'Organisation cinétique ou le Renouvellement constant,* publié chez Village Mondial. Les deux auteurs constatent que les entreprises vivent à l'heure actuelle des discontinuités et des ruptures si fortes qu'elles éliminent les plus fragiles, réinventent des secteurs d'activité et rendent obsolètes des compétences. Les ruptures d'aujourd'hui réduisent à néant la notion même de planification à long terme.

Face à ces nouvelles exigences, les entreprises vont se lancer dans des chantiers importants d'accompagnement des cadres pour les aider à améliorer leurs performances, dans un contexte où les critères comportementaux prendront de l'importance vis-à-vis des compétences techniques et professionnelles. Les DRH ne vont plus se contenter d'apprécier en priorité les résultats objectifs traduisant la performance, mais aussi les savoir-faire validant la maîtrise du poste. Ils se soucieront du relationnel, du potentiel et des aptitudes cognitives. Pour Chris Dyson, de Hay Grande-Bretagne, « *les managers les plus aptes à installer un climat propice à de hautes performances, mettent l'accent sur la satisfaction personnelle de voir leurs équipes apprendre et améliorer leurs performances, ont un*

Ils se soucieront du relationnel, du potentiel et des aptitudes cognitives.

besoin intense de s'accomplir, une curiosité naturelle exacerbée, une aspiration à développer et une grande écoute ».

Les référentiels de compétences vont donc gagner du terrain et l'évaluation va se développer. « *Le système d'évaluation est la pierre angulaire du management* », estime Georges Trépo, professeur de management et de ressources humaines à HEC, président de l'Association pour la gestion des ressources humaines (AGRH). Certaines firmes sont déjà dans cette dynamique comme Capital One, un groupe de services financiers spécialisé dans les cartes de crédit et les prêts personnels à la consommation. Son taux de croissance a dépassé les 40 % par an au cours de ces cinq dernières années et le nombre d'employés est passé de 3 000 à 20 000 personnes. « *Cette croissance posait des problèmes de management* », constate Éric Schweikert, le président de la filiale française. *Notre stratégie en matière de ressources humaines est de créer des leaders pour chaque équipe.* » Il y a cinq ans, tous les managers confirmés du groupe, soit 80 personnes à l'époque, ont participé à un séminaire *outdoor* d'une semaine. « *Nous avons ressenti le besoin de nous faire coacher. Tous les membres du comité de direction ont désormais leur coach personnel.* » Aux États-Unis, les managers sont coachés sur la base d'un référentiel de compétences. Le cabinet Médiator a adapté ce système à la filiale française : sept managers autour d'Éric Schweikert sont coachés par trois personnes différentes. « *La grille de compétences comportementales de Capital One est très formalisée aux États-Unis,* explique un des associés de Mediator. *Nous l'avons appliquée en France avec une approche latine, en l'utilisant comme un critère de réussite collectif plutôt que comme un objectif individuel.* »

> *Tous les membres du comité de direction ont désormais leur coach personnel.*

Le 360°, une porte d'entrée

La porte d'entrée de ces nouvelles politiques sera l'évaluation à 360° et le coach délivrera un feed-back à partir d'un modèle précis de compétences. Ainsi, chez Asda, la seconde chaîne de grande distribution au Royaume-Uni, un programme de coaching pour les cadres a été concocté par Portland International. L'opération a commencé par une évaluation individuelle des compétences avec pour objectif de combler les lacunes de savoir-faire en fonction du

niveau de responsabilité. Melinda Beckett-Hughes décrit l'approche : « *Cette évaluation durait une demi-journée. Nous avons d'abord eu un entretien téléphonique de vingt minutes avec leur supérieur direct qui nous donnait son opinion sur ses collaborateurs : où étaient leurs besoins ? Quels étaient leurs capacités et leurs points forts ? Les candidats remplissaient ensuite un questionnaire de personnalité et d'orientation professionnelle. Le test faisait la corrélation entre leur personnalité et leurs compétences. Ensuite, leur mode de communication a été évalué. Suivaient un test de raisonnement verbal, de raisonnement numérique, puis de prise de décision. Venait alors un entretien semi-ouvert focalisé sur leurs compétences qui a débouché sur une auto-évaluation. En final, un feed-back à 360° était programmé. Plus tard, au cours du coaching, nous avons évalué les tactiques professionnelles en prenant en compte les critères suivants : bâtir une réputation, gérer des relations complexes, optimiser l'énergie personnelle, bien évaluer les réalités organisationnelles, avoir un management personnel stratégique et augmenter son potentiel d'apprentissage.* »

Mais, malgré leur bien-fondé, les méthodes d'évaluation, de façon générale, ont aussi leurs limites. Mal utilisé, le 360° peut ainsi faire des dégâts. Il est par exemple déconseillé d'y avoir recours dans des périodes de turbulences, source de remises en cause personnelles. Des effets pervers sont également à attendre s'il est relié à des objectifs irréalistes.

Par ailleurs, même si les coachs s'en défendent, leurs actions pourraient servir dans l'avenir à adapter les sujets à leur environnement professionnel dans une vision étroite de la performance. « *Il faut que l'entreprise lâche prise dans le mythe de la performance,* confie Éric Asselin, le DRH de Ondeo. *Si on veut attirer et fidéliser les meilleurs éléments, il faut accepter de regarder d'abord l'individu et son intérêt. C'est une revanche que prend l'individu sur le système. Mais c'est aussi l'intérêt du système. Le coach qui réussit est d'ailleurs celui qui devient un allié inconditionnel de la personne coachée.* » « *Pourquoi les entreprises évaluent leurs cadres ?,* s'interroge à son tour Georges Trépo. *Certains disent qu'elles poursuivent l'équité. Mais, en réalité, il s'agit de mettre la pression maximale puisque l'évaluation conditionne aussi le salaire. Ce type de management joue sur les peurs les plus archaïques, comme celle de perdre son travail ou le*

Il faut que l'entreprise lâche prise dans le mythe de la performance.

sentiment de non-reconnaissance. » Guy Rullaud, conseil en ressources humaines chez Headic & Adlance, professeur associé à Paris XIII, laisse, lui aussi, éclater son scepticisme : « *Les comités de direction se réunissent pour élaborer les référentiels des managers à haut potentiel qui sont intégrés dans les 360 degrés et les bilans de compétence. Cependant, j'ai rarement vu des dirigeants de haut niveau s'appliquer les référentiels élaborés pour leurs subordonnés.* »

Qui est concerné ?

Le coaching était jusqu'à maintenant réservé à une élite : les dirigeants et les hauts potentiels, mais il touche de plus en plus le management intermédiaire et les chefs de projet. Une pratique souvent considérée comme un avantage social.

« *Les grands patrons ont en général une palette de conseillers car aucun d'entre eux n'est capable de couvrir le spectre de leurs interrogations de dirigeant* », estime Jean-Marc Thirion, le PDG de DeVenir, un cabinet de conseil pour les professions intellectuelles. Souvent sort du lot un consultant indépendant, qui peut revêtir par certains côtés le costume d'un coach, même sans en avoir le titre. « *Avec cette personne, qui jouit d'une grande liberté de pensée, se crée une relation* intuitae personae, *remède à l'isolement bien connu des sommets.* »

Les grands patrons ont en général une palette de conseillers.

Ainsi, la proposition du philosophe Alain Etchegoyen en matière d'ethnologie industrielle a paru suffisamment originale à Francis Mer pour qu'il le fasse entrer au conseil d'administration d'Usinor en 1997. La démarche d'André Solé, professeur associé à HEC, qui consiste à faire travailler le dirigeant sur ses « possibles, impossibles et non impossibles », ressemble fortement à du « coaching de croissance », même s'il réfute le terme. « *Les personnes qui me contactent sont mal à l'aise, voire carrément tétanisées. Plus elles sont perdues, incapables de décider, plus il faut les empêcher de décortiquer toujours plus et mieux la réalité. Mon travail consiste souvent à empêcher le PDG ou le comité de direction de faire de la stratégie.* »

Les dirigeants font appel à une démarche formalisée de coaching « *parce qu'ils se sentent souvent isolés dans leur fonction et confrontés à une recherche outrancière de la performance* », souligne Geneviève Nifle, directrice du cabinet Vocations et partenaire de Garon Institut des dirigeants. Aux yeux de Vincent Lenhardt, PDG de Transformance, quatre points sont essentiels pour un dirigeant : agir en leader, penser international, savoir apprendre et désapprendre, être capable de se comporter en simple participant dans un groupe et d'accueillir la parole de l'autre. « *Tout cela paraît simple, mais exige un énorme travail. Le coaching est alors un bon investissement* », constate-t-il.

Jean-Luc Buridan a fait appel à Geneviève Nifle, peu de temps après être devenu le président du cabinet de conseil en *outplacement* Garon Bonvallot, une PME de 200 personnes. « *Après avoir pris cette responsabilité, je revenais à la maison avec deux ou trois questions en tête*, raconte-t-il. *J'avais tendance à les soumettre à ma femme. Elle connaissait bien le monde du conseil et elle était en quelque sorte mon meilleur coach, mais elle ne voulait plus jouer ce rôle et m'a dit : "Tu devrais peut-être te faire coacher."* » Son coaching a duré deux ans. Geneviève Nifle conseillait déjà l'équipe de direction pour lui permettre d'exprimer la vocation du cabinet. Elle a aidé aussi Jean-Luc Buridan à se sentir à l'aise dans sa peau de président. « *Il y avait de ma part une acceptation inconditionnelle du processus. C'était comme une quête qui devait me permettre de trouver ma place et de savoir ce que je devais y faire* », précise ce dernier.

Il y avait de ma part une acceptation inconditionnelle du processus.

Des moments opportuns

Existe-t-il un moment idéal pour se faire coacher quand on est dirigeant ? Philippe Chenevière répond de manière positive dans un article des *Échos* de mai 2001 : « *Ce moment me paraît être celui où le dirigeant se trouve confronté à son premier dossier de grande importance. C'est un gage moral quant à l'utilité de l'intervention pour l'entreprise, tout en facilitant une mesure immédiate du résultat.* » Dès la création de Volvo Automobiles France, le 1er janvier 1991, Jean-Pierre Levrey fait appel à un coach, Alain Richard, consultant chez Right ARJ, pour l'accompagner dans la transformation de l'entreprise. Il relate son expérience : « *Alain Richard m'a aidé à me faire une représentation de ma fonction et de mon rôle, ce qui m'a permis d'oser aller vraiment très loin dans les changements mis en œuvre. Quand j'hésitais à prendre certaines décisions, en me demandant comment allait réagir la société mère, il m'a aidé à comprendre que je pouvais agir librement à condition de respecter les valeurs Volvo.* » En 1994, sa tâche devient encore plus complexe. Nommé responsable de la distribution et de l'animation des réseaux de concessionnaires, il doit faire évoluer une entité européenne constituée de douze sociétés nationales dirigées par des hommes de forte personnalité. Il décide alors à nouveau de se faire accompagner pour affronter des situations inédites pour lui. Il participe, par exemple, avec son coach à une réunion avec 200 concessionnaires. « *Tout l'aspect technique était cadré, mais il fallait aussi improviser en dialoguant avec la salle. J'étais seul sur la scène à leur répondre pendant deux bonnes heures.* » Pendant ce temps, Alain Richard, fondu dans la foule, analysait sa prestation et le ressenti des concessionnaires.

Il décide alors à nouveau de se faire accompagner pour affronter des situations inédites pour lui.

Une mésentente, éventuellement accompagnée par un conflit latent ou violent entre un directeur général et son président, peut aussi déboucher sur un coaching. Jean-Claude Pons, associé chez Mediator, a par exemple accompagné un directeur général âgé de 40 ans, diplômé de Polytechnique et l'ENA. « *Ce patron*, note Jean-Claude Pons, *avait un mode de fonctionnement lui permettant de s'adapter aux obstacles se dressant sur sa route, mais, en même temps, d'une certaine manière, rien ne devait lui résister. Quand ça n'allait plus, il se mettait en colère, ce qui indisposait son président, plutôt tranquille. Ce dernier avait fini par déclarer à son collaborateur : "Si le problème n'est pas réglé dans six mois, on se sépare."* » Daniel Cohen, également de Mediator, se souvient d'un autre cas. « *Un président avait choisi un directeur général jeune et brillant pour lui succéder. Il m'a fait venir parce que les choses tournaient mal. À ses yeux, le directeur général, en place depuis un an, et qui pourtant travaillait jour et nuit, n'était pas bon. Il ne pouvait donc pas à terme prendre sa place. En réalité, les cartes étaient brouillées car le président n'arrivait pas à choisir entre rester ou partir. La tension entre les deux hommes était forte, surtout qu'au sein du comité de direction on trouvait les partisans du président et du directeur général.* » Dans un premier temps,

Daniel Cohen a joué les médiateurs entre les deux hommes, puis il a coaché le directeur général qui souffrait fortement du climat ambiant.

La peur du regard des collaborateurs conduit parfois les dirigeants à faire du coaching dans l'ombre. *« Certains sont déjà venus me voir sans que personne dans l'entreprise soit au courant de leur démarche »*, avoue Vincent Lenhardt, PDG de Transformance. Il évoque le cas de ce directeur d'une filiale de 600 personnes nommé vice-président d'une des quatre grandes sociétés d'un groupe multinational de 35 000 personnes. *« J'ai passé avec lui une demi-journée par mois pendant deux ans. Sans mon aide, m'a-t-il confié, il aurait échoué.* Autre cas : celui d'un directeur de division d'un grand groupe électronique, souvent en mission dans les Émirats arabes. Son style de management était trop « punchy » et aucun de ses collaborateurs n'arrivait à le suivre. *« J'ai dû lui apprendre à calmer le jeu, le plus souvent en l'espace d'une heure, dans un salon d'aéroport, entre deux avions »*, explique Vincent Lenhardt.

La peur du regard des collaborateurs conduit parfois les dirigeants à faire du coaching dans l'ombre.

Principaux critères d'attribution du label de haut potentiel

Excellent niveau de performance dans les postes précédents	78 %
Repérage par la hiérarchie	73 %
Traits de personnalité recherchés	73 %
Excellent niveau de performance dans le poste actuel	68 %
Disponibilité pour la mobilité géographique internationale	56 %
Forte motivation affichée par le cadre	49 %
Autres[1]	35 Citations

(1) *Passage par une fonction stratégique, formation au management, validation par un assessment center…*

Source : Lettre des états-majors n° 57. Étude de Christian Falcoz, chercheur associé à l'université de Lyon III.

Les hauts potentiels concernés

Les entreprises sont engagées dans une guerre des talents. Le cabinet de stratégie McKinsey a publié en 1997 un rapport d'étude intitulé précisément *War for Talents*. Ce travail a été réactualisé en l'an 2000 par Beth Axelrod, principal chez McKinsey au bureau de Stanford, aidée par Ed Michaels et Helen Handfield-Jones. « *Une des découvertes de l'étude 2000 est le lien entre la performance d'une entreprise et l'existence d'un département "management des talents"*, explique-t-elle. *Cette politique de management doit se traduire par la mise en place d'un processus rigoureux d'évaluation des talents. Il faut alors identifier les actions essentielles à mener pour améliorer leurs performances.* C'est dans un tel contexte que le coaching a toute sa justification.

Chez Michelin, on se méfie des cathédrales du savoir. Il n'existe pas d'institut ou d'université interne centralisant la formation, ce qui n'empêche pas les hauts potentiels de bénéficier d'un programme d'une durée de cinq semaines dès lors qu'ils rejoignent une équipe de direction. Vingt personnes environ sont concernées chaque année. Dans la multinationale clermontoise, le 360 degrés est un point d'entrée incontournable. « *Les futurs dirigeants commencent d'abord par dépouiller leurs résultats du 360 degrés*, explique Dominique Tissier, le directeur de la formation et du management des ressources humaines. *Puis ils passent au moins deux heures avec un coach et travaillent en atelier, par groupe de six, sur l'intelligence émotionnelle, le stress et la performance. Je dispose d'un budget pour ceux souhaitant poursuivre une démarche de coaching individuel. Huit personnes sur vingt l'ont fait en l'an 2000.* » Six mois après, en fonction de leur cursus de carrière, ils ont deux semaines pour découvrir des aspects de la vie des affaires qu'ils ne connaissent pas. Soit ils vont à l'université de Wharton, soit ils suivent un parcours interne sur une fonction inconnue, comme les ventes et la fabrication. Six mois plus tard, ils traitent le cas réel d'une entreprise rachetée. Ils font alors face à un jury composé de spécialistes de différentes disciplines et d'un manager qui a vécu personnellement le rachat. Suivent alors un séminaire d'une semaine sur le développement international de l'entreprise et une formation au leadership. Au programme : prise de parole, communication de crise, négociation, conduite du changement.

Dans la multinationale clermontoise, le 360 degrés est un point d'entrée incontournable.

Un rite de passage

Le coaching poursuit aujourd'hui son processus de démocratisation : les chefs de service, les chefs de projet et les simples fonctionnels sont aussi désormais concernés. « *Son utilité est manifeste dès lors qu'une entreprise confie des responsabilités nouvelles à quelqu'un, responsabilités porteuses pour elle d'enjeux significatif* », explique Éric Beaudoin, président de Syntec Conseil en évolution professionnelle. Bientôt il sera perçu comme un rite de passage incontournable. « *Les cadres se considèrent comme un produit sur le marché du travail. Pouvoir se faire coacher est perçu comme un avantage social* », déclare Rose-Marie Van Leberghe, la directrice générale d'Altedia.

Roland André a été directeur du service national de l'adresse de La Poste. Il travaillait avec les grands clients sur la mise à jour de leur fichier d'adresses car 12 % de gens déménagent chaque année. Sous son impulsion, la direction du courrier a fait un appel d'offres en matière de coaching, gagné par le cabinet Right ARJ. La réunion du lancement officiel de l'opération s'est déroulée en septembre 2001, dans le contexte accélérateur de la libéralisation prévue en 2003. « *Jusqu'alors, quelques opérations de coaching étaient programmées pour des dirigeants, mais il n'existait pas vraiment de politique coordonnée, souligne-t-il. Chaque demande était donc personnelle. Nous avons cherché à institutionnaliser cette démarche à la direction du courrier, forte de 500 personnes. Le but est de donner aux 14 chefs de projet les moyens de se faire aider pour la gestion des projets transversaux. C'est la première grande initiative d'envergure dans une direction de La Poste en matière de coaching. Il s'agit d'éclairer l'entreprise sur ses forces pour favoriser son développement.* » Il aurait aimé par la suite rendre le coaching accessible à tous ceux qui sont en première ligne : patrons opérationnels et des bureaux de poste.

Donner aux 14 chefs de projet les moyens de se faire aider pour la gestion des projets transversaux.

À la RATP, le coaching n'est également plus réservé aux cadres dirigeants. Les services de ressources humaines ont tendance à le prescrire aux niveaux intermédiaires, notamment lorsqu'il s'agit de s'adapter à une réorganisation ou lors d'une prise de fonction. Dès 1999, les responsables de la maintenance du département matériels roulants bus ont pu suivre des séances de coaching, qu'ils soient agents de maîtrise ou cadres fonctionnels.

Parfois, le coaching peut même être réservé au personnel en difficulté. C'est le cas à la Caisse d'Épargne Poitou-Charente, une
entité de mille personnes dont le DRH a longtemps été Guy
Truong. La Caisse d'Épargne s'est longtemps résumée à un produit
phare : le Livret A. Il y en a maintenant 200, ce qui rend le métier
moins simple à exercer et exige des reconversions. Les employés
voient également leurs performances évaluées. À partir de 1999,
un coaching est proposé aux employés les plus déstabilisés.
*« Cette approche est bien en phase avec la culture de la Caisse
d'Épargne »*, précise-t-il. Le coaching pouvait prendre d'autres
formes : « coaching d'orientation professionnelle » pour apprendre à construire un projet de carrière et un « coaching de prise de
fonction » destiné aux nouveaux encadrants.

> *Parfois, le coaching peut même être réservé au personnel en difficulté.*

Comment coacher une équipe ?

*S'ils ont des objectifs divergents, le coaching individuel et le coa-
ching d'équipe sont cependant complémentaires dans différentes
occasions. Le coaching d'équipe favorise sa cohérence et sa motivation et une meilleure compréhension des enjeux stratégiques.*

Pour les puristes, le coaching ne trouve sa raison d'être qu'à l'éche-
lon le plus élevé de la hiérarchie, ce qui exclut toute démarche
d'ensemble tournée vers les équipes de direction. D'autres professionnels, en revanche, préfèrent inscrire le travail effectué avec le
dirigeant dans une approche globale. *« Notre action va de la personne au collectif, en liaison avec les grands projets de la société.
L'accompagnement individuel du patron est complété par celui de
l'équipe de direction ou d'équipes projet. La démarche débouche également sur la mise en place de laboratoires d'action dans l'entreprise »*,
explique Michel Testard, un des associés du cabinet européen
Trinity Consulting Group. Jean-Marie Bezard, fondateur du cabinet Plénitude, Prospective et Management, prône clairement une

démarche d'intervention au service du développement de l'entreprise intègrant ses logiques d'action et sa vision prospective.

Le coaching est d'abord utile pour favoriser une meilleure cohésion au sein du comité de direction. Philippe Cruellas est justement intervenu dans une entreprise aéronautique où le comité de direction était en train de perdre sa légitimité. Les relations s'étaient tendues avec les actionnaires à cause de la baisse des résultats, mais aussi avec les cadres qui trouvaient que le « top management » manquait de crédibilité. « *Le comité de direction gaspillait presque toute son énergie à torpiller la moindre initiative, relate le coach. Des tabous puissants faisaient qu'on ne parlait ni de la politique salariale ni des mutations.* » Ce comité était en fait davantage une collection d'individus qu'un groupe poursuivant des objectifs communs. Tout le travail de coaching a consisté à créer une véritable équipe de direction.

Tout le travail de coaching a consisté à créer une véritable équipe de direction.

Le coaching collectif fait aussi le lien entre le travail individuel, celui de l'équipe et le contexte d'entreprise. Pour la filiale européenne d'un groupe industriel nord-américain, Right ARJ avait pour objectif de contribuer à installer des pratiques de management stables et innovantes favorisant la croissance. Cette action a mobilisé trois consultants/coachs sur une période d'un peu plus de deux années. Le contexte était le suivant : un nouveau président prend la responsabilité du management d'une équipe dirigeante – après une période de vacance de huit mois – dont la quasi-totalité des membres a changé en quelques années. Il est confronté dès son arrivée à la nécessité de faire évoluer l'organisation de l'entreprise en scindant celle-ci en trois parties : une structure européenne, une organisation industrielle comprenant une usine basée en Normandie et un réseau de distribution regroupant les importateurs européens. L'entreprise bénéficie de positions fortes en Europe, mais les filiales présentent des niveaux de fonctionnement et de performance sensiblement différents. Durant la période de vacance de la direction, certaines personnes ont travaillé en direct avec les dirigeants nord-américains, nouant ainsi des relations privilégiées. Pendant ces huit mois, le directeur des ressources humaines, le directeur de l'usine et le directeur financier ont travaillé en étroite liaison, assurant une sorte de direction

Les facettes de l'accompagnement individuel et collectif

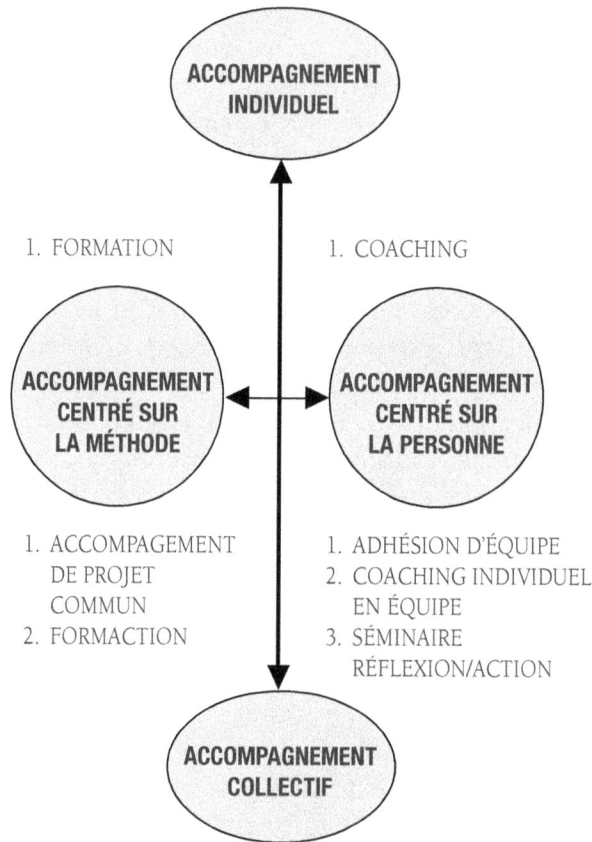

Source : Bruno Philippe, Algoe Consultants.

générale par intérim. La réorganisation a débouché sur une restructuration de l'unité de production impliquant le transfert d'une partie des activités sur les Pays-Bas, entraînant des réductions d'effectifs sur le site normand. Ce plan a provoqué un mouvement social de sept semaines qui a fortement perturbé la production, même si le noyau dur de la contestation n'a reçu qu'un soutien relativement passif de l'ensemble du personnel. Le président a dans la foulée créé un comité de management européen pour piloter l'ensemble des structures qu'il dirige. L'entreprise a des objectifs très ambitieux : + 50 % de chiffre d'affaires en trois ans et une place de leader sur son marché. Elle doit aussi affirmer sa crédibi-

Le président a dans la foulée créé un comité de management européen.

lité et son autonomie vis-à-vis de la maison mère aux États-Unis. « *La démarche,* explique Nathalie Poirier, coach responsable de la mission chez Right ARJ, *s'est traduite par le coaching individuel du président et de ses collaborateurs directs, un coaching d'équipe du comité de management européen et des équipes dirigeantes des filiales de distribution européennes. Une intervention a également visé à renforcer la cohésion sociale de l'usine normande en constituant une équipe de direction et en accompagnant de l'encadrement intermédiaire dans la mise en œuvre d'un style de management autonome et responsable.* » Un bilan de synthèse a mis en évidence l'apparition d'une identité forte pour l'entité européenne. L'équipe de direction semble fédérée autour d'une vision commune des buts à atteindre et on constate une vraie dynamique d'équipe au sein du comité européen. Des synergies se mettent également en place entre les pôles d'activités. Enfin, l'efficacité de l'encadrement de l'usine normande s'affirme avec des personnes mieux positionnées dans leur rôle de management.

Accompagner une entreprise sur le long terme, c'est aussi une des missions du coaching.

Accompagner une entreprise sur le long terme, c'est aussi une des missions du coaching.

C'est l'approche développée par Hugues Barrère qui a aidé une entreprise plus que centenaire (800 personnes) appartenant à un groupe américain à affronter de multiples changements en cascade. En l'espace de dix ans, ont alors été introduits : un système de production en flux tendu, un reengineering mondial, une mise en place d'un progiciel intégré de gestion, des normes qualité, les premières externalisations et les 35 heures. Progressivement, la pression des actionnaires s'est faite plus forte. Il s'en est suivi un choc culturel anglo-saxon/européen, un fossé important entre la mise en place des procédures demandées dans l'urgence et leur intégration effective. Le management était déstabilisé. En 1998, Hugues Barrère a un premier contact avec l'entreprise. Trois niveaux d'interventions sont programmés : un accompagnement individuel du dirigeant pour passer d'une position d'expert à celle de leader, celui de l'équipe dirigeante par un travail sur la cohésion collective et la transmission d'informations et la mise en place d'un dialogue social autour d'une vision partagée. « *Il s'agissait d'encourager dans l'entreprise un changement d'état d'esprit et une capacité à s'adapter aux situations incertaines, par une communication authentique et des actions concrètes d'appui au changement »*, note Hugues Barrère. S'appuyant sur la programmation neurolinguistique, l'analyse transactionnelle et d'autres approches cognitives et comportementales, il travaille face à face ou en groupe avec des mises en situation et des jeux pédagogiques. *« Un réel changement s'est instauré dans les relations et le travail d'équipe a progressé, même s'il reste encore du chemin à parcourir »*, juge Hughes Barrère.

La menace de la cohésion

La cohésion d'équipe peut paradoxalement gêner la production ou altérer la performance ! *« Cela met à mal certaines croyances selon lesquelles la cohérence serait toujours bonne conseillère »*, explique Olivier Devillard, associé du cabinet Dexteam, spécialisé dans l'accompagnement des équipes d'entreprise, dans son ouvrage *La Dynamique des équipes* (Éditions d'Organisation). *« Des équipes très cohésives peuvent se mettre à jouer contre l'entreprise et à entraver des orientations de la direction générale, vécues comme une menace. »*

Autre phénomène à ne pas sous-estimer : les équipes trop performantes font peur. Olivier Devillard constate qu'elles déclenchent une forme d'envie en provoquant une partition entre ceux qui y participent et ceux qui n'en font pas partie : *« Il n'est pas rare qu'on le leur fasse payer en érigeant des obstacles au projet dont elles sont porteuses. Nous avons vu éclater à force d'usure quotidienne des équipes devenues performantes dans des firmes qui l'étaient peu, tant étaient fortes les jalousies qu'elles suscitaient. Le niveau de performance moyen de l'entreprise ne supportait pas la comparaison et le risque de remise en question du système. »* D'autres résistances à la mise en place d'équipes performantes proviennent aussi des habitudes culturelles des entreprises. Olivier Devillard évoque l'individualisme maison, la crainte d'un changement de rapport de force et le cloisonnement propre à certaines entreprises, dû trop souvent à une absence de management des ressources humaines. Il préconise de ne pas isoler une équipe très performante au sein d'une entreprise, mais d'en construire plusieurs, sans oublier d'agir sur la maturité collective d'une entreprise.

Il préconise de ne pas isoler une équipe très performante au sein d'une entreprise.

Comment choisir un coach ?

Les DRH s'organisent pour référencer et sélectionner les coachs alors que l'offre reste confuse à leurs yeux. Qu'il soit spécialiste ou généraliste, c'est de toute façon l'utilisateur qui décide au final qui l'accompagne.

« *Après avoir testé le coaching, les clients entrent aujourd'hui dans une phase de rationalisation d'achat* », note Philippe Bigard, le directeur de Leroy Consultants. EDF s'est lancée dans une politique d'agrément et de référencement des coachs. A la SNCF, Annick Richet est chargée de mettre en place une politique formalisée de coaching à partir de 2002. « *Le coaching,* explique-t-elle, *n'est qu'une des réponses possibles dans le cadre d'une politique de développement en ressources humaines des cadres. En outre, l'entreprise a des moyens restreints. Tous nos dirigeants ne pourront donc être coachés. C'est pourquoi j'ai défini des priorités : le coaching s'adressera aux dirigeants d'entités importantes.* » Mais, pour que cette politique ne reste pas élitiste, l'accent sera aussi mis sur la diffusion d'une culture coaching dans l'entreprise. La SNCF compte 20 000 cadres. Elle disposait en 2001 de dix coachs internes. Ils seront quinze en 2002 car des recrutements sont prévus pour étoffer l'équipe. Annick Richet compte aussi s'appuyer sur un nombre identique de coachs externes. Le mode de référencement sera le même pour tous : les membres du jury – trois coachs reconnus dans la profession – auront des entretiens avec les candidats et valideront une grille de compétences. Trois avis positifs seront nécessaires. « *Je cherche par ailleurs à mettre en place un système de régulation de l'ensemble du réseau,* ajoute Annick Richet. *Ce sera un lieu de débriefing institutionnel où, avec tous les coachs, nous pourrons analyser les conditions d'exercice du coaching au sein de l'entreprise.* » Un groupe miroir est aussi prévu pour les coachés. Il s'agit de regrouper ceux ayant le même type de problématique, à l'image par exemple des directeurs d'établissement vivant une prise de fonction. « *Nous réfléchirons avec eux à l'utilité du coaching pour eux.* »

La demande de coaching émane le plus souvent de la direction des ressources humaines, et parfois des directions opérationnelles. Toutefois, des dirigeants et des cadres supérieurs sollicitent eux-mêmes leur entreprise pour bénéficier d'un coaching. Quoi qu'il en soit, une telle prestation n'a de sens que s'il existe une réelle demande du bénéficiaire. Aujourd'hui directeur adjoint des ressources humaines de Pernod-Ricard, Thierry Panel occupait précédemment les postes de directeur mondial des ressources humaines et de la communication de la division « Polyamide » de Rhodia et directeur des cadres dirigeants du groupe Alstom, où il a introduit le coaching. Pour lui, quel que soit le type de coaching, la DRH joue un rôle capital dans le management du projet. Chez Rhodia, pour être plus efficace, elle a segmenté le coaching en deux niveaux : à la demande directe d'un manager ou de son supérieur hiérarchique. Dans le premier cas de figure, « *il convient de valider la demande réelle*, précise Thierry Panel. *S'agit-il de développement personnel, de formation personnalisée aux techniques de management ou encore de psychothérapie déguisée ?* » Le diagnostic est capital. C'est la DRH qui présélectionne les coachs d'après les questions suivantes : a-t-il été formé aux outils de diagnostic personnel ? Qui a été son coach ? Par qui est-il supervisé ? Quelles sont ses références en matière de coaché et de client ? Dans le second cas de figure, c'est le supérieur hiérarchique d'un manager qui se manifeste. « *Ce type de dossier est le plus sensible et comporte un risque de blocage*, avoue Thiery Panel. *La façon dont la demande va être communiquée au manager est importante. Si cette démarche du supérieur cache une tentative de manipulation et préfigure une séparation avec son subordonné, autant régler l'affaire tout de suite. Sinon, il faut se tourner vers le manager pour valider son degré d'acceptation de la démarche. Ce n'est pas toujours bon de se précipiter.* » Thierry Panel évoque aussi un troisième cas de figure : l'évaluation et le développement de dirigeants. « *Il faut alors définir les valeurs du groupe et décliner les compétences comportementales nécessaires pour les dirigeants.* »

La demande de coaching émane le plus souvent de la direction des ressources humaines.

Ces dix dernières années, pour mieux coller aux attentes des clients, les cabinets de conseil ont poussé leurs consultants à se spécialiser par secteur d'activité. Les coachs doivent-ils prendre pour modèle les consultants en organisation ? Faut-il être un spécialiste du secteur d'activité du client pour le coacher efficacement ? Un forum organisé par le portail Mediat-coaching a tenté d'apporter des réponses. Certains coachs pensent qu'il est nécessaire de connaître le secteur d'activité du client pour être efficace. En effet, ils ont le bon vocabulaire, ils comprennent au quart de tour les problématiques courantes et spécifiques à ce secteur, le client se sent compris et rassuré. En clair, une connivence peut s'installer. À l'inverse, certains coachs estiment qu'il n'est pas nécessaire de connaître le secteur d'activité du client pour intervenir efficacement. Ils ont l'esprit libre de préjugés, ils risquent moins de se faire entraîner par des paroles complices, ils demanderont au client d'éclairer chaque point qui leur semble important, sans préjugés ou à priori. Ils seront plus à l'aise pour faire l'aller et retour indispensable à tout coaching : être dans la situation du client et en sortir pour avoir un regard extérieur. En tout état de cause, un coach efficace est celui qui saura créer une interactivité avec son client et un échange profitable pour chacun. L'important est donc de choisir un coach avec lequel on a envie de travailler. *« En somme, il y a coaching s'il y a rencontre entre deux personnes, au sein plein du terme et cela ne se commande pas »*, conclut Catherine Blondel.

L'important est donc de choisir un coach avec lequel on a envie de travailler.

3 Le coach face à la personne accompagnée

Quelles sont les méthodes utilisées ?

Comment satisfaire à la fois le commanditaire
et le coaché ?

Comment se passe une session de coaching ?

Quelles sont les méthodes utilisées ?

Les méthodes et les outils à disposition du coach sont nombreux, mais chacun se fabrique au final sa propre grille de lecture et d'intervention.

« POUR TRAITER LES PROBLÉMATIQUES DE MANAGEMENT soulevées par les responsables, le coach doit avoir lui-même une expérience en ce domaine, et aussi maîtriser des méthodologies de diagnostic et de stratégie d'intervention au niveau d'un groupe. À un niveau plus général, le coach doit savoir traiter certaines problématiques telles que la gestion des "deuils", les jeux de pouvoir et les manipulations, et maîtriser des techniques telles que la régulation. Une dimension de formateur permet en outre d'enseigner au coaché certains concepts, ce qui s'avère parfois très utile. J'ai enfin retenu des anciens qui m'ont formé à ce métier que les trois grandes qualités d'un coach étaient d'être sincère, crédible et "cool". »

Cette entrée en matière faite, François Delivré, un coach, montre le besoin de professionnalisme et de maîtrise d'outils d'analyse pour pratiquer le coaching. La liste de ces outils est très nombreuse. Les deux méthodes les plus citées et, à priori, utilisées, par les coachs sont l'analyse transactionnelle (AT) et la programmation neurolinguistique (PNL). Popularisée par Éric Berne, l'AT a connu son heure de gloire dans les années 1980. C'est à la fois une théorie sur le développement de la personne, un modèle de psychologie sociale centré sur les échanges entre les personnes et aussi une approche thérapeutique. Si sa maîtrise complète (scénarios, transactions…) demande plusieurs années de spécialisation, les concepts de base sont rapidement assimilables. Certains sont même passés dans le langage courant comme « être dans une relation gagnant-gagnant » ou encore « être dans son moi enfant, parent ou adulte. » Car, en analyse transactionnelle, on parle d'états du moi au pluriel. Le moi « enfant » se rapporte aux émotions spontanées, à l'intuition, à l'expression de nos sentiments. Il comprend diffé-

Les définitions de l'AT et de la PNL sont données dans le glossaire.

rents stades : l'enfant libre, adapté, rebelle et soumis. Le moi « parent » se réfère à la transmission des valeurs morales et donc leur expression, nos jugements et préjugés, nos opinions et notre notion du Bien et du Mal. Lui aussi comporte différents stades : le parent persécuteur, sauveur, normatif et dominant. Le moi « adulte » est similaire à celui d'un ordinateur (la pensée rationnelle, l'objectivité, l'esprit d'analyse et de déduction). À certains moments, notre pensée rationnelle et notre esprit d'analyse vont

Nous pouvons passer très rapidement d'un état du moi à un autre.

« être aux commandes » ; parfois nous réagirons plutôt avec notre sensibilité pure, d'une façon émotionnelle, ou bien nous reproduirons par nos réactions les recettes du passé enseignées, par exemple, par nos parents et, à ce moment-là, nos opinions, notre sens moral prendront les commandes. Nous pouvons passer très rapidement d'un état du moi à un autre ou, au contraire, mettre principalement un état aux commandes en priorité ou même n'en utiliser qu'un ou deux tout au long d'une certaine période de notre vie. Dans le premier cas, on parle d'énergie déliée et dans les autres d'énergie liée, préjudiciable psychologiquement.

Si l'AT a perdu son pouvoir d'attraction et semble aujourd'hui en perte de vitesse, la programmation neurolinguistique connaît désormais de beaux jours après avoir longtemps senti le souffre. Nouvelle approche du comportement et du psychisme humain, synthèse pragmatique de différentes théories et courants de pensées, elle est née au milieu des années 1970 sur le campus de l'université de Santa Cruz, en Californie. Elle part de deux principes : « *Notre représentation du monde n'est pas le monde* » et : « *Les hypothèses que nous posons conditionnent les résultats que nous obtenons.* » Ses inventeurs, John Grinder et Richard Bandler, ont observé et décodé comment font les professionnels (psychothérapeutes, pédagogues, managers, vendeurs ou sportifs de grand talent) réussissant particulièrement bien dans leur domaine pour pouvoir reproduire ce qu'ils font aussi bien qu'eux. Ils ont ainsi rendu les savoir-faire de ces experts transmissibles, donc accessibles à tous ceux qui veulent les acquérir. En accumulant un ensemble de données pratiques, directement utilisables dans des domaines aussi variés que la communication, le management, la négociation, la relation d'aide, la santé, la gestion de carrières, la pédagogie et l'apprentissage, les hautes performances sportives, etc.

Une boîte à outils bien remplie

La PNL semble être aujourd'hui la voie royale conduisant vers le coaching. Les maîtres praticiens de la discipline sont légion dans cet univers. D'ailleurs, ils se contentent souvent à tort de cet unique bagage, sans autre formation spécifique, peut-être compte tenu de sa force opérationnelle et de la richesse indéniable de sa boîte à outils. Dans celle-ci, on trouve notamment le « calibrage » qui permet de développer son acuité sensorielle pour décoder le langage verbal et non verbal de son interlocuteur, la synchronisation qui utilise le langage et la posture corporelle pour faciliter la compréhension de son interlocuteur, le « métamodèle » linguistique qui pose les questions spécifiques pour recueillir une information précise, l'ancrage, le recadrage spatial, un travail sur les polarités et la résolution de conflits intérieurs, etc. Le cadre de contraste (trouver la différence qui fait la différence) soutient la plupart des processus pratiques de la PNL. Ainsi, si une personne connaît une expérience de créativité dans un contexte donné et une expérience d'absence de créativité dans un autre contexte, ces deux expériences peuvent être soumises à une analyse contrastée basée sur leurs différences. Avec l'aide d'un coach, cette personne remarquera alors en quoi les sentiments, la gestuelle, le point d'attention, les croyances, les valeurs, les stratégies de pensée et les signaux environnementaux divergent. Grâce à cette prise de conscience, des stratégies d'apprentissage peuvent démarrer de manière à changer certaines parties de l'expérience.

La PNL semble être aujourd'hui la voie royale conduisant vers le coaching.

Des outils de diagnostic (tests de personnalité, techniques feedback style 360°, interviews non directives avec contribution de l'entourage susceptible de donner son feed-back) sont souvent utilisés en préambule d'un coaching. Ils permettent à la personne coachée de disposer d'un ou plusieurs regards sur elle-même.

Le MBTI, un test dérivé des types psychologiques de Jung, est exploité universellement. Il part de la description des préférences d'une personne. Quatre paramètres sont examinés : l'orientation de l'énergie (extravertie ou introvertie) ; sa perception, ou comment elle recueille l'information (avec la sensation par les cinq sens ou par l'intuition) ; sa façon de prendre des décisions (le type pensée qui décide en fonction de ce qui lui paraît logique et le type sentiment qui se décide en fonction de ses valeurs personnelles et subjectives) ; son style de vie (le type perception a une attitude réactive alors que le type jugement a une attitude pro-active). La combinaison de ces paramètres aboutit à la constitution de seize caractères types présentés habituellement sous forme d'une table.

Avec le MBTI, il ne s'agit pas de positionner quelqu'un par rapport à un référentiel comme avec le 360°.

Aucun caractère type n'est négatif. Chaque profil valorise celui qui s'y retrouve et lui permet de comprendre son fonctionnement. Mais il ne s'agit pas de positionner quelqu'un par rapport à un référentiel comme avec le 360°. Le MBTI est un très bon déclencheur si l'on en croit certains coachs, comme Michael Hoffman. « *Il permet de travailler,* note-t-il, *sur ce qui apparaît à la lumière, mais aussi de faire derrière un travail sur l'ombre et les compétences non exploitées jusqu'à maintenant par la personne. On peut aussi l'utiliser très largement pour faciliter le travail en équipe.* »

Depuis plus de deux ans, les deux experts français du MBTI, Pierre Cauvin et Geneviève Cailloux, co-auteurs de *Deviens qui tu es* (Guide pratique Le Souffle d'Or, octobre 1999), s'orientent vers les nouvelles techniques du dialogue intérieur. Développées par les psychologues américains Hal et Sidra Stone, elles sont inspirées de la fin du roman *Le Loup des Steppes* d'Hermann Hesse. Il s'agit de laisser place en nous à tout ce qu'on peut être, de laisser cette diversité s'amplifier au lieu de la réduire, de laisser s'exprimer chaque sous-personnalité, chaque antagoniste de nos conflits internes, dans un échange bienveillant. Avec le dialogue intérieur, chacun est libre d'aller aussi profond qu'il le désire, aussi haut qu'il est possible, tout autant qu'aussi bas et aussi loin qu'il en a l'audace. « *C'est l'exploration de notre espace intérieur dans lequel à la fois le ciel et la terre ont leur place* », note Robert Stamboliev, directeur du l'Instituut voor Transformatie Psychologie, à Bergen (Pays-Bas), et auteur de *Fondements énergétiques du dialogue intérieur* (Le Souffle d'Or).

Démarches instrumentalisées

Certains coachs, à l'image de Isabelle Loss, de Pleine Lune Conseil, sont très « instrumentalisés ». « *J'utilise en réalité beaucoup d'outils,* reconnaît-elle, *dont des questionnaires de personnalité ou des tests de fonctionnement cognitifs. Ils ne font que produire des informations sur la personne. Je restitue des regards assez variés en réagissant à ce que dit la personne.* » Ce qui la conduit à réfléchir sur les problèmes de perception. Il est question de changer chez son client sa façon d'entrer en relation avec son environnement, et non sa personnalité, cela suppose des outils de décodage et un certain métier. Elle axe son travail à 80 % sur les qualités et à 20 % sur les défauts de la personne coachée. « *Rentrez par les points positifs pour aborder les éventuelles difficultés crée cette sécurité intérieure qui donne de l'énergie pour faire face à la tâche.* » Sa préférence va aux outils solides et connus sur le plan international.

Au sein du cabinet Right ARJ, l'aspect diagnostic n'est qu'une séquence d'un processus de développement. « *Au fil des ans, on s'est mis à faire des diagnostics croisés pour faire du coaching individuel. Mais nous sommes aussi attentifs à ne pas assommer une personne avec une batterie de tests* », explique Frédéric Nortier, coach. Partant des résultats d'un programme mené par le Management Research Group auprès de 6 000 managers, le cabinet a d'abord utilisé une analyse de l'efficacité du management (AEM) qui permet à un responsable hiérarchique de mieux percevoir les caractéristiques de son style de management. Elle repose sur l'hypothèse que le critère différenciant les managers faiblement efficaces des très efficaces n'est ni la forme d'intelligence ni la personnalité, mais le type de comportement. Mais le cabinet est en train d'abandonner l'AEM, car il dispose d'autres outils plus récents, comme l'analyse de l'efficacité professionnelle en situation de leadership (AEP) « *On peut le compléter selon les besoins du client avec un MBTI ou un PD (Personal Direction) fourni par le Management Research Group*, souligne Frédéric Nortier. *Avec le PD, on peut analyser les facteurs de motivation d'une personne, voir quel univers professionnel et personnel elle se construit et vérifier si la combinaison de ces deux facteurs génère un équilibre ou un déséquilibre dans sa vie.* » Right ARJ utilise aussi un inventaire des styles de décision (DSI). « *C'est une version du MBTI plus centrée sur la vie des affaires* », relate Frédéric Nortier. Mais l'outil le plus original s'appelle le quotient de courage qui mesure le niveau de courage d'un individu ou d'une équipe, voire d'une organisation. Dans le cas des dirigeants, souvent en première ligne et donc très exposés, il permet d'analyser la façon dont ils se sortent de situations difficiles.

Certains coachs, sont très instrumentalisés.

Le quotient de courage permet d'analyser la façon dont les dirigeants se sortent de situations difficiles.

Affronter le changement avec courage

« RECHERCHER DES
RÉSULTATS »

Poursuivre des résultats de haut
niveau et se focaliser sur ce qui
permet d'implémenter le
changement avec succès,
plutôt que de préserver
un confort et des
habitudes

« BÂTIR
LA CONFIANCE »

Générer la confiance, et
l'envie de prendre des
risques, plutôt que des
réflexes d'auto-protection
et de justification

« ÉTABLIR UN CADRE
D'ORGANISATION »

Établir un cadre d'organisation
et des procédures favorisant la
mise en œuvre du changement,
plutôt que de laisser chacun
agir sans planification ou
coordination préalable

« VALORISER
L'INITIATIVE »

Valoriser l'initiative par
des comportements dynamisants
et déterminés, plutôt qu'une
attitude d'auto-satisfaction, ou
d'évitement de l'obstacle

Source : Right ARJ.

Freins et moteurs de la personnalité

Le bureau français de Drake Beam Morin, le leader du conseil en outplacement et en reclassement, utilise depuis un an un outil cognitif de prise de conscience de soi baptisé « I Lead » (indice de potentiel). *« Il se compose de quatre moteurs (le besoin de reconnaissance, d'avoir raison, d'être approuvé, de contrôler) et de quatre freins (le jugement, l'impuissance, l'accusation et l'indifférence) »*, souligne Annick Bise, responsable du pôle développement des ressources de DBM France. « I lead » a été mis au point par Experton. Il se présente sous la forme d'un questionnaire en 21 questions permettant de se projeter en situation. En voici deux exemples : *« Quelle approche vous apparaît la plus efficace pour la prise de décision en équipe ? »* ; *« Un collaborateur avec qui vous travaillez depuis de nombreuses années et dont vous appréciez la contribution vous annonce son intention de partir, votre sentiment est plutôt de… ? »*

**Identification des causes internes de résistance
au changement des individus**

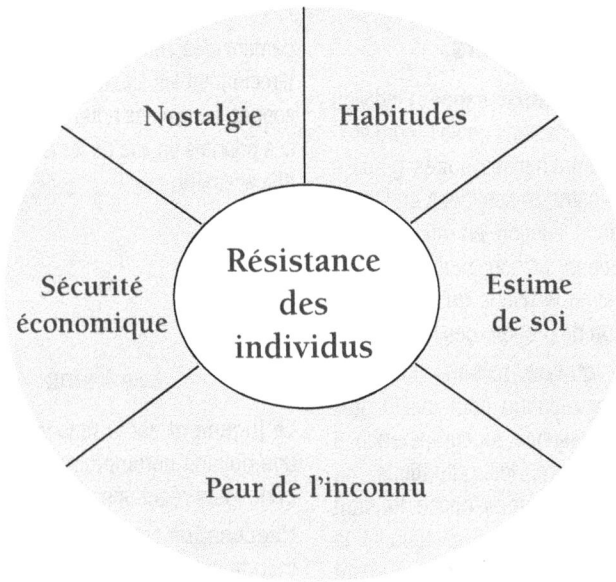

Nostalgie   Habitudes

Sécurité
économique   Résistance
des
individus   Estime
de soi

Peur de l'inconnu

Source : Cegos.

Six réponses sont possibles à chaque fois. Un logiciel mouline tous les éléments. À la sortie, on obtient le profil d'une personne et son indice « I Lead », qui marque sa capacité d'apprentissage et de transformation. Un indice de conformité traduit également l'acceptation des normes et des convenances sociales comme critè-res principaux de prise de décision. « *Avec un bon coach, le coaché va pouvoir faire bouger les curseurs, par exemple, en calmant un moteur trop fort comme le besoin de contrôle* », explique Annick Bise. Derrière les freins et les moteurs, il y a des modèles mentaux et des croyances bien installées dans la tête de chacun. En France, les moteurs principaux sont les besoins d'avoir raison et de contrôle et le frein le plus fréquent est l'indifférence. « *C'est lié à notre culture cartésienne et à la façon de créer un modèle de réussite dans notre pays* », estime Annick Bise.

À la sortie, on obtient le profil d'une personne et son indice « I Lead ».

MOTEURS ET FREINS DES INDIVIDUS SELON DBM

Les moteurs

Le besoin de reconnaissance : l'individu recherche les occasions de se rendre visible. Il aime entraîner les autres grâce à son enthousiasme et ses idées créatives. Il plonge dans l'action en utilisant son talent relationnel et son intuition. Tel un pionnier, il aime le risque qu'il manifeste dans sa façon de prendre des décisions.

Le besoin d'avoir raison : l'individu souhaite être reconnu pour son expertise, sa connaissance, sa compétence. Il aime comprendre les situations ou résoudre les problèmes en se fondant sur la raison, l'analyse des faits et la logique. Il cherche une certitude avant de prendre une décision.

Le besoin d'être approuvé : l'individu souhaite être reconnu pour ses conseils et ses avis. Tel un médiateur, il cherche à établir des relations de confiance et de loyauté avec chacun. Il aime faciliter les réalisations des autres par son sens du service et sa capacité à construire des relations durables. Il a besoin de garanties, de l'engagement personnel des autres avant de prendre une décision. Il manifeste le besoin d'être aimé.

Le besoin de contrôler : l'individu souhaite être reconnu pour sa capacité à décider, choisir, organiser et produire rapi-dement des résultats concrets. Il aborde directement les situations comme les personnes, se fixe des buts, gère son temps et ses priorités en vue de les atteindre le plus efficacement. ▪

Les freins

Le jugement est la tendance à se faire une opinion péremptoire des personnes et de leurs réactions.

L'accusation est la tendance à rendre le monde extérieur responsable des situations inconfortables que l'on vit. Une autre facette de cette tendance est de culpabiliser de façon excessive.

L'impuissance est la tendance à considérer trop hâtivement certains résultats comme impossibles à atteindre ou immérités.

L'indifférence est la difficulté à tenir compte des sentiments et des émotions des autres ou à ne pas écouter ses propres sentiments ou émotions.

Le cabinet constate que les moteurs et les freins ne sont pas liés à un niveau hiérarchique particulier, mais éventuellement à un type de métier. ▪

Une grille de lecture personnelle

Au final, chaque coach se constitue sa grille de lecture. François Delivré, un coach, décrit parfaitement la trousse à outils qu'il utilise pour poser un diagnostic et établir une stratégie d'intervention : « *Au niveau de la personne, le coach doit disposer d'une méthode de diagnostic psychologique, on pourrait presque dire n'importe laquelle du moment qu'il la maîtrise. Pourtant, les disciplines permettant le diagnostic ne sont pas équivalentes, à la fois par la philosophie qui les sous-tend, et par la pertinence des techniques d'intervention employées. Je me risque à différentes synthèses. Le psychanalyste part du principe que le coaché trouvera lui-même la clef de ce qu'il cherche. La technique majeure d'intervention est le questionnement, parfois l'interprétation. Le coach se référant à l'analyse transactionnelle part du principe que le coaché est capable de changer ses croyances sur lui-même, le monde et les autres qui l'empêchent de développer son potentiel. Les techniques majeures d'intervention sont l'établissement de contrats relationnels. Le "systémicien" ne voit pas la personne du coaché comme une entité en soi, mais comme la composante d'un système relationnel plus vaste dans lequel il est imbriqué. La technique majeure est l'intervention directive. Le coach qui se réfère à la PNL part du principe que le coach peut "reprogrammer" son cerveau pour parvenir à l'état d'excellence qu'il souhaite. Les techniques majeures d'intervention sont la visualisation de l'état désiré et le questionnement sur le "comment y parvenir ?". »*

Au niveau de la personne, le coach doit disposer d'une méthode de diagnostic psychologique.

Comment satisfaire à la fois le commanditaire et le coaché ?

La relation triangulaire impliquant commanditaire, coach et personne coachée pose des problèmes éthiques et d'évaluation des résultats. Rien n'est plus difficile à gérer.

Pascal Vancutsem, le fondateur de Coaching et Performance, estime que dans les faits un coach a deux clients : un premier qui commande et paye l'action et un second qui bénéficie de la prestation. « *C'est rare qu'il y ait une ingérence visible de l'entreprise dans le processus, constate-t-il. Beaucoup de DRH ou de responsables de la formation s'autocensurent. S'ils posent la question : "Où en êtes vous ?", ils rajoutent aussitôt : "Mais je ne veux pas savoir ce qui se passe entre vous." Histoire de ne pas tomber dans le piège de ceux qui recherchent de l'information sur les autres à leur insu. Charge au coach de recadrer le DRH ou le responsable de la formation s'il en demande plus. Lors de l'entretien de prospection, j'annonce ce que je vais faire et jusqu'où je souhaite aller. Une rencontre à trois est toujours programmée avant le démarrage du coaching et une autre avec les mêmes personnes à la fin de la session. Je n'y dis rien, sauf si le coaché souhaite que j'intervienne. La restitution est donc sous la maîtrise du coaché. Moi je suis simplement à ses côtés pour prendre la parole, si on me "tend le micro". C'est le cadre éthique et déontologique que j'ai trouvé. »* Charge alors au coaché de définir son plan de progrès et de le partager avec l'entreprise.

Melinda Beckett-Hugues, de Portland International, estime que la relation à trois niveaux avec le coaché et l'entreprise est le plus difficile à affronter dans un coaching. « *L'entreprise recherche des résultats et souhaite être informée alors que l'individu a droit à la confidentialité,* confie-t-elle. *Le jeu de la relation tripartite n'est pas simple à comprendre et à jouer. Il doit être absolument énoncé à l'avance : qui a droit aux informations et quand ?*

Le jeu de la relation tripartite n'est pas simple à comprendre et à jouer.

La relation tripartite peut même dégénérer : le coach ne sait parfois plus sur quel pied danser et peut avoir la sensation désagréable d'être ballotté entre les exigences du donneur d'ordre et la demande de la personne à accompagner. Virginie Cornet-Butcher, consultant chez PDI France, responsable de l'activité coaching au niveau européen, se remémore sa première séance en 1992. Le président pour l'Europe d'un groupe international lui parle alors de ses soucis avec son vice-président chargé de la finance : « *Nous souhaitons le promouvoir au poste de président. Il est excellent techniquement, mais il pêche énormément dans ses relations interpersonnelles. Les Américains ont été clairs : "Il ne pourra devenir président que s'il est en mesure de modifier son comportement trop cassant et méprisant."* Elle rencontre alors le vice-président en question, mais qui ne formule pas de demande : "*Pour moi, tout va bien. Les problèmes, ce sont les autres. En effet, je suis entouré d'incompétents, ce qui m'oblige à remanier souvent mes équipes. Je ne vois pas trop ce qu'un coaching va m'apporter. Mais pourquoi pas !" J'étais mal à l'aise,* raconte Viriginie Cornet-Butcher. *Je sentais bien qu'il n'était pas motivé pour démarrer le travail. Rapidement, il s'est mis à déplacer ou à annuler nos rendez-vous. Les mois ont passé et, un jour, j'ai reçu un coup de téléphone. Il m'a annoncé qu'il avait eu un infarctus et qu'il avait maintenant du temps pour se faire coacher. "Le médecin m'a dit que si je ne changeais pas certaines choses, j'allais y passer », m'a-t-il expliqué. Il m'a conseillé d'apprendre à mieux gérer mon stress." La situation avait totalement changé. Il s'est ouvert et a posé des questions. La demande de coaching était bien réelle et nous avons pu alors travailler sur des bases solides. »*

Pour Leroy Consultants, les conditions du succès d'un coaching reposent sur l'implication des trois parties signataires du contrat. Sur la base des objectifs assignés à la prestation, chacune d'elles doit respecter un certain nombre d'engagements. L'entreprise tient un discours clair au bénéficiaire : enjeux, attentes et mise en perspective de la prestation par rapport au contexte professionnel. Elle n'intervient pas dans le déroulement de la démarche, hors points d'avancement éventuels. Elle crée un contexte favorable à l'implication du bénéficiaire (charge de travail, organisation du temps). Le bénéficiaire est volontaire pour s'engager dans la démarche. Il s'organise pour dégager la disponibilité nécessaire au bon déroulement de la prestation. Le coach construit pour chaque intervention une démarche sur mesure. Il n'agit jamais à la place du bénéficiaire. Il met en permanence ce dernier dans une démarche de progrès. Il est garant que les actions mises en œuvre sont cohérentes avec les objectifs opérationnels définis dans le contrat tripartite.

Le bénéficiaire est volontaire pour s'engager dans la démarche.

D'autres coachs ont une position plus radicale. À cause des problèmes liés à la relation tripartite, certains travaillent exclusivement avec les « payeurs », à l'image de François Maquere de FM Consultants qui ne s'occupe que des patrons. *« Les personnes que je coache signent le contrat et payent, ce qui limite le risque de dérapage, souligne-t-il. Je refuse systématiquement toute demande d'un dirigeant d'aller m'entretenir avec l'un de ces collaborateurs. »* *« Si la demande d'une direction n'est pas partagée par le cadre, vous devez refuser la mission »*, souligne même Étienne Le Forestier, du réseau Savoir-Faire & Compagnie. C'est néanmoins plus facile à dire qu'à faire !

Évaluation du coaching

Autre exigence délicate des directions : l'évaluation de la performance du coaching.

« *Aujourd'hui* », constate Stéphanie Féliculis-Yvonneau dans un article rédigé à partir des résultats d'une enquête menée auprès d'adhérents de la S.F. Coach et publiée dans la revue *Pratiques Psychologiques* 2000 (2, 33-47), « *les entreprises sont friandes de coaching et se satisfont de dispositifs d'évaluation parfois sommaires, mis en place pour évaluer les changements induits par ces actions. Mais on peut penser que celles qui sont engagées dans des politiques de coaching chercheront rapidement à obtenir des réponses à certaines de leurs questions. Quelles sont les méthodes utilisées permettant d'obtenir un maximum d'efficacité avec un investissement minimum ? Quels sont les coachs offrant les prestations les plus intéressantes en termes de rapport qualité/prix ? Dans ce contexte, le coach aura tout intérêt à savoir parler non seulement de sa pratique, mais aussi de ses procédures d'évaluation du changement.* »

Une étude majeure sur le sujet de l'évaluation est signée par Manchester Inc., une filiale de Prolianz, la division des services professionnels de Modis (Floride). Cette société, qui monte des programmes de coaching sur mesure pour les entreprises, a présenté le fruit de son travail à Chicago, lors de la conférence annuelle de l'ICF (International Coach Federation) à la mi-août 2001. Son rapport contient des données sur le changement de comportement du « top management », les améliorations organisationnelles enregistrées et le retour sur investissement des politiques de coaching. Les cent top managers coachés par Manchester et interrogés dans l'étude appartiennent pour la plupart aux mille plus grandes entreprises classées dans *Fortune*. La moitié occupe un poste de vice-président ou est encore plus haut dans la hiérarchie (directeur général, président de division, etc.). Pour ces entreprises le retour sur investissement est presque de 6 fois le coût du coaching. 57 % d'entre eux sont âgés de 40 à 49 ans et 33 % gagnent au moins 200 000 $ par an. Pour ces entreprises, les actions de coaching ont eu un effet positif sur la productivité (53 %), la qualité et la cohésion organisationnelle (48 %), le service au client (39 %), la réduction des réclamations clientèle (34 %), la fidélisation des cadres coachés (32 %), les réductions de coût (23 %), etc. Ils permettent aux coachés d'améliorer leur relation de travail avec leurs collaborateurs (77 %), leurs supérieurs immédiats (71 %), leur équipe (67 %), leurs pairs (63 %), d'accroître leur satisfaction au travail (61 %), de mieux gérer leurs conflits (52 %), etc. On peut donc imaginer que les procédures d'évaluation constitueront un outil concurrentiel pour les coachs.

Mais certains coachs se veulent prudents face à l'évaluation. *« Il est illusoire de croire qu'on puisse atteindre 100 % des objectifs en une dizaine de séances de coaching,* note Pascal Vancutsem. *Mais c'est important de vérifier comment le client saura si les objectifs fixés sont atteints. Je pose donc toujours la question des indicateurs de résultat. Reste que chaque cas se révèle différent. »*

Jane Creswell et Ray Lamb d'Internal Impact émettent, eux aussi, un avis prudent sur les pratiques d'évaluation. *« Je peux voir le résultat de mon travail,* estime Ray Lamb, *si les personnes coachées développent une curiosité au sujet d'eux-mêmes. C'est tout un héritage que vous laissez derrière vous dans l'entreprise : votre capacité à faire changer les valeurs, les politiques. Le piège serait de nous plier à un système de mesure traditionnel. »*

Le piège serait de nous plier à un système de mesure traditionnel.

Comment se passe une session de coaching ?

Comment se déroule une session complète de coaching ? Qu'en est-il de l'entretien préliminaire, la signature du contrat, le tableau de bord du coach, le prix, le lieu et la durée de l'intervention ? Détails.

« L'entretien préliminaire a pour but de faire connaissance, car chacun doit se coopter mutuellement, souligne Sophie Soria. *Certains coachs font des tests et des bilans d'évaluation. Moi, je n'en fais pas. Le contrat*

de coaching est écrit et rédigé à la fin du premier entretien. Il complète la convention de formation. Il est signé par le coach, l'entreprise et la personne accompagnée Il détermine le nombre, la durée des séances, le prix et l'objectif poursuivi, comme par exemple développer ses capacités relationnelles ou améliorer sa prise de décision. Il obéit à plusieurs règles : de bienveillance – le coach accepte de ne porter aucun jugement – de ponctualité et d'assiduité –, de confidentialité, d'implication – le client s'engage vraiment –, de libre participation et de libre expression – pas de tabou sauf dans la limite de ce qui est trop intime. Une autre règle est non écrite : chaque séance est reliée à la suivante par une restitution. »

Cet exemple est caractéristique des pratiques de la profession. Les coachs se réfèrent le plus souvent à un contrat de base fixant un minimum de paramètres, même s'ils sont variables. En général, celui-ci précise le nombre de séances et/ou la durée du contrat, le lieu des rencontres, les objectifs du contrat, les règles déontologiques auxquelles se soumet le professionnel, ainsi que les droits et devoirs des parties : client, coach et entreprise. Le coaching est une profession avec des règles, notamment financières. La prestation est payée par l'entreprise, ou, plus rarement, directement par un individu sans participation financière extérieure. Les tarifs font le grand écart entre 73 euros (500 francs) et 382 euros (2 500 francs) l'heure. Selon une enquête menée par la S.F. Coach auprès de ses adhérents en 2000, trois quarts des coachs fixent leurs honoraires entre 153 et 306 euros (1 000 et 2 000 francs) l'heure. Leroy Consultants estime qu'un coaching complet coûte en général entre 6 860 et 15 245 euros (45 000 et 100 000 francs) hors taxes, sans préciser le nombre de séances. La note d'honoraires est adressée à l'entreprise qui peut imputer le coût de la prestation sur son plan de formation.

Les coachs se réfèrent le plus souvent à un contrat de base.

Selon la même enquête de la S.F. Coach, 85 % des accompagnateurs effectuent en moyenne un coaching en huit à dix séances, mais le suivi des dirigeants peut s'étendre sur plusieurs années. Le coaché est donc en droit d'exiger une qualité de relation à la fois humaine et professionnelle, la finalité étant de faire émerger à son profit une ou plusieurs solutions. *« Quand je démarre une collaboration avec un client, je peux préconiser un minimum de six séances,* explique Maud Poitevin. *Pour d'autres, je dis que nous verrons au fur et à mesure. Cela dépend de la maturité de la personne, de ses résistances et de la relation entre elle et moi. Par contre je préconise un rythme que nous devons trouver en commun. Pour certains, je travaille une fois par mois. Pour d'autres, je préfère un rythme plus rapproché. J'ai même réalisé dix séances sur deux mois pour un responsable qui devait monter en compétences rapidement pour prendre un poste avec un challenge important. Il était prêt pour un véritable bond en avant ! Ce fut très, très efficace. J'aime travailler sur des séances de trois heures, voire plus.* »

Étienne Le Forestier, de Savoir-Faire & Compagnie, quant à lui, a coaché le directeur commercial, âgé de 40 ans, d'une filiale industrielle d'un groupe de fabrication de produits dérivés. Le PDG de la filiale souhaitait que son directeur commercial puisse évoluer et devenir directeur général de celle-ci. Au vu des résultats d'un bilan de compétences, un accompagnement court a été décidé sur une période de quatre mois entre octobre 2000 et janvier 2001, pour un budget facturé à 4 573 euros (30 000 francs) prévoyant six séances de deux heures chacune. « *Le lieu était décrit dans le contrat,* explique Étienne Le Forestier. *Les séances devaient se dérouler soit à Paris, soit dans l'entreprise dans un bureau isolé et privé de téléphone, où il n'y avait pas de risque d'être dérangés.* »

Elle aime travailler sur des séances de trois heures, voire plus

Pascal Vancutsem préfère coacher la personne dans l'environnement professionnel habituel. « *Les événements révélateurs se déroulent souvent dans l'enceinte de l'entreprise,* souligne Pascal Vancutsem. *J'aime bien vérifier comment quelqu'un réagit quand il est dérangé par son assistante ou un collègue, comment il traite ses appels téléphoniques. Mais ce qui compte, c'est la prise de recul en situation. Si on prend le cas d'un commercial toujours sur le terrain, on pourrait envisager de faire le coaching dans sa voiture.* »

L'imprévu comme monnaie courante

Le coaching n'est évidemment pas une méthodologie qu'on déroule de façon automatique. Lors d'une session, les événements imprévus sont bien évidemment monnaie courante. « *Pendant tout le processus, remarque Édouard Stacke, directeur chez Eurogroup Consulting, le coach doit être en alerte, à l'écoute de tous les niveaux d'information pour apprécier la situation, comme le commandant d'un bateau qui, pour naviguer, utilise son radar, son sonar, sans oublier la radio pour la météo et les cartes satellites. »*

Voici l'exemple d'une session relaté par Martine Dessemond, gérante du cabinet Acting, auparavant DRH durant quinze ans dans des entreprises informatiques et de distribution. Ce témoignage a été accordé au réseau Expertconsultant.com, une place de marché pour le conseil en management. La filiale française (1 500 personnes) d'un groupe informatique international, résultant de la fusion de deux sociétés, devait revoir son positionnement et sa stratégie. Pour gérer au mieux ces changements, elle décide de se faire assister par le cabinet Acting. Martine Dessemond met alors en place un coaching stratégique global visant à accompagner la réflexion du nouveau comité de direction et à instaurer une politique de ressources humaines susceptible d'appuyer l'évolution de la filiale. Les consultants du cabinet décident ainsi d'intervenir à trois niveaux : dans le coaching du PDG, dans l'animation d'un séminaire de direction sur la stratégie de la filiale et ses incidences en matière de ressources humaines et, enfin, dans le coaching individuel des membres du comité de direction qui le souhaitaient. Pendant l'année 2000, elle coache la directrice financière de la filiale française. *« Nous avons défini trois axes d'amélioration : son positionnement dans le comité de direction, la migration de son équipe d'une fonction de comptabilité à une fonction de contrôle de gestion et de reporting international et son style de management. »* Ces trois volets font l'objet d'un contrat de coaching tripartite entre la future coachée, l'entreprise et la consultante, où figure également le calendrier de la mission, soit huit séances étalées sur huit mois.

Après avoir défini ces trois lignes directrices, Martine Dessemond invite son interlocutrice à passer un test de personnalité auprès d'une consultante psychologue de formation. À partir des résultats, le travail de coaching proprement dit peut commencer. Très vite, la directrice financière émet l'envie d'axer son travail sur une problématique particulière : l'organisation de son équipe. *« Nous avons établi un plan d'action basé sur des outils traditionnels (fiches*

Le coaching n'est évidemment pas une méthodologie qu'on déroule de façon automatique.

d'actions, grilles d'analyse...) et des outils d'approfondissement (co-conseil, 360°, analyse critique...) », raconte la consultante. Les actions concernent la préparation d'une réunion et des entretiens individuels, la gestion d'un conflit et la mise en place d'un séminaire où l'équipe est sollicitée pour réaliser elle-même un plan d'actions capable de la faire évoluer vers une unité de conseil en gestion. Au milieu du gué de ses séances, la personne coachée ressentira la nécessité de s'engager en complément dans un développement plus personnel, en dehors du cadre professionnel. Les dernières rencontres portent sur son problème de positionnement au sein du comité de direction et plus précisément sur la contribution de la directrice financière. *« Celle qui était perçue comme "l'œil de Moscou" du PDG devait se construire une légitimité par rapport à ses pairs du comité de direction »,* commente Martine Dessemond. Analyse critique, décryptage du jeu des acteurs et 360° seront mis à profit pour atteindre cet objectif. À la fin de sa mission, la consultante remet à la directrice financière son contrat, ainsi que toutes les fiches d'actions et des outils utilisés : si elle le désire, elle pourra être à son tour, avec son support, un coach en interne.

La directrice française était perçue comme l'œil de Moscou du PDG

LE COACHING DU COACH

Tout coach se fait en principe superviser, même si le client ne le sait pas. C'est un procédé consistant pour un professionnel à faire appel à un de ses pairs pour lui parler des problèmes rencontrés lors d'une intervention. Le coach n'est pas un surhomme. Il lui arrive d'être déboussolé face à un client aux réactions imprévisibles. Mais c'est entre collègues qu'il en discutera. Cette relation, sous forme de séances individuelles ou collectives, doit permettre au coach de prendre du recul vis-à-vis de sa pratique. Elle est communément appelée « supervision ». Voici un courrier transmis par des coachs au portail Mediat-Coaching qui permet de comprendre pourquoi la supervision est nécessaire. Il a été posté le 1er juillet 2000 par Véronique Malbrancke : *« Il me semble qu'à partir du moment où le coach a l'impression que son client résiste au changement, c'est qu'insensiblement il n'est plus dans une relation d'accompagnement. Ce qu'il analyse comme une résistance peut alors être considéré comme* un signal qu'il s'est éloigné de la vision du monde du client, sans doute parce qu'il a décroché en éprouvant le besoin de se conforter dans son propre monde de repères théoriques. Après tout, c'est bien à ça que servent les théories : à rassurer le coach pour l'aider à faire son difficile métier ! Du moment que celui-ci n'en est pas complètement dupe. Attention quand même à ne pas freiner la capacité d'évolution personnelle du client, en interposant nos propres grilles. Plutôt que de fixer notre attention sur les résistances, il me paraît plus fécond de cultiver l'étonnement devant la com-plexité vivante et les possibilités de régulation spontanée de la personne venue nous voir pour changer ! »

On ne peut faire de coaching sérieux si on est incapable de mettre à plat avec ses pairs les problèmes soulevés lors d'une intervention. *« Le coach travaillant seul est quelqu'un de dangereux »*, souligne Jean-Daniel Remond, consultant formateur de coachs. La supervision est en quelque sorte le coaching du coach. Elle s'avère obligatoire pour un coach débutant, mais le besoin se fait aussi sentir pour des professionnels plus confirmés. ▪

4 La petite communauté des coachs en France

Qui sont les coachs ?

Qui sont les stars françaises ?

Quel type de formation ?

Qui sont les coachs ?

*Les itinéraires empruntés pour devenir coach sont variés : théra-
peutes diversifiant leurs activités, managers profitant de leur
expérience en entreprise, DRH heureux ou contraints de se recycler, sportifs en quête d'une nouvelle carrière... Certains coachs
mènent également d'autres activités en parallèle.*

QUI SONT LES COACHS ? « *Contrairement aux idées reçues,* note
Gérald de Bourmont, président de la S.F. Coach, *les coachs ne sont
pas nécessairement psychologues de formation, mais viennent d'horizons très variés.* » Ainsi, 54 % d'entre eux sont issus de grandes écoles (écoles de commerce et d'ingénieurs) et 46 % sont diplômés en
sciences humaines (psychologie, sciences sociales...). Ils ont en
général un diplôme d'études supérieures élevé : 76 % ont un
niveau supérieur à Bac +4 et presque un tiers (31 %) ont un niveau
supérieur à Bac +6. En France, 75 % ont fait une psychothérapie,
65 % ont suivi une formation spécifique au coaching, 65 % se sont
formés à la PNL, à l'analyse transactionnelle ou à la psychanalyse,
28 % à la Gestalt et 25 % à l'hypnose éricksonienne.

*Les coachs
ne sont pas
nécessairement
psychologues
de formation.*

Toutes les voies mènent ainsi au coaching. La décision de suivre
cette voie est souvent d'ordre individuel, comme le montrent les
illustrations suivantes :

- Vingt ans durant, Annie Sarthe-Innocenti a occupé des postes
de direction générale. « *On me donnait une image de femme
dure. Mes différents présidents ne s'intéressaient qu'à mes performances financières, alors que j'ai toujours aimé développer le
potentiel de mes collaborateurs* ». Elle finit par faire du conseil
en restructuration. Observant les dégâts occasionnés par les
fusions, elle se lance dans une sorte de parcours initiatique
dans le domaine des ressources humaines, ce qui l'amène à
différentes formations, notamment au sein de Transformance,
tout en travaillant comme consultante au sein de cette structure. En règle générale, elle coache chez Secor des gens qui
réussissent brillamment, parfois pour les aider à gérer leur

stress ou à retrouver un équilibre entre leur vie profession-nelle et leur vie privée.

- Responsable de la gestion des carrières et des reconversions chez Natexis, Patrice Fradet s'est reconverti vers le coaching après la fusion de sa société avec les Banques Populaires. Il a créé sa structure, Capital Coach. « *On ne s'improvise pas coach,* confie-t-il. *On apprend d'abord à reconnaître cette possibilité en soi, on la travaille en suivant quelques formations, et, finalement, on la cultive jour après jour.* »

- Pendant dix années, Michaël Hoffmann a occupé plusieurs postes de directeur des ressources humaines après avoir été patron de la formation chez ICI. « *En 2000, mon président est parti. J'allais avoir 45 ans. Cela me semblait difficile de continuer à être DRH.* » Il occupait alors cette fonction à la Société française d'assurance crédit (SFAC), où il pilotait le projet d'entreprise. Il songe à faire un retour vers le conseil : « *J'avais le choix entre le recrutement, la chasse de tête, la formation et le coaching.* » Il avait aussi la possibilité de se faire nommer professeur affilié à l'ESCP-EAP. Le coaching le tente, mais il hésite. « *En faire un métier à part entière, c'était changer d'état mental* », dit-il. Il trouve le soutien nécessaire chez Savoir-Faire & Compagnie, une structure aidant les cadres à se lancer dans la création d'une activité de conseil. Parallèlement, il se forme au métier de coach en suivant une formation avec International Mozaik, avant de rebondir sur une certification « MBTI et team building » « *J'ai trouvé un équilibre. Tout s'est mis en place presque de façon magique* », estime-t-il. Aujourd'hui, il est enseignant à l'ESCP-EAP, associé de Mozaik International et coach libéral.

J'allais avoir 45 ans. Cela me semblait difficile de continuer à être DRH.

- Consultant et coach au sein du cabinet Evoliance (réseau Quaternaire), Jean-Yves Arrivé est devenu coach par accident. Psychosociologue et psychoclinicien de formation, également maître de conférences associé à l'université Paris X, il se for-mait au Québec, en 1993, à l'accompagnement dans une unité de soins palliatifs : « *J'ai rencontré des consultants qui m'ont parlé du coaching. Tout est parti de là.* »

- Anne Bastard, Leroy Consultants (groupe BPI), ancienne bas-ketteuse de haut niveau, coache quarante à cinquante per-sonnes par an, mais elle est aussi psychologue clinicienne.

« *Ce métier*, souligne-t-elle, *me permet de mettre à profit toutes mes expériences précédentes.* » Sa plus grande satisfaction ? « *Sentir que la personne a bien compris qu'elle est dans une dynamique bénéfique à son évolution, ou lui faire entrevoir une solution jamais envisagée.* »

- Philippe Sabatier, sophrologue (SFS), professeur et septième dan de Iaïdô, l'art du sabre japonais, voie de l'harmonie avec les êtres, voie de l'unité de l'être, est un inclassable. Il travaille à mi-temps comme conseiller de l'Association pour l'emploi des cadres (APEC) à l'antenne de Brest. L'autre moitié du temps, il est coach de cadres et de dirigeants. Pour lui, l'apprentissage du Iädô est un modèle pédagogique dont les leçons peuvent être entendues et assimilées par des coachs en formation ou en activité. On y retrouve les modes d'intervention utilisés en coaching, comme la confrontation, les précautions, les protections, les permissions, la distanciation et l'effet de surprise. « *Bien des coachs*, souligne-t-il, *expliquent leur venue au coaching par désir de synthétiser des activités variées aux processus congruents. Pour ma part, je parlerai plutôt de "réduction" au sens phénoménologique : rigueur dans l'exercice du regard et de l'écoute, modestie méthodologique. Comme dans les arts martiaux en général, la première chose qu'on vous apprend est de connaître votre centre. C'est une place où l'on revient pour gagner en stabilité. Vous pouvez vous en éloigner, mais vous avez la faculté d'y revenir. Le centre est votre quartier général. Un coach qui l'a trouvé a une vitalité secrète dans ses rapports avec le coaché.* »

Un coach qui a trouvé son centre a une vitalité secrète dans ses rapports avec le coaché.

QUAND LES SOCIÉTÉS DE CONSEIL SE LANCENT

Le choix de devenir coach n'est pourtant pas toujours purement individuel. La décision résulte parfois d'une politique collective. En 2002, le cabinet de conseil Insep Consulting prévoit de faire 10 % de son chiffre d'affaires avec cette discipline. Une pratique qu'il propose à titre individuel à partir de 1997. « *Les premières demandes sont venues de la part de clients chez lesquels nous avions fait du* déploiement de stratégie ou d'équipe, relate Céline Lerenard, directrice générale d'Insep Consulting et coach. *Ont été sélectionnés chez nous cinq consultants sur quelques critères de compétence : faire un travail régulier de développement personnel, accompagner des équipes de direction, bien connaître les méthodologies du cabinet en matière d'élaboration de stratégie, avoir 35 ans minimum, etc.* » Le critère éliminatoire pour beaucoup a été l'absence de travail de développement personnel. « *À l'époque,* note-t-elle, *le coaching n'était pas encore un marché important. Nous avons dû faire environ une vingtaine de coachings individuels cette année-là.* » Puis, le coaching se développant, le cabinet a donc souhaité passer à la vitesse supérieure. Il a demandé à François Souweine de concevoir et piloter une école destinée à ses consultants pour certifier des coachs praticiens. Céline Lerenard fait partie de la première promotion (avril-novembre 2001), qui comportait dix consultants. « *Cette école est pour nous un gros investissement,* constate-t-elle. *Mais il est nécessaire pour exister sur le marché et c'est une garantie contre des dégâts que pourraient faire des personnes mal formées.* »

L'habit ne fait pas le moine

Riches d'expériences, certains consultants mènent des actions de coaching, mais ne veulent pas d'étiquette. Ainsi Isabelle Loss, de Pleine Lune Conseil, mène une double activité de consultant spécialiste des dispositifs de mobilité et de coach, mais elle ne se reconnaît pas dans le mot « coaching ». Elle a découvert le concept en cours de latin, en traduisant Sénèque. « *C'est pour moi un autre univers de référence,* souligne-t-elle. *Quand je fais des propositions, j'appelle cela "accompagnement concentré dans le temps". J'ai horreur des étiquettes et celle-ci ne me convient pas. Je ne m'y sens pas bien. C'est comme si on voulait me mettre une couleur.* » Jusqu'à ce jour, elle a fait du coaching sans se dire ou prétendre coach. « *Ceci dit,* précise-t-elle, *les autres me présentent comme un coach et je ne corrige pas.* » Elle a beaucoup étudié : une école supérieure de commerce, la sociologie à René-Descartes, la psychosociologie à l'École des hautes études, la philosophie des religions aux États-Unis. « *Depuis très longtemps, les hommes ont des directeurs de conscience. À l'université de Tours, on travaille sur l'accompagnement spirituel, y compris les pratiques de saint Ignace* », relate-t-elle.

Christine Vanderlieb refuse elle aussi l'étiquette de coach, tout simplement parce que le coaching est mis à toutes les sauces et qu'on en parle à tort et à travers. Elle se présente donc comme consultante en ressources humaines et développement des organisations, même si elle est coach depuis 1998. Elle intervient sur l'évolution des comportements managériaux chez Airbus, où il s'agit de faire travailler ensemble des équipes allemandes et françaises, ou pour le compte de patrons allemands venus diriger des filiales en France. Son parcours est atypique, mais riche. Elle s'engage d'abord dans la vie associative, puis elle s'accorde une pause pour reprendre des études : un DESS de management à La Sorbonne. Son diplôme en poche, elle devient consultante salariée au Centre de recherche et de formation Michel-Vogler, basé à Strasbourg. Il s'agit surtout de faire des études de charge de travail dans les hôpitaux. Au bout de deux ans, le Gifop, une structure de conseil dépendant de la CCI de Mulhouse, vient la chercher pour mettre en œuvre des stratégies de compétences dans les entreprises. Elle intervient par exemple chez Usinor Sacilor dans le cadre du projet ACAP 2000. Mais c'est une mission réalisée pour la division « camion » de Mercedes-Benz, au sein d'une filiale du groupe en Alsace, qui va changer sa vie professionnelle. Elle découvre ce que les Allemands appellent « Team Entwicklung », que l'on peut traduire littéralement par « le travail qu'il faut accomplir pour souder une équipe sur la durée ». *« En France, pour leur grande majorité, les consultants se positionnent avant tout comme des experts apportant la solution,* fait-elle remarquer. *En Allemagne, ils se présentent plutôt comme des accoucheurs qui vont aider leur client à découvrir et valoriser leur propre potentiel, à la manière des coachs. »* Elle décide alors de se former au coaching en Allemagne et multiplie les cursus.

Christine Vanderlieb refuse l'étiquette de coach.

Même refus du terme « coach » pour Wolfgang Spitta, de nationalité allemande et psychiatre de formation, même si c'est son métier principal. Sur sa carte de visite est écrit « System Berater, System Therapist », ce qui se traduit par consultant et thérapeute spécialiste des systèmes. *« J'étais psychiatre dans une clinique où 80 % de mon énergie était gaspillée à régler des problèmes d'organisation. J'ai voulu connaître autre chose »,* précise-t-il.

Pas de vocation exclusive

Une enquête conduite par la S.F. Coach indique que seuls 30 % des coachs ne vivent que de cette activité. « *Le coaching, même s'il est en forte progression depuis deux ans, reste souvent minoritaire dans les activités professionnelles du coach* », soulignait Alain Gherson, alors président de la S.F. Coach. Cependant, les activités exercées en parallèle restent souvent liées aux ressources humaines : 19 % des coachs sont conseils en management, 12 % des conseils en recrutement, 11 % sont formateurs. Il est vrai que le modèle économique du coaching ne favorise pas les vocations exclusives, ce qui peut paraître bizarre vu les tarifs pratiqués. Si le coaching individuel est une activité spectaculaire avec un tarif horaire proche, voire supérieur à celui du conseil en stratégie, il souffre du handicap suivant : si par exemple vous coachez un PDG, il est rarement d'accord pour que vous coachiez d'autres personnes dans l'entreprise. À la place de vingt jours de mission de conseil ou dix jours de stage de formation à assurer, vous vous retrouvez donc avec une seule personne à coacher. Le coaching est en réalité un mode de consommation différent du conseil traditionnel. Altedia en avait fait un centre de profit à part entière. Mais le cabinet de conseil est depuis revenu en arrière, car cette activité, pour être rentable, doit être associée à des prestations connexes.

Le modèle économique du coaching ne favorise pas les vocations exclusives.

La double casquette de « coach consultant » ou de « consultant coach » n'obéit pas qu'à des impératifs monétaires. Alan Weiss, auteur de *The Ultimate Consultant. Powerful techniques for the Successful practitioner (Pfeiffer)* estime que n'importe quel consultant devrait inclure le métier de coach dans sa panoplie. Il livre son analyse dans le numéro de septembre 2001 de la *newsletter What's working in Consulting : « Je ne vois pas comment vous pouvez être un consultant et non un coach. Comment quelqu'un peut-il fournir une aide de bonne qualité dans une relation personnalisée sans comprendre les problèmes suivants : dynamique de leadership, résolution de conflit, développement de carrière, récompenses et feed-back ? Sans oublier une myriade d'autres éléments importants au sein d'une organisation. La plupart des consultants se sont retrouvés à différents moments de leur carrière dans une position où ils ont coaché leurs clients, quel que soit le nom donné. Chaque fois qu'un consultant suggère à son client de s'y prendre autrement* pour animer une réunion, de se confronter, ou non, à un problème, de changer la façon dont il se comporte avec son supérieur hiérarchique ou ses subordonnés, de modifier l'agenda de ses priorités, etc., c'est bien de coaching qu'il s'agit. »

Frédéric Nortier, consultant et coach chez Right ARJ, partage cette analyse : « *Aborder les problèmes avec une logique de coach quand on est consultant permet ne pas tomber dans certains panneaux.* » Et de raconter l'anecdote suivante : « *J'avais rendez-vous avec le directeur de la zone Europe-Asie-Moyen-Orient d'une entreprise de services. Il devait définir une nouvelle organisation en Europe Nous avions fait un travail sur la vision de l'entreprise. Il souhaitait que je lui donne des points de comparaison pour l'aider à choisir sa nouvelle organisation. Seulement, j'ai refusé de traiter la demande ainsi posée. Nous nous sommes lancés dans un coaching pour essayer de répondre aux questions posées. Qu'attend de vous votre patron au siège ? Quel type de levier êtes-vous pour l'entreprise ? Il s'agissait de faire un travail sur ses priorités. À un moment, je lui ai demandé quelle serait l'organisation qui lui permettrait de les décliner. Il hésitait entre deux options. Un consultant aurait bâti tout de suite des modèles organisationnels sans se poser de questions. Il a finalement choisi une troisième option qui permettait de concilier les intérêts de l'entreprise et les siens. Il existe des contextes où un intervenant, s'il veut être efficace, doit s'écarter de la posture du consultant pour utiliser des techniques interpersonnelles très semblables à celle du coaching.* »

Aborder les problèmes avec une logique de coach quand on est consultant permet ne pas tomber dans certains panneaux.

Qui sont les stars françaises ?

Le coaching est né dans l'Hexagone au milieu des années 1980. C'est un monde en soi, avec ses pionniers et ses figures de proue. Tour d'horizon de ceux qui l'ont mis sous les feux des projecteurs.

La décennie 1990 a vu le coaching se développer d'abord dans l'ombre, puis au grand jour. Bien avant d'être sous les feux des projecteurs, des hommes et des femmes ont joué les éclaireurs. Il n'est pas inutile de rendre un hommage aux conseillers de « synthèse » dont la vocation est d'aider les dirigeants dans leurs choix. Jean-Daniel Remond, biologiste, médecin, et aujourd'hui consultant formateur de coachs, en a fait partie. Il se souvient de ses débuts : « *Cette activité m'a passionné. Très vite on a fait de la formation pour donner des bases sur le monde aux dirigeants. Même si les séminaires était réussis, ils étaient démunis quand ils rentraient chez eux. Comment faire en sorte que la formation ne soit pas un moment coupé du reste ? Au milieu des années 1980, on a mis au point l'accompagnement personnel pour leur permettre de faire le point sur leur vie personnelle et professionnelle.* »

Il est souvent dit que l'introduction du coaching en France pour les entreprises doit beaucoup à Vincent Lenhardt. En 1988, dans un article que lui consacre *Challenges*, ce dernier explique que les managers ont besoin de coachs. Dès 1989, il ouvre la première école de coaching en France et propose une formation de vingt jours : « *Familier des États-Unis, je me suis dit que cela manquait.* » Tous ses élèves ne sont pas devenus coachs, mais beaucoup ont pratiqué ensuite leur métier différemment. Diplômé d'HEC, MBA de l'université de Chicago et docteur en psychologie, Vincent Lenhardt a longtemps été thérapeute. Parallèlement, il était consultant et formateur en développement des organisations. Cet animateur actif de l'unité de recherche du Centre entreprise de Notre-Dame de Ganagobie, un monastère bénédictin situé près de Manosque (Alpes de Haute-Provence), a aussi présidé l'Association européenne d'analyse transactionnelle (EATA). « *Le travail que nous accomplissons à Transformance, explique-t-il, se différencie de celui des cabinets de conseil en évolution professionnelle. Souvent, lors d'une intervention, nous sommes deux ou trois consultants pour coacher à la fois le patron d'une entreprise, son équipe de direction et déployer la vision auprès d'équipes élargies.* »

Vincent Lenhardt ne déteste pas les opérations commando.

Vincent Lenhardt ne déteste pas les opérations commando. À la demande d'Alain Godard, avec lequel il a écrit *Engagements, espoirs et rêves* (Village Mondial, 1999), il a animé un « team building » d'intégration entre neuf dirigeants de Rhône-Poulenc et neuf de Hœchst, dans un salon d'aéroport à Roissy, alors que la fusion donnant naissance à Aventis n'était pas encore officialisée. « *Réussir pour un dirigeant à mobiliser l'énergie collective n'a pas de prix. Le coaching est pour moi un levier très particulier pour y parvenir,* juge-t-il. *C'est aussi un lieu de parole très utile pour tester des idées.* » Il est littéralement passionné par le coaching « *C'est un métier tellement exaltant que j'irais même jusqu'à payer pour le faire* », s'exclame-t-il avec humour.

Rencontre de deux passionnés

Une rencontre en 1986 entre Vincent Lenhardt et François Souweine semble avoir été déterminante dans le développement du coaching en France. Après des études de sciences de l'éducation, de lettres et de psychologie, François Souweine atterrit chez Kodak où il prend la direction du service de formation d'une usine du groupe. « *Nous disposions de possibilités sans restriction budgétaire pour se former à l'extérieur et tester ce que nous voulions lancer en interne.* » Il passera quinze ans dans l'entreprise et vivra en 1979-1980 l'aventure des cercles de qualité. Il reste ensuite cinq ans chez Xerox en tant que directeur de la formation et de la gestion du personnel. « *J'ai accompagné les démarches de management de la qualité totale. C'était la bonne voie. Je disposais d'une quinzaine de formateurs détachés, ex-chefs de vente ou de district. Très vite, je me suis rendu compte que la formation n'allait pas suffire pour mener l'opération à bien. Il fallait trouver un autre mode d'accompagnement sur le terrain. Je suis allé voir Vincent Lenhardt et nous avons réfléchi ensemble sur la manière dont nous pouvions aider les gens à changer de culture d'entreprise. Nous avons modélisé des démarches de coaching et de "team building".* » Vincent Lenhardt s'en est inspiré pour écrire son best-seller, *Les Responsables porteurs de sens – culture et pratique du coaching et du team building* (Insep Éditions, 1992). François Souweine, qui a toujours été un homme de réflexion collé aux besoins du terrain, deviendra par la suite associé de Vincent Lenhardt, au sein de Transformance jusqu'en 1997, avant de continuer une carrière en solo et de monter un projet d'école de coaching pour Insep Consulting.

La formation n'allait pas suffire pour mener l'opération à bien.

Très longtemps, Vincent Lenhardt a aussi travaillé en binôme avec Brigitte Haziza-Vallet pour faire fonctionner son école. « *J'ai ren-*

contré Vincent en 1980 à l'Institut français d'analyse transactionnelle, raconte-t-elle. J'assistais à un atelier de bioénergie qu'il animait. Il a proposé de faire une lecture corporelle et je me suis avancée. » Brigitte Haziza-Vallet, psychothérapeute de formation, a gagné son bâton de coach chez Leclerc. « Je n'étais jamais rentrée dans une entreprise, explique-t-elle, quand mon cousin m'a fait rencontrer Guy Lafforgue le patron des magasins Leclerc de Langon et de Mimizan. On m'a demandé de former son personnel à l'analyse transactionnelle. J'ai finalement coaché Guy Lafforgue, puis j'ai fait du "team building" avec ses équipes. Par la suite, je suis remontée jusqu'à François Levieux, le président de la centrale d'achats de 48 magasins de la région Sud-Ouest, le gendre d'Édouard Leclerc. » Eclectique, elle s'est aussi imposée chez Accor. Elle y a coaché par exemple le responsable de l'Académie et a formé une vingtaine de consultants. « L'univers engendre la complexité, souligne-t-elle, la complexité engendre l'efficacité, l'efficacité n'engendre pas nécessairement le sens. Elle peut aussi engendrer le non-sens, voire l'insensé. Le rôle du coach est de donner du sens à l'insensé. » Elle s'est par ailleurs occupée d'artistes et même de pasteurs en Suisse. Bonne âme, elle offre son temps. On peut parfois la voir la nuit au service des urgences à Necker, Bichat ou à Marmottan, tenant la main des toxicos, des suicidaires ou des accidentés. Brigitte Haziza-Vallet est à cheval sur l'éthique et contre le cumul des mandats. « Si tu es à la fois le coach du président et de son équipe, tu deviens tout puissant. Dans la vie, il faut savoir faire des deuils ! »

Si tu es à la fois le coach du président et de son équipe, tu deviens tout puissant.

Alain Cardon, spécialiste du changement

L'expérience du monde d'Alain Cardon est cosmopolite. Doté d'une double nationalité franco-américaine, il est né en Algérie. Enfant, il habite en Égypte et fréquente l'école américaine. Le bac en poche, il étudie la philosophie, la sociologie et surtout l'ethnologie aux États-Unis. Il s'accorde un séjour prolongé aux Caraïbes avant de faire son service militaire en France : « Je n'avais pas envie de rester aux États-Unis. Cela m'a permis de m'adapter. » Il rencontre Vincent Lenhardt alors qu'il cherche du travail. « Je me suis formé sur le tas en tant que formateur », précise-t-il. En 1977, il devient gérant de Transformation dont Vincent Lenhardt détenait alors 50 % des parts. Au début des années 1980, il fait du développement d'équipe. « *J'ai parfois accompagné des équipes très longtemps. On se revoyait tous les neuf mois pour faire le point comme lors d'un check-up annuel. J'ai glissé progressivement du rôle de consultant apporteur de méthodes à celui de coach les poussant dans leurs retranchements.* » En 1994, Transformation est spécialisé dans le « team building ». Alain Cardon a ouvert une filiale à New York, son ambition étant de promouvoir outre-Atlantique son approche systémique appliquée au travail en équipe. Toujours en 1994, Transformation s'offre une université d'été originale, bâtie sur le modèle d'un séminaire « outdoor » de seconde génération. Les participants, pour la plupart des consultants, se frottent à des problèmes logistiques, éthiques, de qualité, de leadership... qui ne sont pas du ressort de l'exploit sportif. Le cœur des cinq jours de stage est un jeu de rôle en extérieur de type « génie civil » – un sauvetage humanitaire – basé sur la pédagogie systémique. L'événement marque Georges Vial qui dirige à l'époque un établissement public de formation professionnelle à Fribourg (Suisse). Il est confronté à des problèmes de commandement, d'isolement et plus généralement de relations humaines. À Ury-Fontainebleau, il se retrouve membre de la première équipe, dont la tâche est de concevoir un dispositif permettant de sauver des blessés malgré une série de contraintes. « *Cet exercice, confie-t-il, a eu un effet de loupe instantané me renvoyant comme un miroir tous mes modes de fonctionnement.* Un an plus tard, Alain Cardon « déshabille » Transformation et va s'installer dans le Sud. Aujourd'hui, sa spécialité est le coaching de transition. Il a l'habitude de faire par exemple, en un jour, le bilan d'un patron qui quitte une entreprise en présence du nouveau nommé. « *Ce genre d'éclairage permet de gagner six mois en terme de prise de fonction* », juge-t-il.

Les participants se frottent à des problèmes logistiques, éthiques, de qualité, de leadership.

Fécondation et fertilisation sont pour Danièle Darmouni des mots emblèmes. Le développement de cet art subtil qu'est l'accompagnement se traduit pour elle par cinq gestes très concrets : privilégier la valorisation du potentiel créateur des personnes ; préserver ce qui doit être conservé et l'inscrire dans un cadre sûr ; partager avec les personnes concernées le sens profond du changement ; se laisser guider par l'intuition qui donne chair et flamme aux idées ; rester dans le rythme juste à chaque étape. Après une thèse d'économie et de finance au Liban et une maîtrise de psychologie clinique, elle rentre en 1982 chez Jacques Borel pour y animer des formations au management, à la connaissance de soi, à la conduite de réunion, etc. En 1984, elle rencontre Alain Cardon et François Dauvergne du cabinet Transformation : « *Tous deux étaient intervenus en cohésion d'équipe lors de la fusion entre Jacques Borel et Novotel* », précise-t-elle. Un an plus tard, au moment de la création de l'Académie Accor à Evry, elle intègre Transformance. En 1991 naît Transformation École où les consultants trouvent un lieu de supervision, des méthodes et des outils.

À la même époque, avec Élisabeth Cardon et Francine Lang, elle multiplie alors les actions d'accompagnement individuel. « *Je n'étais pas à l'aise avec le mot "coaching" parce qu'aux États-Unis, dans les années 80, c'était surtout du tutorat sur le terrain* ». Fin 1996, après que les associés de Transformation se soient séparés, elle propose dans le cadre d'International Mozaik, une formation au coaching individuel et d'équipe. En 2001, elle lance une formation spécifique de coaching de dirigeants. Elle se démène pour être la première école européenne à être accréditée par ICF (International coaching federation). Elle a créé Phosphore, un lieu de débat et d'agitation d'idées sur le coaching et ses multiples facettes.

Olivier Devillard, une forte tête

Autre figure de proue : Olivier Devillard qui a fait une école de commerce avant d'intégrer l'entreprise de son père. Mais c'est une forte tête : en 1972, il a tout plaqué et fait des études de psychologie à Vincennes. Il suit dans la foulée une formation de psychothérapeute et entame une analyse qui va durer onze ans. Considérant que le métier de psychothérapeute est une trop belle chose pour le laisser se dégrader, il crée début 1980 le Syndicat national des praticiens en psychothérapie, dont le vice-président est Vincent Lenhardt. Leur destin sera commun jusqu'en 1991. De 1987 à 1995, le coaching reste pour lui un produit, mais pas un métier : « *Je n'imaginais pas l'importance qu'il prendrait* », explique-t-il. Puis il est un de ceux qui formalisent ce nouveau métier. Vice-président de Dexteam, co-fondateur de la S.F. Coach, fondateur de l'IFOD, son école de formation au coaching, c'est un auteur prolifique. Son ouvrage, *La Dynamique des équipes*, a d'ailleurs reçu le prix Manpower. Il a un côté mandarin qu'il ne réfute pas. « *Le mandarin est un chercheur, un praticien, un enseignant. C'est la richesse totale* », estime-t-il. Il a toujours aimé créer des organismes professionnels pour protéger le métier. « *Le coaching*, souligne-t-il, *a besoin d'être mis sur de bons rails, de trouver sa place à côté du conseil, de la thérapie, du développement personnel et de la formation.* » Son travail est inspiré par l'approche systémique, la psychanalyse du côté de Freud et Lacan, l'analyse transactionnelle, les théories sur la cuirasse énergétique de Wilhem Reich, la Gestalt de Fritz Perls… « *Je ne veux pas séparer toutes ces approches. Il y a chez moi une volonté d'intégration. Il faut arrêter de dire qu'il n'y a qu'une seule façon de voir un être humain.* »

Le coaching a besoin de trouver sa place à côté du conseil, de la thérapie, du déroulement personnel et de la formation.

Auteur de *Le Psychanalyste et l'Entreprise* (Syros) et de *Psychanalyse et société postmoderne* (L'Harmattan), Roland Brunner, de son côté, est maître de conférences en psychologie sociale à HEC et vice-président de l'Institut psychanalyse et management (IPM). Mais c'est avant tout un psychanalyste qui a toujours été intéressé par le monde des affaires. « *Même quand je me suis installé comme analyste freudien, je me suis posé la question de ce que pouvait faire un "psy" à côté de son divan, raconte-t-il. Freud nous a autorisés à mélanger le plomb à l'or pur de la psychanalyse. Il nous invitait par là à inventer d'autres cadres d'inspiration psychologique pour répondre à des demandes spécifiques. C'est dans cet esprit qu'ont été conçus des outils d'intervention analytiques centrés sur des demandes professionnelles. J'ai d'abord eu l'idée de monter un bilan professionnel avec une écoute analytique, puis j'ai été amené à dire qu'on pouvait pratiquer le coaching avec la même écoute.* »

Historiquement, il est venu au coaching par la transmission d'entreprise. Vers 1990-1991, il intervient avec Jean-Pierre Bruneau auprès de propriétaires créateurs de leur entreprise arrivés à l'aube de la soixantaine. « *À l'époque, on ne parlait pas encore de coaching, avoue-t-il. Mais c'en était indéniablement. Il s'agissait de faciliter le travail de deuil et de débloquer la situation.* » Le plus souvent, les repreneurs ne manquaient pas. Tout était prêt avec un dossier financier, fiscal et juridique bien ficelé et pourtant les choses traînaient… comme s'il y avait une force obscure allant à l'encontre de la logique économique. *« La séparation semblait impossible ou douloureuse à faire avec cet enfant imaginaire »*, constate-t-il. L'expérience ne dure que deux ans. En 1995, Roland Brunner songe à exercer une activité régulière de coach. *« Mon but était de travailler sur les difficultés dans la pratique professionnelle. J'ai aujourd'hui une clientèle individuelle, mais des DRH m'appellent également car je suis répertorié dans l'annuaire de la S.F. Coach. Ils me demandent de coacher la plupart du temps des cadres à problèmes, souvent de bons techniciens ayant une "tête de cochon". Le mot "coach" permet d'aseptiser les choses. C'est plus facile de dire à ce genre de personne "va voir un coach" que "va voir un psy". La rencontre se fait donc sur un malentendu fécond. »* À ses yeux, le coaching est « parathérapeutique ». Mais le coach ne doit pas être complice de l'objectif de son client. Il doit au contraire avoir la capacité de le remettre en cause, sinon, c'est de la manipulation de comportement.

Le coach ne doit pas être complice de l'objectif de son client.

Des racines sportives

Tout jeune, Édouard Stacke, slave d'origine, baigne dans le milieu sportif. Avec un frère demi de mêlée au Racing et un autre coureur cycliste, champion de vitesse sur piste. Il devient kinésithérapeute et psychothérapeute. Dans son cabinet, les athlètes de haut niveau et les artistes viennent se préparer pour réussir de hautes performances. Les professionnels de la santé viennent aussi apprendre. Durant quinze ans, il transmet à 3 000 collègues européens et canadiens des méthodes psycho-corporelles qu'il a développées ou importées des États-Unis et du Japon. En 1985, il abandonne les formations de soignants et lance des stages de cohésion d'équipe en montagne. EDF et Chronopost font partie de ses clients. Il s'appuie sur des entraîneurs sportifs et des professeurs de gymnastique formés à la psychopédagogie. Après la guerre du Golfe, il accompagne des projets. Les entreprises lui demandent de plus en plus de transférer les méthodes et les savoir-faire du coach à l'encadrement, à l'image des AGF pour leur réseau

d'agents généraux. C'est maintenant une bonne partie de son activité. « *Fréquemment, face à un problème, la plupart des individus sont prisonniers de leurs cartes mentales et hésitent entre deux solutions,* souligne-t-il. *Un coach leur demandera d'en trouver dix. Leur regard sur la situation s'en trouvera sérieusement modifié.* » Il est l'auteur de *Coaching d'entreprise* (Village Mondial). Trois athlètes de haut niveau et un psychopédagogue font aujourd'hui partie de son équipe chez Eurogroup RH. Le cabinet fait la promotion du concept de « manager entraîneur ». « *Les représentations des managers, précise Édouard Stacke, se construisent comme pour tout le monde très tôt dans l'enfance au travers de l'éducation scolaire, familiale et des expériences de socialisation. Notre culture suscite peu d'intérêt pour la connaissance profonde de soi, de l'autre, pour l'exploration des potentiels, l'expression des talents. Cette approche valorisante de l'individu est réservée à un petit nombre, à une élite. Trop souvent, on coache des personnes qui n'ont pas été éduquées correctement. Quand elles seront devenues managers, elles auront du mal à porter sur l'ensemble des collaborateurs ce regard sur la richesse des potentiels présents. Les cursus de formation des ingénieurs, des écoles de commerce et même des spécialistes des ressources humaines restent encore pauvres sur tout ce qui touche à l'intelligence relationnelle.* »

Nelly Michelin, titulaire d'une maîtrise de psychologie, sophrologue et praticienne en PNL, est aujourd'hui à la tête de l'Institut du coaching. Elle fonctionne en réseau avec une dizaine de coachs : un ancien dirigeant bon connaisseur des plans de carrière, un psychanalyste expert en recrutement, un ex-chef d'orchestre spécialiste de la gestion des conflits, un docteur en littérature passé maître dans l'art de la négociation interculturelle. Pendant dix ans, dans les années 1980, elle a coaché des champions de tennis comme Yannick Noah, des patineurs sur glace, coureurs automobiles, danseurs… « *Je me plaçais comme médiateur entre eux et leur coach technique,* explique-t-elle. *Avec les sportifs, je n'ai jamais travaillé sur le geste mais sur leurs préoccupations – par exemple, quel va être mon plan de carrière après les Jeux olympiques ? –, ce qui les empêchait d'être constant dans leurs performances. On est vraiment à l'écoute. J'ai entendu dans mon cabinet des joueurs se plaindre de mauvais coachs. Pour être bon, il faut avoir suffisamment de connaissances sur le fonctionnement de l'imaginaire d'une personne. Mon rôle est de*

Mon rôle est de faire émerger une vision absente ou réduite.

faire émerger une vision absente ou réduite. Quand vous n'avez pas confiance en vous, la vision est rétrécie. Pour se motiver, il faut avoir la représentation mentale de ce que l'on souhaite atteindre. Les premières actions du coaching sont donc de développer des systèmes sensoriels. » Par la suite, il s'agit de mettre en place un suivi pour permettre au coaché d'être bien en phase avec ses nouveaux choix.

Quel type de formation ?

Les écoles privées de coaching se multiplient. Dans les pays anglo-saxons, elles privilégient le télé-enseignement. En France, le face à face reste la norme. Quel pourrait être le programme de l'école idéale ?

Aux États-Unis, le télé-enseignement a été une lame de fond, transformant les conceptions classiques en matière de formation. C'est également vrai dans le domaine du coaching, où les formations proposées par la plupart des organismes américains se déroulent de cette façon depuis des années. De fait, les écoles de coaching pullulent. La plus connue de toutes, Coach U, fondée par Thomas Leonard, est une université virtuelle comptant 5 000 inscrits. Cette grosse machine à former les coachs utilise donc le téléphone pour former ses élèves, ainsi que des supports pédagogiques envoyés régulièrement. L'apprenti coach peut donc se former en étant confortablement installé chez lui, ou n'importe où ailleurs. Ce qui est pratique quand on a travaillé dur pendant la journée. Éric Dullin, consultant et coach spécialiste des start-up, par ailleurs PDG de Kisteps, est un des rares Français à avoir suivi cette formation en langue anglaise, parce qu'il pense que les clients achèteront de plus en plus une expérience de conseil complétée par des techniques de coaching. « Coach U offre une formule très souple. La formation se fait à votre rythme. Le niveau avancé comporte trente modules de quatre heures (techniques d'écoute, coaching des entrepreneurs et des solos, etc.), explique-t-il. Les téléclasses *durent une heure et éclairent le contenu du matériel pédagogique que vous avez reçu à la maison. On accède à un réseau d'échanges d'expériences. Il faut compter deux ans en moyenne pour terminer tout le cursus. »*

Alain Cayrol a introduit le travail de Milton Erickson et la PNL dans le monde francophone, au début des années 1980. Il est le co-fondateur de l'Institut français de PNL et dirige aujourd'hui l'Institut de coaching international (ICI). Celui-ci, basé à Genève, s'inspire des mêmes techniques de formation que ses homologues américains et défend le coaching par téléphone. Il a même développé un argumentaire sur son site Internet pour répondre à toutes les objections dans ce domaine. *« Contrairement à ce qu'on pourrait imaginer, le téléphone est un média chaleureux. Si vous avez des adolescents chez vous, demandez leur pourquoi ils passent tant de temps au téléphone avec leurs amis ! »* L'ICI communique à ses élèves un numéro personnel. Chaque semaine, au jour et à l'heure convenus, l'élève appelle ce numéro pour se connecter à l'animateur de la formation ainsi qu'aux autres participants de son groupe. Le principe est le même que celui de la téléconférence à trois, si ce n'est que le standard utilisé par l'ICI peut accueillir des groupes entiers. Le face à face n'est pas banni de la formation. Les élèves rencontrent également les autres participants lors des séminaires intercalés entre les séances par téléphone. Le programme se divise en trois séminaires de trois jours à Annecy, répartis sur l'ensemble du cycle de douze mois, des journées régionales en groupes de travail et vingt modules de formation à distance animés lors de soirées hebdomadaires. Sont également mis à la disposition des élèves des supports pédagogiques et des groupes de pairs. Alain Cayrol défend son système d'enseignement du coaching : *« Les étudiants sont mis dans le bain le plus tôt possible. Passé le premier trimestre, où ils intègrent les bases, ils ont trois personnes à coacher. Leur formation est donc connectée à une pratique réelle. Il leur est même conseillé d'être coaché par une personne connaissant les "ficelles" du métier, sans pour autant que ce soit une obligation. Il s'agit de faciliter leur installation professionnelle future. »*

Contrairement à ce qu'on pourrait imaginer, le téléphone est un média chaleureux.

Le face à face en France

En France, les formations ayant pignon sur rue depuis quelques années privilégient le face à face, que ce soit le Dôjô avec Bernard Hevin et Jane Turner, International Mozaik avec Danièle Darmouni, CT+ avec Vincent Lenhardt, l'IFAS avec Éric Albert, l'IFOD avec Olivier Devillard, etc. Il en est de même pour des formations moins connues ou lancées plus récemment, comme Créare avec Dominique Baumgartner, l'Institut Brigitte H. Vallet, Mediat-Coaching avec Nicolas de Beer, le Centre alsacien avec Jérôme Chidharom… Le 19 septembre 2001, la S.F. Coach organisait une soirée pour présenter quelques écoles de coaching. Chaque responsable avait dix minutes montre en main pour convaincre le public que son école était « la meilleure ». Ce radio-crochet des formations au coaching était très instructif pour se faire un premier jugement. Bernard Hevin était le premier à passer sur scène. Cet ancien directeur des études de la Cegos a fondé en 1990 le Dôjô. Il y enseigne le coaching depuis 1995 selon un modèle spécifique baptisé « le renouveau de la vie adulte », inspiré des travaux du Hudson Institute à Santa Barbara. *« Ce modèle,* explique-t-il, *permet au coach d'aider la personne accompagnée à envisager sa vie future et à la construire. »* Cette formation est bien adaptée à ceux voulant pratiquer un coaching de croissance et n'ayant pas peur de s'attacher à un modèle spécifique : les douze premiers jours de formation sont en effet intégralement consacrés à entrer dans le modèle du Dôjô. Les quinze jours de formation avancée sont tournés vers la pratique et la supervision.

En France, les formations au coaching privilégient le face à face.

Danièle Darmouni, la fondatrice d'International Mozaïk, se veut très éclectique. Elle refuse le modèle unique. *« Chacun est le bienvenu. La plupart des étudiants ont déjà un métier qu'ils font déjà très bien »,* précise-t-elle. Depuis 1997, elle anime deux cycles réguliers de quatorze jours (accompagnement de projet et coaching individuel) en parallèle ou en alternance.

Olivier Devillard dirige l'IFOD et défend quant à lui une approche systémique : *« Le coaching utilise les réactions du système sur l'individu pour le faire évoluer. »* Les gens attirés par son école ne sont pas des bleus. *« Notre public,* précise-t-il, *est composé de consultants, de DRH, de formateurs et de recruteurs. »*

Lynne Burney a créé la LKB School of Coaching en février 2000. Elle a d'abord été professeur de littérature en Nouvelle-Zélande. C'est d'ailleurs dans son lycée qu'elle a commencé par coacher des jeunes pratiquant l'athlétisme. « *Maîtriser quelques outils, comme la PNL ou l'ennéagramme, ne suffit pas. J'ai moi-même commencé une formation au coaching après dix ans de conseil. En cours de route, je me suis dit "je suis coach" et ça a changé beaucoup de choses.* » Aujourd'hui elle enseigne le coaching et elle est également professeur de yoga. La formation est pragmatique et pas trop longue : six modules de deux jours étalés sur six mois. Chaque module répond à une question précise : qu'est ce que le coaching ? Faire du coaching d'équipe ? Qui suis-je en tant que coach ?, etc.

Coach depuis 1993, Brigitte Warnez a créé une école qui porte son nom qui accueille des personnes souhaitant élargir la vision de leur métier. « *Je prends chaque élève avec moi pour six séances,* raconte-t-elle. *Ce contact individualisé me permet de voir les manques. Vient ensuite une phase de regroupement. Chaque personne peut alors s'entraîner à mener un entretien, à clarifier les objectifs, à valider ses intuitions, etc.* »

Maîtriser quelques outils, comme la PNL ou l'ennéagramme, ne suffit pas

François Arfel, KCF, consultant en ressources humaines et enseignant en Process Communication (PC) était le dernier à s'adresser à l'auditoire. Il a lancé une formation basée sur la PC (le modèle de Taibi-Kahler) : « *Mon objectif est cependant d'ouvrir l'école à d'autres disciplines.* » La formation est très longue : la première année est dédiée aux basiques du coaching (cinq modules de trois jours), la deuxième est centrée sur les pratiques de coaching (six modules de deux jours) et la dernière est consacrée à des études de cas et à de la supervision.

Créare, une école fondée en 2001, n'a pas encore une grosse notoriété, mais déjà une bonne image. Dominique Baumgartner, sa fondatrice, compte sur son rayonnement personnel : « *Je m'inscris dans une mouvance de coaching thérapeutique* », explique-t-elle. Traduisez par : « Le coaching n'est pas une thérapie mais a des effets thérapeutiques. » Elle forme des « psys » voulant faire du coaching en entreprise, mais aussi des anciens DRH ou responsables de formation. « *Mon rôle est de les aider à trouver leur manière singulière d'être coach puisque la vocation de celui-ci est de faire découvrir à son client qu'il est unique »*, avance-t-elle. Elle ne donne ni outils ni recettes de cuisine, elle montre avant tout une posture à tenir. C'est une pédagogie par imprégnation. *« Au bout des 22 jours de formation, les élèves ne sont pas encore coachs mais ils en ont déjà la couleur »*, constate-t-elle.

Comme pour les pilotes privés

Pierre Blanc-Sahnoun, de la Compagnie des coachs, a longuement réfléchi au problème. *« Au départ*, explique-t-il, *j'avais envisagé de mettre au point un cycle de formation sur six mois, comportant des modules théoriques et une supervision individuelle. Le principe directeur de cette formation était de mettre les nouveaux coachs dans le bain aussi rapidement que possible et de les aider à piloter leurs premières missions, partant du fait que je crois très profondément que ce métier s'apprend en "faisant". Le métier de coach ne s'enseigne pas en effet au "paper board", mais se vit en dimensions réelles avec des apports graduels adaptés aux problèmes rencontrés. On ne forme pas des accompagnateurs, on révèle des gens qui sont déjà coachs par vocation, regard ou type de personnalité. Tout ce que peut faire le formateur est d'aider l'apprenti coach à trouver et affiner son propre style de coaching, à identifier ses défauts et à les corriger. Une formation à un métier aussi complexe ne peut passer que par le tutoring, dans le cadre d'une relation formateur-élève très personnalisée, impliquant un investissement considérable de part et d'autre. »*

On ne forme pas des accompagnateurs, on révèle des gens qui sont déjà coachs par vocation.

Il rencontre alors plusieurs postulants afin de valider leur motivation, leur personnalité et l'adéquation de leur parcours à ce projet. Dans le même temps, il parle de ce projet autour de lui à des collègues déjà expérimentés. *« Il ne me semblait pas forcément souhaitable*, précise-t-il, *de proposer des notions de base à des professionnels possédant déjà plusieurs années d'expérience, ni de plonger trop rapidement de jeunes coachs dans un dialogue sur des cas difficiles, impliquant une forte intersubjectivité. J'ai donc pataugé deux mois avec ces différents paramètres avant d'être au clair avec une offre qui permettrait à chacun de trouver son compte, en fonction de ses besoins et de son niveau d'expérience dans la relation de coaching. »* Il a finalement trouvé un modèle pédagogique pertinent : celui de la formation des pilotes privés. Il comporte une série d'apprentissages de base conduisant à un brevet, et une série d'apprentissages avancés permettant d'obtenir la licence qui autorise à piloter en toute autonomie, avec des passagers dont on est responsable. Par ailleurs, cette formation est dès le départ fondée sur l'acquisition de méthodes pratiques, en situation. « *Elle me semble donc constituer un paradigme intéressant pour le coaching fondé sur la maîtrise d'un certain nombre de savoirs, estime-t-il. La ligne de partage entre les coachs expérimentés et les jeunes coachs se situe dans le fait de prendre en charge une ou plusieurs missions. Le novice doit intervenir le plus rapidement possible en "double commande". À partir du moment où il est responsable d'une mission, il a accès au groupe de supervision.* »

En octobre 2000, son premier groupe de formation de coachs démarre : une promotion de six élèves pour un cursus expérimental de neuf mois basé sur une approche active : alternance de journées théoriques, de supervisions, et surtout de missions menées en dimension réelle. Quatre de ces élèves ont terminé leur formation et se sont lancés dans le métier, soit en libéral, soit au sein de cabinets spécialisés. En février 2001, il démarre la formation de trois nouveaux coachs. Cette formation au compte-gouttes lui a donné l'occasion de tester sa pédagogie.

Quel bilan en fait-il ? « *La formation à l'accompagnement est un marché en pleine croissance, répondant à l'appel d'air provoqué par l'expansion du coaching, observe-t-il. Le nombre de personnes intéressées par ce domaine est en forte progression et leur profil est en train de changer. Beaucoup d'organismes proposent des formations intéressantes et pertinentes, accompagnées d'une dose plus ou moins importante de simulations et de groupes de supervision. Ils sont mieux équipés que moi pour traiter une masse importante de stagiaires, l'enseignement étant assuré par une équipe pluridisciplinaire.* » Ce constat l'a conduit à remettre à plat l'ensemble de son programme de formation et à le suspendre temporairement jusqu'en septembre 2002 pour en créer une version entièrement nouvelle, élaborée en commun avec Claire Moreau, ses « anciens élèves » et les autres membres de la Compagnie des coachs. Cette structure, possédant la forme juridique d'une entreprise, a pour but de proposer un lieu de dialogue, de progression, de partage et de convivialité à des coachs et thérapeu-

La formation à l'accompagnement est un marché en pleine croissance.

tes partageant des valeurs communes « d'artisanat de haut niveau » et d'humanisme.

Signalons enfin que les formations universitaires au coaching sont
inexistantes en France, mis à part le diplôme d'HEC-INSEAD de
conseil et de coaching, qui s'adresse plutôt à des managers. Deux
projets de diplôme universitaire sont à mentionner : celui de
Pierre Angel au sein de Psychoprat et celui de Thierry Chavel avec
Paris II Assas.

5 Les grands courants méthodologiques du coaching

Quid de la thérapie orientée solution ?

Qu'entend-on par coaching analytique ?

Et le « coaching systémique » ?

Que se cache-t-il derrière le coaching du plaisir ?

Peut-on parler de coaching de la récompense ?

Quid de la thérapie orientée solution ?

Mise au point par Steve de Shazer et Insoo Kim Berg, cette pratique centrée autour de la question miracle rencontre un grand succès aux États-Unis et en Europe.

STEVE DE SHAZER ET INSOO KIM BERG ont développé les thérapies brèves orientées solution dans le cadre du BFCT (Brief Family Therapy Center) à Milwaukee au milieu des années 1980. Dans leur esprit, la durée d'une séance de conseil de ce type dure très précisément 45 minutes.

Pour Steve de Shazer, problème et solution n'ont rien à faire ensemble. Son travail se réfère à l'apparition d'une situation idéale pour le coaché qui passe par une manière de se comporter bien précise contribuant, tout simplement, à solutionner le problème existant. Il ne s'agit donc pas ici de résoudre un problème, mais de créer pour une situation idéale entièrement nouvelle. Tout son travail consiste à favoriser l'émergence d'un nouveau comportement chez le coaché.

Pour Steve de Shazer, problème et solution n'ont rien à faire ensemble.

Steve de Shazer travaille exclusivement dans le domaine thérapeutique, essentiellement avec des alcooliques, mais son épouse, Insoo Kim Berg, applique le modèle, sous forme d'une conversation dans un contexte de coaching professionnel. Ils font preuve de justesse dans le choix de leurs questions et d'une grande patience dans l'attente des réponses. La « question miracle », celle qui permet de débloquer la situation, est une notion au centre du dispositif de la « thérapie orientée solution ». À quel moment lors de la conversation doit-elle être posée ? « *Il faut que le coaché et moi-même ayons l'image de la solution*, explique Insoo Kim Berg. *La plupart du temps cependant, ce n'est pas si facile. Cela demande du travail des deux côtés. Ce qui guide en général ma conduite est de repérer le moment où mon client et moi avons une idée générale de ce qu'il cherche. Quand nous sommes d'accord de manière large, poser cette question miracle permet de fixer les détails de l'image représentant la solution. Il faut toujours situer cette dernière dans le contexte social du coaché pour que le changement soit réaliste. »*

En Belgique, Louis Caufmann dirige l'Integrative Management Institute et travaille aussi dans une logique de « coaching orienté solution », essentiellement avec des propriétaires d'entreprise familiale de toute taille. Un ouvrage dans lequel il résume son approche, *Solution Management, can it be simple ?,* est sorti fin 2001.

Toujours dans les années 1980, John Weakland, Dick Fish et Paul Watzlawick développent au MRI (Mental Research Institute) un autre modèle de thérapies brèves. Dans ce modèle, les thérapies brèves se polarisent sur l'arrêt du problème en examinant les interactions entre le coaché et d'autres personnes contribuant à maintenir accidentellement la difficulté.

William Hudson O'Hanlon, plus connu sous le nom de Bill O'Hanlon, est le fondateur du Hudson Center for Brief Therapy of Omaha, dans le Nebraska. Il a développé une thérapie orientée solution « dissidente », baptisée « Possibility Therapy » (thérapie des possibilités). Il reproche à l'école de Milwaukee de trop se focaliser sur la solution. *« Quelquefois le client a l'impression que le thérapeute minimise ou ne s'intéresse pas au problème et se sent forcé et contraint d'arriver rapidement à une solution. C'est bien trop rigide ! »*

Bill O'Hanlon reproche à l'école de Milwaukee de trop se focaliser sur la solution.

Qu'entend-on par coaching analytique ?

Les psychanalystes occupent le terrain du coaching centré sur le sujet. L'accompagnement analytique porte donc sur le manager et non le management.

Le coaching est avant tout une rencontre entre un sujet en demande (le manager) et un sujet supposé savoir (le coach). Une situation qui n'est pas sans rappeler la demande faite au psycha-

nalyste. Alors, s'il n'y a pas de rencontre possible entre le psychanalyste et le management, elle est cependant possible entre le psychanalyste et le manager. Une rencontre ne relevant pas nécessairement de la cure classique. Une fois prises ces précautions, Roland Brunner, psychanalyste, coach et maître de conférences à HEC, justifie le « coaching psychanalytique », même s'il existe une contradiction sémantique entre coaching (avec son idée de direction) et psychanalyse (avec son idée de liberté du sujet dans les limites de sa soumission à l'ordre du langage et de signifiants). Et de préciser que ce type de coaching n'est pas un outil de gestion au sens étroit du terme. « *Le coaching psychanalytique,* affirme-t-il, *se présente comme une aide au manager pour mieux comprendre sa pratique dans l'entreprise. Il lui permet de mieux se situer dans l'exercice de l'autorité et les conflits de personne, de mieux se repérer dans les phénomènes de transfert et de projection d'identification, d'explorer sa motivation et son désir, de faire avancer un projet et de prendre une décision. Il lui permet enfin d'élucider l'articulation entre vie professionnelle et vie privée. Si le coaching analytique n'est pas une thérapie, il offre la possibilité pour le manager de travailler sur les processus inconscients mis en jeu dans sa vie professionnelle. Il ne s'agit pas de flatter son ego, ni d'en faire un gestionnaire cynique et froid mais de travailler sa position de sujet.* » Avec d'autres psychanalystes, Béatrice Abeille-Robin a, quant à elle, co-fondé l'Institut français de l'accompagnement individuel psychanalytique en entreprise (IFAIPE), une structure aujourd'hui dissoute. Elle propose un accompagnement individuel pour des managers envoyés par leur entreprise, sous forme de six séances de une heure et demie. « *Le contenu des séances reste confidentiel et la seule propriété du stagiaire,* précise-t-elle. *L'entreprise ne peut prétendre s'immiscer dans ce qui est dit là.* » Mais en offrant des séances à son collaborateur, elle peut lui montrer son estime et l'attachement qu'elle lui porte. Reste que l'opportunité de suivre une session de ce type n'est pas toujours perçue par l'intéressé comme un signe de reconnaissance. Il s'agit le plus souvent d'un manager plutôt compétent, mais peu à l'aise sur le plan relationnel. Elle constitue pourtant l'occasion unique de parler sans risque de sa vie professionnelle. « *Si je me livre dans l'entreprise,* avoue un de ses anciens "patients", *je me rends vulnérable.* » Le manager découvre peu à peu les liens entre tous les

Le coaching psychanalytique n'est pas un outil de gestion au sens étroit du terme.

aspects de sa vie. Elle a, par exemple, travaillé avec un manager ayant vécu un grand conflit avec son patron. « *Il était déstabilisé et avait perdu tous ses points de repères* », raconte-t-elle. Un autre patient souffrait de rigidité émotionnelle : son style de management était sec et sans chaleur.

Le coaching analytique ne s'adresse pas seulement à des managers en difficulté mais à tout responsable souhaitant réfléchir sur sa pratique, sa position de pouvoir dans l'entreprise, sa position de sujet citoyen dans la Cité, et prêt à se remettre en question. Comme beaucoup de "psys", Gilles Arnaud, du groupe ESC Toulouse, n'aime guère le mot « coaching » pour tout ce qu'il véhicule dans le langage managérial à la mode, d'imaginaire de compétition sportive. Pour lui, « *la référence entêtante au sport suggère davantage les identifications héroïques et la sur-valorisation du Moi Idéal que le travail analytique. Quant à la relation coach-coaché, n'évoque-t-elle pas le "maternage" ou le simple soutien psychologique plus que le rapport éthique et thérapeutique de l'analyste à son analysant ? Le coaching managérial est né aux États-Unis, ce qui n'est certainement pas sans conséquences idéologiques. On imagine, par exemple, volontiers qu'un cadre d'une multinationale puisse avoir son coach comme il aurait son "psy", en continu, sorte de* sparring-partner *lui permettant de parfaire son quotient émotionnel.* »

La relation coach-coaché n'évoque-t-elle pas le « maternage » ou le simple sotien psychologique.

L'incapacité à motiver les hommes

Loïck Roche, professeur en management et développement des ressources humaines au groupe ESC Grenoble, part du constat que la plupart des managers échouent à motiver les hommes et les femmes constituant l'entreprise. Comment en effet réussir quand les soubassements de la motivation sont, pour la plupart, des salariés, si étrangers à l'entreprise ? La solution pour le responsable est de travailler de façon systématique sur l'organisation, en définissant une véritable structure de management dont la rigueur et la chaleur sont les piliers permettant le progrès. Dans cette logique, le premier devoir d'un coach est donc d'aider le manager à modéliser un système. « *La reconnaissance par le manager de cette incapacité à motiver les hommes n'en fait pas un infirme,* précise Loïck

Roche. *Bien au contraire, elle participe à sa grandeur. Renoncer à vouloir motiver les salariés, c'est reconnaître ses zones d'impuissance. C'est aussi reconnaître qu'eux seuls détiennent la solution puisque eux seuls sont ces sujets supposés savoir ce que sont leurs désirs réels, désirs dont la difficulté de reconnaissance tient à la représentation des attentes parentales. À contrario, la véritable puissance du manager s'exprime dans l'investissement pour former les hommes et les moyens donnés pour réaliser leurs désirs. Le coach peut peser pour que les managers s'engagent à les former autrement que dans leurs seuls domaines de compétence, et qu'ainsi ils renoncent à ce désir fantasmatique de toute-puissance se traduisant par la volonté de possession des individus. »*

Et le « coaching systémique » ?

Revendiqué haut et fort par l'Autrichienne Sonja Radatz, c'est le modèle dominant dans les pays germaniques. Il a un lien de famille avec l'accompagnement holistique, son cousin proche.

Vienne, 1er mai 2001, la première conférence mondiale sur le management systémique démarre en pleine fête du travail. Elle va durer six jours. Plus de cinq cents participants (consultants, thérapeutes ou coachs) ont répondu à l'appel. Ils viennent pour une très grande majorité d'Autriche, d'Allemagne et de Suisse car la pensée systémique domine le management dans les pays germaniques. La véritable vedette de ce congrès est incontestablement une Autrichienne : Sonja Radatz, la directrice d'*Institut für systemisches coaching und training* (traduisez l'Institut pour la formation et le coaching systémique). Elle est le symbole le plus visible du « coaching systémique ».

La pensée systémique domine le management dans les pays germaniques.

Elle utilise l'expression « manager sans avoir à manager ». Pour elle, il faut abandonner la croyance que le comportement d'une organisation ou d'un être humain puisse être contrôlé de l'extérieur, tenu en main ou même sujet à des prédictions. Ce constat oblige les managers à être inventifs et créatifs dans un monde en mutation permanente. Ils sont là pour aider l'organisation à s'organiser par elle-même en agissant, communiquant, créant des relations, des règles et des structures destinées à faire apprécier aux gens leur travail, leur permettant ainsi d'être très performants. L'opposition entre les managers et les autres disparaît. Chacun est appelé à diriger dans son domaine particulier. Pour cela, il doit changer son propre comportement au lieu de rabaisser ses collègues, mettre sur la table les problèmes non résolus pour avoir une chance de trouver des solutions, concentrer son attention sur les interactions entre les différentes parties du système, apprendre constamment des autres individus présents dans l'entreprise.

La pensée systémique part aussi du postulat qu'un individu ne se comporte pas de la même manière en fonction des systèmes où il évolue. Tel individu qui change de service et intègre un autre département de l'organisation développera un comportement neuf et, pour ainsi dire, inhabituel. Dans la vision systémique, rien n'est juste ou mauvais mais seulement adapté, ou non, au système, à la situation, à la culture, aux exigences qui sont posées.

Sonja Radatz différencie l'ancienne et la nouvelle théorie des systèmes. Dans l'ancienne théorie, les systèmes se composent d'hommes agissant les uns et les autres dans des structures déterminées par des modèles de communication, de relation et d'actions, sans oublier des règles. Ces hommes se considèrent comme membres d'un même système et ils sont perçus de la même manière par l'extérieur. Ils s'identifient avec le système. *« J'applique encore aujourd'hui cette définition pour les groupes familiaux, les familles mais aussi les entreprises familiales, souligne-t-elle. Quand nous conseillons les membres d'un groupe familial, nous devons être conscients que tout changement pouvant toucher les personnes concernées a des conséquences immenses sur l'ensemble du système. Chaque passage de génération, toute transformation des tâches, la perte ou l'arrivée de membres conduit à une nouvelle composition du système. Quand nous coachons des hommes en relation avec leur système familial, nous devons toujours avoir en tête les effets possibles de ces interactions. »*

Sonja Radatz différencie l'ancienne et la nouvelle théorie des systèmes.

En revanche, dans la nouvelle théorie des systèmes, ces derniers ne se composent pas de personnes, mais de structures, de règles, de relations, de correspondances, de communication et d'actions. Les hommes appartiennent alors à l'environnement du système et ils l'influencent par leurs comportements. « *J'applique cette définition pour les organisations, entreprises, associations, clubs, dont les membres ne sont pas liés aussi fortement par la naissance ou l'origine.* » Dans ce cas, les changements ne naissent pas seulement de la volonté des personnes concernées. Car si les structures, les règles et les relations ne changent pas dans le cadre d'un tel système, celui-ci reste inchangé. Ainsi, le licenciement d'un collaborateur ne le modifie pas. Et quand de nouveaux collaborateurs sont embauchés, ils peuvent apporter un vent nouveau dans l'entreprise à condition que leur manière de voir soit reconnue et que la possibilité leur soit donnée, dès le début, de lancer de nouvelles idées. « *Cette définition*, précise Sonja Radatz, *implique de suivre quelques règles quand on coache. Ainsi je travaille toujours sur la modification des relations, des structures et des actions, mais jamais sur la transformation des hommes. J'en déduis que la modification des types de communication, d'action, de relation d'une personne a toujours des effets sur le système auquel elle participe. Je recommande aussi, quand le licenciement ou le remplacement d'un collaborateur est d'actualité, d'explorer très précisément ce qui pourrait changer dans le système si cette personne n'était plus là.* »

Les changements ne naissent pas seulement de la volonté des personnes concernées.

Pas de cause unique et limpide

Penser de manière systémique, c'est aussi penser de façon circulaire. Tout étant lié avec tout, tout influence donc tout. On ne peut alors en déduire qu'un événement déterminé – le fonctionnement d'un projet, la prestation minime d'un collaborateur, le style de management participatif d'un chef, l'inflexibilité d'une direction générale – puisse être attribué ou ramené à une cause unique et limpide. Derrière l'événement se profile presque toujours une série infinie de petits détails à l'origine d'une histoire cohérente. Le plus souvent, chaque problème est le produit de l'action de nombreuses personnes lui ayant permis de naître, de perdurer ou de se renforcer.

Que signifie ce constat pour un coach ? Pour Sonja Radatz, « *nous devons avant tout examiner à la loupe les très nombreuses interactions à la source d'un événement déterminé quand il se produit. J'en déduis que les résultats, qu'ils soient bons ou mauvais, sont rarement le fait d'un homme seul. Malheureusement, dans la vie professionnelle, trop souvent, un seul individu est loué pour une idée, un projet ou une décision dont il n'est le seul propriétaire que dans les cas les plus rares. Avec ce regard circulaire, nous ne cherchons jamais à trouver un coupable, mais des manières de se comporter, spécifiques à chacun, qui produisent ensemble un modèle commun.* »

Un modèle de coaching en quatre étapes
Pour décider ou non de changer de travail

CHANGER

↑

② COURAGE DE CHANGER	③ COURAGE DE MIXER LE VIEUX ET LE NEUF
Travail sur les caractéristiques concrètes du travail qui devraient changer et recherche d'un nouveau travail qui pourrait correspondre à cette demande	Comment le travail actuel peut être aménagé de façon que le coaché retrouve de nouveau le plaisir de travailler
④ COURAGE D'INNOVER	① COURAGE DE PRÉSERVER
• Recyclage vers une autre profession • Utilisation d'une année sabbatique • Migration vers un autre secteur d'activité	Examiner ce qui était bien dans le travail précédent Quels avantages serait-il intéressant de conserver ? Ne vaut-il pas finalement conserver ce job ?

→

CONSERVER

Source : Sonja Radatz.

La frontière entre la pensée systémique et holistique est imperceptible. Il suffit d'observer pendant quelques minutes les processus et les stratégies d'une personne, autrement dit son scénario personnel, pour que se manifeste ce qui est répété durant des mois et des années. « *Dans les organisations, note Alain Cardon, les lois holistiques se traduisent par des phénomènes observables fournissant*

La frontière entre la pensée systémique et holistique est imperceptible.

un outil conceptuel au consultant ou au coach. Le principe holistique peut s'énoncer comme suit : toute partie d'une organisation (service, département, unité, division, équipe, etc.) ayant participé à son histoire globale porte des reflets de l'ensemble de l'organisation et de ses autres parties dans sa structure, ses stratégies, ses jeux psychologiques, ses processus et ses résultats. »

Et de donner un exemple pour illustrer le fait que les différentes parties d'une organisation reflètent au niveau holistique sa structure d'ensemble. Une organisation cliente, bien connue dans son domaine, était dirigée conjointement par deux directeurs, tous deux co-fondateurs de la compagnie et co-présidents du conseil d'administration. L'un d'entre eux était très tourné vers la politique, les relations publiques, les produits, le personnel et les clients ; l'autre était quelqu'un d'austère et rigoureux, spécialiste des questions légales et financières. Le personnel considérait qu'ils étaient inséparables et formaient un duo complémentaire et compétent. Une observation plus attentive a révélé qu'à chaque niveau de cette organisation multinationale, dont l'effectif comptait environ 130 000 personnes, une personne au profil relationnel et commercial se trouvait en tandem avec un cadre plus porté sur la gestion, au pouvoir pratiquement équivalent. Cela se reproduisait dans chacun des départements, des services, des agences, des divisions, des secteurs. Lorsqu'un directeur général était d'un type, son adjoint appartenait à l'autre et ils partageaient la responsabilité de toutes les décisions majeures.

Certains diront que tout cela est un hasard. Mais, selon Alain Cardon, les observations des correspondances entre les thèmes problématiques apparents dans une équipe et les scénarios familiaux de ses membres justifient le terme de « coïncidence », au sens étymologique d'événements se passant en même temps ou se correspondant.

« Lorsque nous utilisons le modèle holistique comme cadre de référence, on constate fréquemment des coïncidences de ce genre », précise-t-il. Les interventions en « team building » d'un consultant ou d'un coach ressemblent alors à s'y méprendre aux prescriptions de la thérapie familiale systémique.

Les interventions d'un consultant ou d'un coach ressemblent alors à s'y méprendre aux prescriptions de la thérapie familiale systémique.

Que se cache-t-il derrière le coaching du plaisir ?

Tim Gallwey illustre le courant d'un accompagnement créatif basé sur le désir d'apprendre et la confiance en nos instincts naturels. Ces théories contribuent au développement de l'entreprise apprenante.

« J'ai donné une leçon de golf à quelqu'un. Il m'a demandé ce qui initiait le mouvement de la balle. Certains répondent la main, la hanche, la tête… Moi je dis que c'est le désir de frapper la balle. Mais sommes-nous vraiment en contact avec ce désir ? Dans mes cours, on apprend à frapper la balle comme on a envie de le faire. Et cette envie guide le sentiment. Si vous exprimez simplement ce que vous voulez, vous êtes dans le vrai. J'ai découvert une intelligence intéressante quand j'ai touché à ce que je voulais faire. La passion n'est pas inspirée par la réflexion. C'est tout l'art du coach que d'essayer d'aider les gens à retrouver le contact avec leur désir. » Cette anecdote racontée par Tim Gallwey, conférencier recherché, professeur de tennis et de golf, praticien inspirant de nombreux coachs, illustre parfaitement sa conception d'un coaching créatif.

Au début des années 1970, Tim Gallwey participe à un « show » télévisé. Une femme, qui n'avait jamais joué au tennis, ni tenu une raquette de sa vie, est sélectionnée au hasard dans le public. Vingt minutes sont alors données à Tim pour qu'il lui apprenne à jouer au tennis. La scène est filmée en direct. La vidéo est étonnante. À la fin du temps réglementaire, la spectatrice renvoie plus de dix balles au cours du même échange. Et elle se met à servir relativement bien sous les acclamations du public. Tim ne lui a rien appris au sens où l'on pourrait l'entendre. Il l'a coachée dans le dessein de libérer ce qui, en elle, savait déjà jouer au tennis. Le jeu intérieur que Tim Gallwey a découvert sur le court de tennis va plus loin qu'apprendre à avoir un meilleur revers. Il s'agit d'apprendre à apprendre. C'est une compétence critique qui sépare la personne productive de celle qui l'est moins.

Donald Wayne, un coach de Boston, co-auteur de *The Irresistible Growth Enterprise and The 2,000 Percent Solution,* écrit que son expérience personnelle valide l'approche de Tim Gallwey. « *Mes performances en matière de tennis et de golf sont le plus souvent gênées par le flot de commentaires critiques envahissant mon cerveau quand je pratique ces sports. Quelquefois, quand j'arrive à faire taire ces critiques, je joue bien mieux. Ces explications pour aider n'importe qui à améliorer son tennis ou son golf m'ont ouvert l'esprit. Si vous encouragez quelqu'un à simplement remarquer ce qui se passe durant le moment où il frappe la balle dans le sport, ou lors de circonstances importantes dans son environnement de travail, la personne trouvera rapidement et facilement des solutions pour être plus efficace. Je coache des managers pour les aider à résoudre des problèmes liés à leur travail. À chaque fois, je constate qu'ils connaissent la réponse à leurs problèmes à partir du moment où vous leur donnez la possibilité d'ouvrir leur esprit et où vous les aidez à se rappeler d'informations qu'ils ont pu observer dans d'autres contextes. Notre esprit conscient tend à se polariser sur des critiques nuisibles qui limitent l'accès à des informations utiles pour faire ce que nous devons faire. D'autre part, notre inconscient est un très bon guide si nous permettons à notre conscience de lâcher prise.* »

Notre inconscient est un très bon guide si nous permettons à notre conscience de lâcher prise.

Changer de culture

Le premier livre de Tim Gallwey, *The Inner Game of Tennis,* devenu un classique depuis, établit l'importance cruciale de l'observation qui ne juge pas et de la confiance en soi. Il expose une méthodologie pour stimuler la capacité naturelle à apprendre qui reste cachée en nous. Son premier contact avec le monde des entreprises se fait peu de temps après. Archie McGill, alors vice-président marketing de AT & T l'invite ensuite à discuter du défi posé à AT & T de changer sa culture d'entreprise suite à la décision prise par la Cour suprême de casser son monopole. Le résumé fait par Archie McGill de la situation de l'entreprise semble à des années lumières de son expérience acquise sur les courts de tennis. Il est très étonné quand le vice-président marketing lui demande son analyse de la situation. Après un long moment de silence, Tim

Gallwey donne une réponse qui le surprend lui-même : « *Le problème est que vos employés ne savent pas qui ils sont. Ils tendent à s'identifier à leurs rôles, à leurs réputations, à l'entreprise elle-même et à la façon habituelle de faire les choses. Quand la stabilité de n'importe lequel de ces facteurs est compromise, leur tendance est automatiquement de résister, et de résister encore comme s'ils protégeaient leur propre moi.* » Après *The Inner Game of Tennis*, les ouvrages se succèdent : *Inner Skiing, The Inner Game of Golf* et *The Inner Game of Music*. Tous traitent du même thème : l'apprentissage naturel et le coaching nécessaire. Dans *The Inner Game of Work* (Random House, 1999), il transpose sa méthodologie à l'univers des entreprises pour aider les managers à puiser dans leurs propres ressources et à surmonter les obstacles intérieurs interférant négativement dans leurs efforts de changer. De quels freins parle-t-il ? La peur de l'échec, la résistance au changement, la tendance à remettre les affaires à plus tard, la stagnation, le doute et l'ennui pour en nommer quelques-uns. « *On nous serine constamment, note-t-il, que nous vivons dans un âge de changement. Que ce soit sur un court de tennis ou au bureau, ces changements peuvent se faire en apaisant nos doutes intérieurs et en apprenant à faire confiance à nos instincts naturels et à nos comportements.* »

Le problème est que vos employés ne savent pas qui ils sont. Ils tendent à s'identifier à leurs rôles, à leurs réputations.

Minimiser les pensées polluantes

Tim Gallwey montre comment minimiser les pensées polluantes qui minent notre confiance en nous sur le lieu de travail. Pour lui, tout est lié à la qualité de l'expérience qui s'appuie sur trois principes : la conscience, le choix et la confiance, inextricablement liés. La conscience permet de connaître la situation présente avec clarté. Le choix permet de se diriger dans la direction souhaitée. La confiance dans ses propres ressources est le lien essentiel permettant la mobilité. Chaque côté du triangle est complémentaire et soutenu par les autres.

Dans *The Inner Game at Work*, Tim Gallwey raconte l'histoire d'une équipe de vente qui avait décidé de faire du plaisir sa priorité. « *Un responsable de vente croyait si fortement aux vertus équilibrantes de ce triangle dans le monde du travail qu'il prit une mesure que je considérais comme extrême. Son équipe avait les résultats les plus mauvais de toutes les équipes de l'entreprise pour les six mois passés. Il avait fait tout ce qui était en son pouvoir pour améliorer les résultats et il n'arrêtait pas de répéter constamment qu'il fallait augmenter les ventes. Il changea de comportement en se disant qu'il avait peu à perdre en essayant de rééquilibrer le triangle. Il annonça que pour le prochain trimestre, il suspendait tous les quotas de vente. Il fit savoir à l'équipe qu'elle pouvait continuer à vendre mais qu'elle ne serait pas tenue d'atteindre un certain chiffre. Ce qu'il espérait est qu'elle apprendrait comment avoir du plaisir à vendre. Il demanda aux vendeurs de noter leur niveau de plaisir sur une échelle de un à dix. Et de définir les objectifs souhaitables pour améliorer leur score de plaisir. La plupart d'entre eux prirent conscience de ce qui interférait avec leur plaisir. Pour certains, c'était la peur de l'échec. Pour d'autres, c'était de suivre des procédures tordues. D'autres encore découvrirent qu'ils travaillaient jusqu'à la limite de l'épuisement. Leurs résultats n'étaient même pas discutés, ils firent juste l'objet de courts rapports. À la grande surprise de l'équipe de vente et de leur responsable, à la fin du trimestre, l'équipe avait les meilleurs résultats devant toutes autres équipes de l'entreprise. »*

> *L'histoire d'une équipe de vente qui avait décidé de faire du plaisir sa priorité.*

Ces cinq dernières années, Tim Gallwey a aidé Coca-Cola à mettre en place une culture d'entreprise apprenante. Il a ainsi conçu et animé douze séminaires pour former l'équipe internationale de direction de l'entreprise et quelques autres longs de deux jours pour aider le management intermédiaire à se comporter sur le lieu de travail en équipe apprenante. Récemment, il a soutenu toute l'équipe de direction de Southern New England Bell pour qu'elle modifie son paradigme managérial, à un moment où l'entreprise était en train de tailler dans ses effectifs et se retrouvait pour la première fois sur un marché s'ouvrant à la concurrence.

Aux coachs, il lance un avertissement : *« N'imposez pas les convictions de vos découvertes à ceux que vous coachez. Je souhaite que le coaching n'évolue pas comme une sorte de religion. »* Il leur suggère que les réponses inattendues de leurs clients sont plus intéressantes que les réponses planifiées par eux-mêmes. *« Le client ne doit pas seulement avoir envie d'apprendre du coach, mais il doit accepter la responsabilité d'apprendre par son expérience quotidienne »*, confie-t-il.

> *Je souhaite que le coaching n'évolue pas comme une sorte de religion.*

Peut-on parler de coaching de la récompense ?

Les adeptes de la programmation neurolinguistique pratiquent un coaching de nature comportementaliste. Avec l'approche défendue par Robert W. Dilts, le coaché reçoit louanges et promotion en échange de ses efforts.

Les bonnes fées se sont penchées autour du berceau de Robert W. Dilts. Son père était déjà un chercheur connu dans le domaine des ressources humaines. Lui-même a été un des collègues de travail – après avoir été un des étudiants – de John Grinder et Richard Bandler, les pères de la programmation neurolinguistique (PNL). Il a aussi été l'élève de Milton H. Erickson, qui a donné son nom à la transe éricksonienne, et de l'anthropologue Gregory Bateson. Il est le contributeur principal de *Neuro-Linguistic Programming Vol I*, avec John Grinder, Richard Bandler et Judith Delozier, publié en 1980, qui est l'ouvrage de référence en matière de PNL. Robert W. Dilts est pour ainsi dire un auteur prolifique et la liste de ses livres est trop longue pour être citée dans son intégralité. Signalons cependant *Strategie of Genius Vol I-III,* paru en 1994, où il exploite les outils de la PNL pour modéliser les processus de pensée de personnages historiques : Aristote, Mozart, Disney, Einstein, Freud, Nikola Tesla, etc. Sans oublier son encyclopédie de la PNL, co-signée avec Judith Delozier et éditée en 2000. Il a monté une joint-venture avec l'Université Fiat du management pour développer leur programme de leadership aux États-Unis.

Pour Robert W. Dilts, le coaching doit se concentrer sur le développement de nouvelles stratégies de pensées et d'actions, plutôt que sur la résolution de conflits issus de problèmes passés : « *La résolution de problèmes ou le changement correctif sont plutôt associés au conseil ou à la thérapie* », juge-t-il. Dans son esprit, le style de leadership du coach est celui de la récompense éventuelle. C'est donc un style assez directif. « *Un bon coach dit aux gens ce qu'ils doivent faire s'ils veulent être récompensés. Il les assure qu'ils peuvent*

Un bon coach dit aux gens ce qu'ils doivent faire s'ils veulent être récompensés.

obtenir ce qu'ils veulent à condition de faire un effort, et il distribue des louanges et promotions spéciales en échange de l'atteinte des objectifs. Il délivre également un feed-back comportemental spécifique et continu relatif à la façon de s'améliorer. » Bien évidemment, à ses yeux les techniques et outils de la PNL sont taillés tout particulièrement pour le développement d'un coaching efficace.

La parabole du marsouin

Pour bien faire comprendre sa vision du coaching, Robert W. Dilts se réfère à la parabole du marsouin décrite par l'anthropologue Gregory Bateson qui l'a fortement influencé. Ce chercheur se réclamait du constructivisme, un courant de pensée décrivant la communication comme un processus général d'information du vivant obéissant à des règles observables. Gregory Bateson a collaboré de nombreuses années avec un centre de recherches pour étudier les structures de communication des dauphins et des marsouins. Le centre en question présentait régulièrement au public des spectacles. Les chercheurs avaient décidé de montrer au public la manière dont ils entraînaient un marsouin à accomplir un tour. L'un des mammifères était transféré du bassin de repos à celui de démonstration, face au public. L'entraîneur attendait jusqu'à ce que le marsouin montre un comportement remarquable (aux yeux des humains, bien entendu), comme sortir la tête de l'eau d'une certaine manière. Il donnait alors un coup de sifflet et jetait un poisson au marsouin. Il attendait ensuite que l'animal répète éventuellement ce comportement, sifflait et lui donnait un nouveau poisson. Le marsouin avait rapidement appris quoi faire pour obtenir sa nourriture et levait souvent la tête, offrant par ce geste une démonstration brillante de sa capacité à apprendre.

Quelques heures plus tard, le marsouin était ramené dans le bassin de démonstration pour un second spectacle. Il commença naturellement à lever la tête hors de l'eau, comme il le faisait dans le premier spectacle et attendit le coup de sifflet et le poisson. L'entraîneur ne voulait pas que celui-ci refasse le même tour mais plutôt qu'il montre au public comment il en apprenait un nouveau. Après avoir passé environ les deux tiers de la séance à répéter sans arrêt le même tour, le marsouin se sentit frustré et commença à agiter la queue. L'entraîneur siffla immédiatement et lui jeta un poisson. Surpris et confus, le marsouin agita à nouveau prudemment la queue et reçut à nouveau sifflement et poisson en retour. Très vite, il agita joyeusement la queue, démontrant par ce mouvement sa brillante capacité d'apprentissage. Puis il retourna ensuite dans son bassin.

Au troisième spectacle, après avoir été de nouveau transféré face au public, le marsouin obéissant commença à agiter la queue, comme il l'avait appris lors de la session précédente. Cependant, comme l'entraîneur voulait une fois de plus lui apprendre autre chose, il ne fut pas récompensé. Durant les deux tiers de la séance d'entraînement, il répéta le mouvement de la queue, devenant de plus en plus frustré jusqu'à ce que finalement, il fasse quelque chose de différent, en l'occurrence tourner sur lui-même. L'entraîneur donna immédiatement un coup de sifflet et lui jeta un poisson. Après qu'il eut bien appris à tourner sur lui-même face au public, il fut ramené dans son bassin.

Durant quatorze spectacles, le marsouin répéta ce comportement jusqu'à ce que, apparemment « par accident », il entame un nouveau comportement remarquable et soit capable de terminer brillamment la démonstration d'apprentissage. À chaque séance cependant, l'animal se sentait de plus en plus perturbé et frustré d'être « fautif ». L'entraîneur estima nécessaire de briser les règles de l'entraînement et lui donna périodiquement des poissons « non mérités » afin de préserver leur relation. Si la frustration du mammifère était devenue trop importante, il aurait refusé de coopérer avec l'entraîneur. Finalement, entre la quatorzième et quinzième séance, le marsouin parut devenir fou d'excitation, comme s'il avait découvert une mine d'or. Lorsqu'il fut amené dans le bassin de démonstration pour le quinzième spectacle, il présenta huit comportements distincts nouveaux, dont quatre n'avaient jamais été vus effectués par son espèce.

Durant quatorze spectacles, le marsouin répéta ce comportement.

« Par rapport à la parabole du marsouin, explique Robert W. Dilts, l'entraîneur est comme un coach, le marsouin est comme un exécutant, le spectacle est comme le bureau, la classe ou tout autre environnement dans lequel l'exécutant doit agir, et le public observant à la fois l'entraî-

neur et le marsouin représente l'organisation ou le système social englobant tant le coaché que le coach. » Comme pour un bon accompagnateur, la mission de l'entraîneur n'est pas de « conditionner » des comportements spécifiques, mais plutôt d'amener le marsouin à être créatif au sein de son propre ensemble de comportements. Le succès de l'entraîneur est basé sur sa capacité à faire émerger ou libérer la créativité de l'animal. Ceci requiert de le pousser à générer de lui-même de nouveaux comportements dans le cadre des limites et des situations dans un contexte précis. L'entraîneur du marsouin n'est pas irresponsable, désincarné, il n'est pas un observateur objectif comme pensent l'être la plupart des chercheurs animaliers, mais est au contraire dans une relation intense avec le mammifère. Son succès dépend du maintien de la qualité de cette relation. Une personne essayant d'apprendre à être un exécutant efficace est comme le marsouin dans un bassin d'entraînement : elle doit elle-même initier des changements dans son comportement selon la nature du contexte et réagir aux multiples sortes de feed-back.

Le succès de l'entraîneur est basé sur sa capacité à faire émerger ou libérer la créativité de l'animal.

Des situations de défi

Pour Robert W. Dilts, un coaching efficace implique donc la mise en place de feed-back et de récompenses, telles que décrites dans la parabole du marsouin. Les individus s'engagent dans des activités, impliquant des interactions avec les autres, qui sont liées à la définition et l'établissement d'objectifs particuliers. À différents moments de ces activités, ils reçoivent deux types de feed-back : les « sifflets » et les « poissons ». Les premiers sont donnés sous forme d'observations concernant des comportements particuliers, les seconds sous forme de commentaires personnels reflétant quelque chose que l'observateur apprécie dans ce comportement. Ce type de feed-back n'est pas seulement fourni par les entraîneurs et coachs officiels, mais aussi par tous les membres du groupe ou de l'équipe. A un premier niveau, le but de ce type de feed-back est d'identifier ce que quelqu'un fait de bien et de l'encourager à faire mieux encore. À un niveau plus profond, le but est d'encourager les gens à être plus pro-actifs, à rechercher continuellement des manières de s'améliorer et d'être plus flexibles.

Il convient de noter que ce processus ne comprend pas de feed-back négatif ou correctif. L'accent est mis sur ce que la personne fait et qui fonctionne bien. Dans l'exemple du marsouin, l'entraîneur ne jette jamais de poisson pourri au marsouin s'il n'apprécie pas ce que celui-ci accomplit. Il n'impose jamais aucune forme de punition ou de conditionnement négatif. Au lieu d'un feed-back négatif, tout ce que le marsouin reçoit, c'est une absence de coup de sifflet ou de poisson, sauf s'il effectue quelque chose de nouveau. « *On pense parfois que ce type de feed-back devient éventuellement inefficace parce que les êtres humains se créent l'illusion qu'ils réussissent toujours et ne font aucune erreur,* souligne Robert W. Dilts. *Et ce peut être vrai. Un homme d'affaires avisé a dit un jour qu'afin de "grandir en tant que leader", une personne devait ressentir une forte volonté de modifier l'environnement pour le rendre meilleur, puis créer des situations de défi dont elle ne pouvait sortir que par le changement. C'est là que le coaché participe à la création du défi qui le mènera à grandir. L'illusion du succès est évitée parce qu'il est encouragé à se créer des situations de défi.* »

Ce processus ne comprend pas de feed-back négatif ou correctif.

Les niveaux d'apprentissage et de changement

NIVEAU DE CHANGEMENT	TYPE DE PROBLÈME	TYPE DE SOUTIEN NÉCESSAIRE	STYLE DE LEADERSHIP
Spiritualité	Pour qui ? Pour quoi ? (vision et but)	Éveilleur	Charismatique
Identité	Qui ? (rôle et mission)	Sponsor	Considération individuelle
Croyances/Valeurs	Pourquoi ? (maturation et permission)	Mentor	Inspiré
Capacités	Comment ? (plans et stratégie)	Enseignement	Stimulation intellectuelle
Comportement	Quoi ? (actions et tactique)	Coach	Récompense éventuelle
Environnement	Où et quand ? (opportunités et contraintes)	Guide Ange gardien	Management par exception

Source : Robert Dilts.

6 Les limites et dérives du coaching

Quelle est la juste place du coaching ?

Quels sont les dangers de la confusion des rôles ?

Quelle est la frontière à ne pas dépasser
 pour un coach ?

Comment lutter contre les dérives ?

Quelle est la juste place du coaching ?

Un coach ne peut prétendre résoudre à lui tout seul les problèmes posés aux entreprises. Il doit trouver sa juste place et son espace propre à côté du formateur, du facilitateur et du consultant en management.

LE COACHING porte en lui-même ses limites. Dans une étude intitulée « Le coaching, une ressource humaine », parue en juillet 2000, Gilles Alexandre, directeur d'études chez Entreprise et Personnel, en évoque quelques-unes : « *la première limite, souligne-t-il, vient sans doute de la compréhension qu'une entreprise peut en avoir, l'offre étant difficile à exprimer dans la mesure où le coach est constitutif de l'offre qui est la sienne. Très liée à une relation de confiance et au talent d'un intervenant, la réussite d'une action de coaching semble peu modélisable et donc peu reproductible. Une autre limite est constituée par le nombre d'acteurs pouvant, au sein d'une même entreprise, bénéficier de ce type de démarche avec le concours d'un intervenant extérieur. Le coaching dans ce cas se heurte à une barrière économique qui ne peut être contournée que par une meilleure intégration de cet outil dans les techniques managériales. Il participe à sa manière au surinvestissement dans les comportements et les ressorts du seul acteur individuel. D'autres limites se rattachent à une forme de sous-traitance managériale. Le coach occupe alors des fonctions de développement des ressources devant normalement incomber aux managers.* » Le coaching est aussi limité par la nature de son rayonnement et le diamètre de son périmètre d'action. Ce n'est pas la posture magique appropriée à tous les cas de figure. Il a tendance à devenir une action parmi d'autres, à l'image de la formation intra-entreprise ou de la communication, d'une mission de conseil en management.

Aujourd'hui, avec les fusions, les restructurations, la pression concurrentielle, la mondialisation, l'émergence des nouvelles technologies, les dirigeants ressentent le besoin d'être soutenus et

La première limite du coaching vient sans doute de la compréhension qu'une entreprise peut en avoir.

Pourquoi le coaching n'est peu ou pas utilisé en entreprise ?

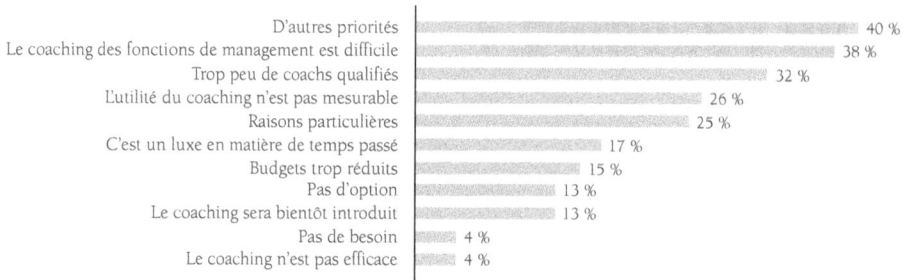

D'autres priorités	40 %
Le coaching des fonctions de management est difficile	38 %
Trop peu de coachs qualifiés	32 %
L'utilité du coaching n'est pas mesurable	26 %
Raisons particulières	25 %
C'est un luxe en matière de temps passé	17 %
Budgets trop réduits	15 %
Pas d'option	13 %
Le coaching sera bientôt introduit	13 %
Pas de besoin	4 %
Le coaching n'est pas efficace	4 %

Source : I-VW HGS, Universitaet St. Gallen.

encouragés. Le coach peut se positionner comme un accompagnateur du changement. Mais un conseiller en management, un spécialiste de la formation individualisée ou un facilitateur peuvent jouer un rôle similaire à leur façon. Tous peuvent aussi aider un dirigeant à avoir un regard neuf, permettre à une entreprise de créer du sens, accélérer un projet de changement, apporter un soutien pro-actif, favoriser la cohésion entre dirigeants…

Patrice Michaka exerce le métier de conseil pour des directeurs généraux d'entreprises de taille moyenne. « *Le dirigeant*, explique-t-il, *finit par nous consulter sur tous les sujets épineux car il a souvent besoin d'un bon coup de projecteur. Mais je ne suis pas son alter ego avec lequel il partage ses états d'âme, même si l'effet miroir est réel.* »

Plusieurs postures pour réussir

Certaines missions de conseil exigent de jouer sur plusieurs cordes pour avoir une chance de réussir. Voici l'exemple d'une intervention pilotée par Christine Marsan, coach à la Cegos, où plusieurs « postures » se sont révélées nécessaires : celles de conseil, de formateur, de facilitateur et de coach. Il s'agissait pour le groupe de formation et de conseil d'aider une importante entreprise industrielle à mettre en place une équipe devant réaliser un projet de métro en Asie. L'objectif était que celle-ci puisse fonctionner de

Certaines missions de conseil exigent de jouer sur plusieurs cordes.

manière performante afin de permettre la réussite de l'ensemble du projet.

La mission a démarré par une phase de diagnostic (posture de conseil) sur la rentabilité du nouveau projet et sur les éléments de succès nécessaires Une manière de tirer les enseignements d'un projet similaire initié dans un autre pays qui avait souffert de dérapages financiers et des délais non tenus, principalement à cause de problèmes de management de l'équipe projet et de la méconnaissance du pays. Christine Marsan a aussi analysé ce qui pouvait être fait en matière de gestion des connaissances et d'identification des compétences clés de l'entreprise. Lors de cette étape, le plus délicat a été de pouvoir mettre au travail des personnes d'équipes et d'entreprise différentes, parfois en compétition sur certains domaines particuliers. Le diagnostic terminé et le recueil des compétences clés établi, le travail avec l'équipe projet à proprement parler a commencé avec une formation de sensibilisation aux différentes dimensions interculturelles (posture de formateur). Durant celle-ci, il a surtout été question de développer une dynamique d'apprentissage collectif pour créer de la cohésion d'équipe. Cette formation a été suivie d'un accompagnement opérationnel du chef de projet (posture de coach) pour l'aider à constituer son équipe et à faire face à des difficultés éventuelles. « *Nous avons mis en place un accompagnement personnalisé visant à développer sa confiance en soi et à lui redonner les moyens d'être visible, efficace et performant au sein de son organisation* », note Christine Marsan. Étape suivante : un « team building » du noyau dur de l'équipe projet de cinq personnes ayant des profils d'ingénieur. « *Notre rôle principal a alors été celui d'un facilitateur, encourageant la dynamique de groupe, soutenant les initiatives du chef de projet, apportant ponctuellement des apports et des éclairages sur le mode de fonctionnement de l'équipe afin qu'elle développe une excellente cohésion* », met en avant Christine Marsan. Par la suite, la Cegos a réfléchi à quelle fréquence il fallait revoir cette équipe pour l'accompagner de manière opérationnelle. « *Notre ambition était de nous effacer progressivement afin de rendre l'équipe et son chef totalement autonomes. Nous avons eu la chance de pouvoir réaliser le coup d'envoi du projet sur place, en Asie* », conclut Christine Marsan.

Cette formation a été suivie d'un accompagnement opérationnel du chef de projet.

Quels sont les dangers de la confusion des rôles ?

Aujourd'hui, tout manager qui se respecte doit avoir la corde coach a son arc. Les sportifs de haut niveau sont également bien souvent proclamés coachs officiels par les entreprises. Cette confusion des rôles peut entraîner des dérives…

« Manager coach », « manager entraîneur », « leader coach », etc., les qualificatifs fleurissent. Les organisations poussent leurs managers à devenir les coachs de leurs collaborateurs, à développer leurs compétences et à libérer le meilleur d'eux-mêmes. Dénonçons tout de suite cet abus de langage qui consiste à vouloir transformer un manager en coach. Il faut sortir de la confusion. C'est juste une évolution de style de management. « Facilitateur » semblerait un terme plus approprié. En tout cas, la double casquette de responsable hiérarchique et de coach semble lourde à porter et peut être lourde de conséquences. Le « manager coach », qui connaît trop bien ses équipes, peut être handicapé au moment de prendre du recul. Comment peut-il également faire abstraction d'un lien direct de subordination qui favorise les non-dits ? Alors que le coach est dans une relation de bienveillance et de neutralité, le manager n'est jamais neutre, il est directement intéressé : il ne peut donc être impartial et soucieux de la bonne distance à tenir pour assurer son rôle de coach. En cas de conflit avec un subordonné, à un moment, il va finir par sanctionner, ce qui le conduit à rentrer en conflit avec lui-même.

Alors que le coach est dans une relation de bienveillance et de neutralité, le manager n'est jamais neutre.

Même si les cabinets de conseil et de formation voient dans le « manager coach » un formidable marché, ils restent prudents sur les applications du concept. Conscients des dérapages possibles, ils tracent des limites au rayon d'action du manager dans ce contexte. Dans *Le Manager Coach* (Dunod), Bénédicte Gautier et Marie-Odile Vervish évoquent plusieurs situations où le manager doit résister à la tentation de coacher : faire connaître et respecter les valeurs et le projet d'entreprise, définir les fonctions et les missions, évaluer les performances et les résultats, faire respecter les systèmes d'amélioration de processus. « *En cas de conflit à l'intérieur de l'équipe*, soulignent par exemple les co-auteurs, *vous ne devez pas accepter le coaching. Votre rôle est de réguler et d'arbitrer. L'exception étant un conflit entre un collaborateur et un responsable hiérarchique qui dépendent tous deux de vous.* »

Attention au culte du dépassement

Le sport de compétition est également une valeur de référence pour le management. L'effet Aimé Jacquet, dû à la victoire de la France lors de la Coupe du monde de football en 1998, a frappé l'imagination des patrons d'entreprise. Il a présélectionné les joueurs qui ensemble pouvaient réaliser des choses très fortes. Pas automatiquement les meilleurs techniciens. Il a trouvé des leaders (Blanc, Deschamps, Zidane) et mis les footballeurs en concurrence sur l'ensemble de postes. Conséquence : les propos des coachs sportifs sont de plus en plus bus comme du petit-lait. Ils volent souvent la vedette aux consultants. Les réunions où ils livrent leurs petits secrets se multiplient.

Pour des chefs d'entreprise engagés dans une dure compétition économique, ce type de discours est en effet séduisant. Ils trouvent des réponses à leurs doutes et interrogations puisqu'il semble exister une communauté de finalités entre un coach sportif et un manager cherchant à développer ses équipes. Que faut-il donc prendre et que faut-il laisser des leçons du sport ? Dans *Le Développement du potentiel des managers et la dynamique du coaching* (collection L'Harmattan), Pascal Leleu, ingénieur et psychologue, considère que le coaching vu comme le développement d'un champion est contradictoire avec le sens de l'accompagnement propre au coaching car il est porteur du culte du dépassement permanent et de l'aliénation à un modèle idéal, dénoncé par Nicole Aubert et Vincent de Gaulejac. « *Le sport de haut niveau est un univers de performance, de défi, de dépassement de soi, de passion et d'engagement intense dans la compétition et l'entraînement. Vu sous cet angle, est-ce le modèle à appliquer au management, s'interroge cet observateur. Le culte du défi apporte du plaisir et du bonheur aux* champions, mais il paraît abusif d'exiger des managers qu'ils se l'approprient : l'entreprise n'est pas un stade et les managers n'ont pas tous l'esprit des champions. De plus, la variété des situations profession-nelles, la durée d'une carrière de manager, conduisent à une différence extrême entre la pratique d'un sport aux règles parfaitement définies et celle du management, au contexte flou caractérisé par le changement. »

L'entreprise n'est pas un stade et les managers n'ont pas tous l'esprit des champions.

Quelle est la frontière à ne pas dépasser pour un coach ?

Le chemin de crête emprunté par le coach est étroit et l'équilibre de celui-ci instable. Le coach est soumis à deux tentations : deve-nir un conseiller occulte masqué ou un thérapeute déguisé.

La confusion des rôles peut avoir des effets néfastes. Or, le coach est soumis à deux tentations : devenir un thérapeute déguisé ou un conseiller occulte masqué. Où se situe la ligne jaune à ne pas dépasser ? Dès la première rencontre, un professionnel du coa-ching peut attirer l'attention de son interlocuteur sur la manière dont il exerce son influence. Mais, à la différence d'une éminence grise ou d'un conseiller politique, il ne doit pas chercher à recueillir les confidences de son client pour l'influencer et se subs-tituer à lui. Chacun doit rester à sa place. Le coach aide le diri-geant à utiliser toutes ses ressources et l'aide à oser. Mais en aucun cas, il ne doit décider. Ce n'est pas son rôle de tirer les ficelles et d'influencer le contenu des décisions, même pour des raisons pouvant paraître très nobles.

Le coaching est souvent appelé la thérapie du bien portant. Cela a donné des idées à beaucoup de psychothérapeutes voyant dans cette nouvelle pratique l'occasion de se diversifier à peu de frais et de faire la culbute en matière de prix, le coaching de cadres étant nettement plus lucratif que la thérapie de particuliers… « *Les DRH trouvent aussi dans la pratique du coaching une occasion de se rendre intéressants et de se faire valoir au comité de direction,* note Catherine Blondel. *Beaucoup sont des "psys" rentrés ou refoulés. Ils voient là l'occasion de mettre leur nez dans l'intimité de leurs salariés. Si on prend de la hauteur, le coaching s'inscrit dans le rêve d'une entreprise communautaire qui me paraît dangereux.* » Un psychothérapeute est un professionnel de la santé dispensant un soin (définition du Syndicat français des psychothérapeutes), son orientation est généralement celle de la psychologie clinique et sa compétence celle du traitement de différentes psychopathologies. Un coach s'adresse à des personnes ne souffrant pas, en général, de troubles psychologiques ou émotionnels particuliers et voulant se donner des moyens concrets pour réussir leur évolution personnelle et professionnelle. Un psychothérapeute travaille avec des patients, un coach avec des clients qu'il accompagne dans la réalisation de leurs objectifs de vie. Les deux professions font appel à des compétences distinctes. Pour résumer, la thérapie soigne, le coaching développe. Et s'il peut avoir des effets thérapeutiques, ce n'est pas le but recherché. Sophie Soria, coach, estime donc que le coaching ne doit pas s'apparenter à de la psychothérapie sauvage : « *Les limites entre aspects professionnels et intimes doivent être posées. Il ne s'agit pas de guérir les blessures de l'enfance. Donc pas question à priori de parler de papa et de maman ! Le coach ne doit pas être une sorte réducteur de tête qui va vous obliger à changer pour être quelqu'un d'autre.* » Un exercice d'humilité.

Le coaching est souvent appelé la thérapie du bien portant.

La frontière du passé

Le coaching n'aurait donc pas comme objectif de faire des liens entre la situation actuelle et passée du client. Évidemment, si des similitudes sont repérées par le coach, celui-ci les entend en séance mais à priori ne les traite pas. Les coachs marquent en général une frontière dans l'exploration active du passé, frontière qu'ils disent le plus souvent ne pas vouloir franchir. « *Les coachés désirent souvent aller en profondeur,* souligne Philippe Cruellas. *Mais nous ne sommes pas payés pour les faire régresser et explorer leur psyché. Le coach doit rester centré sur la vie professionnelle de son inter-locuteur. Cependant, il doit repérer à quel niveau de développement personnel se trouve l'individu qu'il aide. Comme Socrate, nous poussons le bouchon en posant la question : "Qui es-tu dans l'entreprise ?", tout en essayant de ne pas franchir la frontière entre thérapie et coaching. »*

Seulement, les cloisons entre l'univers professionnel et le développement personnel sont bien poreuses. Stéphanie Féliculis-Yvonneau, psychologue et coach, estime que la différence entre le coaching et les psychothérapies faisant une place importante au comportement est ténue. « *Un manager pourrait consulter un thérapeute cognitivo-comportementaliste pour réussir à dire "non" à son patron. Il pourrait aussi bien présenter la même demande à un coach. Pour nous, si le coaché finance son contrat et a une demande professionnelle, rien ne permet de distinguer les deux cadres* », dit-elle. En outre, on ne peut manager « loin de soi ». Certains coachs, à l'aise avec la dimension thérapeutique, l'avouent bien volontiers. À l'image de Vincent Lenhardt. « *Pour moi, le coaching doit être cohérent avec tous les niveaux d'identité d'une personne et j'essaye de les écouter tous. Je songe à cette patronne de PME qui manquait de rigueur dans son travail. Cherchant à instituer une relation trop fusionnelle avec ses collaborateurs, elle ne pouvait assurer le rôle de porteur de la loi dans son entreprise. Elle a fini par découvrir que son comportement la renvoyait à sa relation avec un père rigoureux, violent, en accord avec la loi, contre qui elle était en rébellion. Ne pas résoudre ce problème d'identité, qui constituait un handicap sur le plan professionnel, l'exposait à répéter des actes manqués.* » Cette approche se justifie donc si toutes les garanties sont prises pour protéger la personne et éviter qu'elle ne s'égare dans une zone dangereuse pour son intégrité psychique. « *Je m'interdis d'appuyer là où ça fait mal avec quelqu'un de particulièrement dépressif, ajoute Vincent Lenhardt. Je fais attention à ne pas dire des paroles irrecevables à une personne de tendance schizoïde. De toute façon, nous ne sommes pas retenus pour faire de la thérapie.* »

Je fais attention à ne pas dire des paroles irrecevables à une personne de tendance schizoïde.

Tromperie sur la marchandise

Le détour par la vie privée peut donc s'avérer nécessaire, à condition de rester dans le cadre type d'une mission de coaching et ne pas perdre de vue les objectifs professionnels. Si le recours à un thérapeute s'avère nécessaire, l'éthique veut qu'on prévienne un confrère et qu'on ne profite pas de sa double casquette de coach et de thérapeute. Dans un article du 16 février 2001 intitulé « *Getting a coach, getting a life* » publié dans le *San Francisco Business Time*, le docteur Maynard Brusman, coach et thérapeute, estime qu'un thérapeute est bien placé pour voir quand un client a besoin de quelque chose de plus qu'un coaching. « *Les gens sont les gens, même dans le coaching en entreprise, ils nous amènent des choses person- nelles. Mais s'ils commencent à parler de problèmes de drogue ou de vio- lence conjugale, je leur conseille d'aller voir un autre thérapeute.* » Ce qui est finalement condamnable est l'objectif poursuivi par certains « psys » qui n'hésitent pas à démarrer un coaching pour passer ensuite à la vitesse supérieure en proposant une psychanalyse ou une psychothérapie. Le coaching joue alors un rôle de produit d'appel sans que cela soit clairement signifié. Il y a indubitablement tromperie sur la marchandise…

Le détour par la vie privée peut donc s'avérer nécessaire, à condition de rester dans le cadre type d'une mission de coaching

Comment lutter contre les dérives ?

La validation des compétences et l'intégrité des coachs sont des vraies questions. Quelques électrons libres se proclament un peu trop facilement coach et ne font pas preuve d'une grande moralité. Abus de confiance et manipulation mentale sont deux dérives auxquelles les professionnels tentent de répondre en mettant en place des chartes et en faisant des efforts de clarification.

Tout le monde peut poser sa plaque sur un mur et se désigner coach, consultant ou psychothérapeute du jour au lendemain. Aucune de ces professions en vogue n'est réglementée puisqu'il n'existe en effet aucun statut les régissant, aucune habilitation particulière pour les pratiquer. « *Le coaching est une profession sans véritable ticket d'entrée,* note Philippe Bigard de BPI, *et les entrepri-*

ses se retrouvent face à un maquis d'offres. Reste que le taux de satis-faction en la matière est exceptionnel quand on le compare aux pratiques de conseil. » Par ailleurs, les coachs ne subissent pas les critiques adressées à certains consultants. A savoir « avoir des méthodes toutes faites » et « mettre leurs clients sous dépendance commerciale ». Tout n'est pas rose cependant dans l'univers du coaching. On voit circuler des propositions d'intervention où sont annoncées trois séances de PNL, quatre séances d'analyse transac-tionnelle et deux séances de 360°. « C'est n'importe quoi ! La mise en avant des outils masque sans doute un manque de savoir-faire », juge le responsable d'un institut de management.

Le coaching est une profession sans véritable ticket d'entrée, note Philippe Bigard.

La supervision et la pratique aident à se débarrasser des défauts de jeunesse : des contrats mal fixés, des problèmes de contre-trans-fert parce que le coach recherche la reconnaissance dans le regard de son client et essaye à tout prix de lui faire plaisir. Il peut aussi avoir du mal à refuser un objectif et donc ne pas annoncer au client que celui-ci est trop large pour le cadre de la prestation. Il peut mal se défendre face à des profils persécuteurs et encaisser les coups sans chercher à clarifier la situation. Pour résister, il doit non seulement puiser dans son expérience professionnelle, mais aussi compter sur son talent personnel qui, s'il est non quantifia-ble, reste déterminant. On l'a bien compris : les compétences d'un coach ne se laissent pas facilement enfermer dans un bout de par-chemin. Il revient d'abord à chaque professionnel de connaître ses limites et d'analyser la cause de ses échecs. Cette liberté est néces-saire pour permettre à ce nouveau métier d'émerger. Mais elle peut créer un sentiment d'insécurité chez les usagers, qui ont par-fois du mal à discerner le niveau de compétence de leur interlo-cuteur et ce qu'on peut attendre comme prestation de sa part. Le coaching fait vivre en effet quelques opportunistes à la recherche du dernier créneau bien juteux. On les reconnaît par leur capacité à surfer sur n'importe quelle vague pourvu qu'elle soit source de gains, si possible faciles.

Les compétences d'un coach ne se laissent pas facilement enfermer dans un bout de parchemin.

LES CINQ TYPES DE COACH À FUIR
ABSOLUMENT

L'expert : il connaît tout de la problématique de son client et occupe toute la place, par volonté de briller ou par crainte de laisser piéger pour manque d'écoute.

Le confident : il écoute bien, très bien, tellement bien qu'il ne sait rien faire d'autre et surtout pas ouvrir des axes de progrès.

Le pressé : il démarre la mission sans prendre le temps de comprendre la demande. Les mots « contrat » et « objectif » ne font pas partie de son vocabulaire.

Le fragile : il n'est pas au clair avec ses problématiques personnelles et se laisse déborder par la demande de l'autre.

La girouette : se considérant comme un maître du sur-mesure et de l'improvisation, il ne possède aucun outil, aucune grille, pas même une boussole. ▄

Source : Revue « Transfaire »,
Numéro spécial coaching,
Janvier 2000.

Des chartes déontologiques

Comment peut naître la confiance ? Elle ne se décrète pas, d'autant plus que les prestations d'intelligence se laissent difficilement enfermer par les normes Iso 9001, même réactualisées dans leur version 2000. *« Chez Syntec,* note Rose Marie Van Leberghe, directrice générale du cabinet de communication et de ressources humaines Altedia, *on ne souhaite pas se référer à des modes de certification extérieurs qui n'existent pas ou ne donnent pas toutes les garanties. C'est aux cabinets de conseil à mettre en place les parcours de labellisation interne. Des coachs employés dans des sociétés membres de Syntec conseil évolution professionnelle peuvent être adhérents à titre individuel à la S.F. Coach. Nous n'y sommes pas opposés. Mais nos cabinets de conseil doivent avant tout défendre leur image de marque. »* Les processus de reconnaissance ont le mérite d'exister, mais ils restent internes à chaque association professionnelle. Que ce soit le bureau français de l'International Coaching Federation, Syntec évolution professionnelle, la S.F. Coach, la Fédération des

Les prestations d'intelligence se laissent difficilement enfermer par les normes Iso 9001.

chambres syndicales de formateurs consultants et l'Office profes-sionnel de qualification de la formation. « *Se faire titulariser demande du courage,* souligne Gérald de Bourmont, le président de la S.F. Coach. *Celui de faire estimer la valeur de son travail par un jury de pairs.* » Le respect d'une éthique instituée par un corps pro-fessionnel est aussi une arme pour lutter contre les dérives. Les associations regroupant des coachs présentent des chartes déon-tologiques parfois reprises par les coachs internes aux entreprises. Seulement, diront les mauvaises langues, elles n'engagent que les autorités les édictant et pas toujours les adhérents qui y souscri-vent, et encore moins des électrons libres hors de tout contrôle.

François Maquere s'est construit une sorte de mire pour ne pas déraper. « *C'est un outil d'auto-contrôle qui s'intercale de manière transparente entre le client et moi* », souligne-t-il. Elle lui permet de repérer toutes les tensions dans lesquelles se place son activité de coaching. « *L'effet Raspoutine,* note-t-il, *caractérise une situation où un coach met un patron sous influence et sous contrôle.* » Mais il y a encore pire à ses yeux : le coach tombant sous la dépendance d'un patron qui le paye pour agir sur la personnalité de ses collabora-teurs. Si le coach est l'ambassadeur de quelqu'un d'autre avec l'objectif d'espionner le coaché ou bien se transforme en « outplaceur » déguisé, jouant les voitures bennes pour aider à vider un cadre devenu gênant, il manque à son éthique. Les déri-ves existent, comme le confirme Alain Gherson. Le premier prési-dent de la S.F. Coach n'est pas avare en anecdotes sur le sujet : « *Un homme, qui avait été un consultant brillant, se fait recruter comme DRH. Le PDG du groupe lui impose un coach pour favoriser son intégration dans la maison. Très vite, il s'aperçoit que c'est le coach du président. Son seul objectif est de vérifier que le DRH pense droit et correspond totalement à la culture d'entreprise. Au bout de trois mois, il est débarqué.* » Autre exemple : « *Chez un grand opérateur de télé-coms, un responsable opérationnel réfléchit à une évolution de carrière. Son patron lui propose un coach externe, lequel s'empresse de faire au PDG un reporting permanent de ce qui se déroule à huis clos. Le res-ponsable opérationnel se voit offrir la porte de sortie au bout de quel-ques mois.* » Conscient de sa position, un coach digne de ce nom doit donc s'interdire d'exercer tout abus d'influence.

L'effet Raspoutine, caractérise une situation où un coach met un patron sous influence et sous contrôle.

DÉONTOLOGIE TOUS AZIMUTS

La charte de déontologie de Syntec conseil en évolution professionnelle et le code d'éthique de la S.F. Coach présentent de nombreuses similitudes. Voici quelques points de la charte Syntec :

Point 3 : le coach s'astreint au secret professionnel pour tout le contenu de la démarche. Les objectifs et les préconisations et ouverture finales peuvent en revanche faire l'objet d'une restitution par le coaché selon des modalités à définir au démarrage de la mission.

Point 5 : le consultant sera libre de refuser une mission en son âme et conscience.

Point 6 : le coach définit et prend tous les moyens propres à permettre, dans le cadre de la demande de son client, le développement professionnel du coaché

et peut avoir recours à une expertise complémentaire.

Point 7 : tout coach de Syntec-Ascorep s'engage à recourir régulièrement à un superviseur, c'est-à-dire un pair ou un tiers compétent. Le cabinet s'engage à lui fournir les moyens pour le faire.

Point 9 : le consultant s'interdit tout abus d'influence et reste spécifiquement dans le champ décrit par le contrat. En aucun cas, il ne fait ou ne décide à la place du coaché. La finalité du coaching consiste à rechercher la meilleure autonomie du coaché.

Point 10 : en cas de différend, la direction du cabinet, signataire de la charte, s'engage à recevoir le coaché en présence de son coach. ▪

Dérive sectaire

Le coaching, comme la formation en général, n'échappe pas aux tentatives d'infiltration des sectes. Les 18 et 19 décembre 1997, l'Institut des cadres dirigeants (ICAD) organisait un séminaire intitulé : « Les entreprises face aux sectes. Évaluer et gérer les risques ». Les responsables de formation et les DRH, qui constituaient la majorité du public, avouaient déjà être sur leur garde. Si le coach manipulateur, membre d'une secte, prêt à se compromettre afin d'accroître l'influence de son organisation, existe, il reste cependant un cas rare.

Pour pénétrer dans les grandes entreprises, le « mouton noir » peut compter sur deux relais : les relations professionnelles

Le coaching, comme la formation en général, n'échappe pas aux tentatives d'infiltration des sectes.

(anciens clients, amis de clients, etc.) et les adeptes et sympathisants, surtout s'ils occupent des postes de responsabilité. L'intérêt de ces relais est loin d'être négligeable. Dans *Les Sectes dans l'entreprise* (Éditions d'Organisation), Thomas Lardeur décrit le parcours d'un consultant, coach et actuellement numéro trois de l'Église de scientologie en France. Cet homme, qui a fait carrière dans l'industrie automobile, ne cachait pas son appartenance à cette organisation. Du moins jusqu'à ce que le mouvement initié par Ron L. Hubbard n'ait affaire avec la justice. En 1992, il a créé Business Dynamics avec un autre scientologue. *« La vocation de Business Dynamics,* lit-on dans un dossier de presse rédigé quelques années plus tard à l'occasion de Ludimat Expo, le salon des ressources humaines, *est de recréer cette énergie collective faite de compétence, d'adhésion, d'enthousiasme et d'engagement individuel. Dans les années 60, le cadre dirigeait et donnait des ordres. Dans les années 70, il fixait les objectifs. Aujourd'hui sa priorité est de développer la compétence et la responsabilité de ses collaborateurs. Business Dynamics est le promoteur d'approches pédagogiques sous forme de simulation qui favorisent les prises de conscience et amènent à modifier les comportements. »* Le cabinet propose en particulier un séminaire de formation centré sur le travail en équipe et la conduite de projet, mais aussi du coaching pour accompagner des équipes de dirigeants dans la mise en œuvre de leur stratégie de changement. Avertis par les médias de la nature des liens unissant les dirigeants de cette société à l'Église de scientologie, les clients ont retiré leurs budgets et Business Dynamics a fermé ses portes.

Un vide juridique attractif

En complément à la circulaire de la Délégation générale à l'emploi et à la formation professionnelle, le ministre de l'Emploi et de la Solidarité a diffusé une importante circulaire consacrée aux dérives sectaires (cf. circulaire n° 501 du 3 octobre 2000). Celle-ci détermine l'action administrative et en présente les trois volets : prévention, coercition et réparation. Elle demande aux services d'exercer une attention particulière au suivi des actions de développement personnel ou de remobilisation. Elles constitueraient en effet un moyen privilégié de pénétration pour les mouvements sectaires. De son côté, la Mission interministérielle de lutte contre les sectes (MILS) n'est pas inactive. Dès sa constitution, son président Alain Vivien a par exemple tiré la sonnette d'alarme sur les conditions d'exercice de la profession de psychothérapeute – il y aurait quinze mille psychothérapeutes en France et ce chiffre pourrait doubler dans les années à venir. La MILS a en effet pu observer que des thérapeutes extrêmement nuisibles sont parfois davantage mus par un jeu de pouvoir et de mise sous influence que par l'attrait de l'argent. Dans son rapport 2001, la Mission souligne que les psychothérapies constituent le terrain privilégié investi par de micro-groupes sectaires et que la psychothérapie est fréquemment une activité plurielle. « *Les circuits de formation, donc de vente et d'achat de formation*, lit-on, *en représentent une part non négligeable : un psychothérapeute exerçant en cabinet libéral est souvent également formateur, voire coach. Il peut éventuellement assurer la supervision – qui lui est rémunérée – d'autres psychothérapeutes.* »

Les psycho-thérapies constituent le terrain privilégié investi par de micro-groupes sectaires.

Dans son rapport de 1999, la MILS regrettait déjà l'absence de garde-fou, d'encadrement des activités de psychothérapeute. « *Ce vide juridique et réglementaire ne peut manquer d'attirer l'attention de nombreux mouvements sectaires, intéressés à la fois par une manne financière probable et une facilité accrue d'emprise sur les individus. À écouter d'anciens patients, on constate que la psychothérapie touche un public qui a soif de se transformer, de s'améliorer, de ne plus souffrir et qui se place, avec cet objectif, sous le pouvoir imaginaire du thérapeute, comparable à une sorte de magicien. Le danger potentiel est que le praticien se grise d'être idéalisé par son patient et qu'il s'efforce alors de l'attacher à ce sentiment au lieu de ramener la relation à la réalité le moment venu. Ce type de danger est latent dans certaines nouvelles approches qui visent au "mieux être" d'individus ne souffrant pas par ailleurs de troubles psychologiques, ni de désordres somatiques. Pour prévenir les dérives d'une profession qui a montré son utilité sociale, un cadre légal de formation, des règles du jeu et une protection du titre s'imposent. On pourrait imaginer la création d'une sorte d'ordre, ou de fédération des associations suffisamment pluraliste pour que toutes les écoles s'y retrouvent et dont l'inscription impliquerait l'acceptation d'un code éthique. On pourrait aussi garantir les droits du patient et définir une sorte de contrat dont l'acceptation mutuelle ouvrirait, le cas échéant, la possibilité de recours. Ce contrat pourrait préciser la nature du processus thérapeutique envisagé, sa durée approximative et son coût global ou par séance. »* Actuellement, la MILS déclare soutenir les initiatives donnant plus de visibilité à cette profession et envisage dans l'avenir de faire le même travail avec les services informatiques, le conseil et, pourquoi pas, le coaching. *« Nous avons peu à peu mis en œuvre des méthodes d'approche du risque sectaire qui peuvent intéresser toutes les professions libérales ou de services »*, affirme Pierre-Henri Debord, conseiller à la MILS.

Des interprétations abusives

La MILS mise aussi sur une mobilisation des professionnels de la formation et un développement significatif des actions visant au renforcement de la qualité (normes, labels, certification, qualification). En 1998, la FSCFC a mis en place un titre de formateur consultant inscrit au registre professionnel, et donc consultable par les acheteurs. Ceci afin d'assurer une meilleure reconnaissance de la profession. Ce titre s'adresse aux personnes physiques alliant les fonctions de formateur et de consultant. Afin de faciliter la lisibilité des compétences, la FSCFC a également favorisé la mise en place d'un Institut de certification des professionnels de la formation (ICPF) indépendant. Celui-ci délivre aux personnes physiques en faisant la demande une certification après examen du dossier et des entretiens réalisés par des auditeurs qualifiés. La certification, contrôlée tous les trois ans, est obtenue pour toute la durée de l'activité.

La MILS mise aussi sur une mobilisation des professionnels de la formation.

Une collaboration expérimentale mais fructueuse s'est instaurée entre la FSCFC et la MILS, à travers la personne de Marie-José Lacroix, ancienne présidente et chargée des questions d'éthique et de sectes au sein de la Chambre syndicale des formateurs et des consultants. Cette formatrice, consultante et coach, gérante de Médiane LV, fait également partie du conseil d'administration et du bureau de la S.F. Coach. Lors d'une université d'été de la Chambre, au début des années 1990, elle fait venir Jean-Pierre Bousquet, nommé en 2000 au comité d'orientation de la MILS. Ce dernier explique à l'assistance que des formateurs ont pu se former sans le savoir dans des organismes liés à des sectes. Ses déclarations font l'effet d'une bombe dans l'assistance. À la suite de cette intervention, la FSCFC rajoute un article sur la question sectaire dans sa charte. Puis le Centre d'éducation, de documentation et d'action contre les manipulations mentales demande à Marie-José Lacroix d'être, à titre bénévole, son interlocuteur auprès des entreprises s'interrogeant sur les sectes ou confrontées à des cas réels ou imaginaires.

Pas simple en effet pour les entreprises de faire la part des choses. *« J'ai souvent été atterrée à l'époque, relate Marie-José Lacroix par l'obscurantisme et l'ignorance des responsables de formation, voire de leur excès de méfiance. Ils avaient tendance à tirer des interprétations abusives de ce qu'ils observaient. Dans leur esprit, un formateur ou un coach utilisant des méthodes comme la programmation neurolinguistique ou l'hypnose éricksonienne était immédiatement catalogué comme adhérent d'une secte. »*

J'ai souvent été atterrée sur l'obscurantisme et l'ignorance des responsables de formation.

Il est vrai qu'il existe des phases plus ou moins longues de déstabilisation psychologique dans une psychothérapie, un coaching et même certaines formations. Mais, comme le souligne le docteur Michel Monroy, fondateur du Groupe de recherches et d'analyse du phénomène sectaire (GRAPHES), il s'agit de déconstruire-reconstruire le patient ou l'élève, avec son aide active et sa totale participation, pour qu'il progresse. *« Dans le domaine de l'apprentissage, Piaget lui-même met en lumière ce processus indispensable et visible de la déstabilisation psychologique. Pour apprendre à nager, il faut accepter de renoncer à marcher, accepter de perdre ses repères habituels, se plonger dans un élément nouveau considéré comme dangereux et s'y mouvoir autrement. Personne aujourd'hui ne remet en cause ces pratiques de déstabilisation, car elles ont fait la preuve de leur efficacité. Au sortir de ces apprentissages/formations/thérapies, les individus retrouvaient non seulement leur équilibre, mais le plein exercice de leur libre-arbitre. Cependant, ces techniques de déstabilisation peuvent être exploitées par des gens sans scrupules pour formater des individus. On peut alors parler d'un processus d'embrigadement, ou de la mise en place d'une emprise psychologique. »*

Éviter la chasse aux sorcières

A la S.F. Coach, Marie-José Lacroix, chargée des questions d'éthique et de sectes, essaye de sensibiliser ses confrères à ce type de problèmes pour éviter que des coachs ne soient mis à tort en difficulté. Au départ, ses tentatives ont eu peu d'écho. Puis, au fil du temps, l'intérêt de l'association s'est éveillé. Reste que le sujet dérange la S.F. Coach qui craint, à juste titre, d'alimenter une chasse aux sorcières. Au titre de représentante de la S.F. Coach auprès des pouvoirs publics, Marie-José Lacroix a été invitée par la MILS à s'expliquer devant un aéropage de six à sept représentants de différents ministères. « *Leurs préventions contre le coaching étaient très fortes* », avoue-t-elle. La présentation s'est déroulée dans une atmosphère tendue. Le coaching a d'abord été attaqué à cause de son mode de financement dans les entreprises. « *La loi de 1971 sur la formation professionnelle ne parlait pas du coaching pour la bonne raison qu'il n'existait pas à l'époque, précise Marie-José Lacroix. Or, la plupart du temps, il est pris en charge sur les budgets formation des entreprises. Pour les représentants des ministères, cet usage est jugé abusif. De l'argent destiné aux salariés est utilisé au bénéfice d'un seul individu.* » Reste que le problème n'est pas près d'être réglé puisque la nouvelle loi sur la formation ne tient pas compte des nouvelles formes d'accompagnement individuel. Les représentants des ministères craignaient aussi que le coaching puisse générer des phénomènes de dépendance et de manipulation vis-à-vis de responsables hiérarchiques. Ils s'interrogeaient aussi sur les compétences réelles des coachs. « *Dans leur esprit, le coaching s'apparentait à de la thérapie sauvage. Ils reprochaient aux coachs de n'être en général ni psychiatres ni psychologues cliniciens* », explique Marie-José Lacroix. En revanche, le fait qu'un coach ait pu faire un travail de développement personnel sur sa personne ne représentait pas pour eux un gage de professionnalisme. « *Ce sont pour eux des métiers un peu difficiles à comprendre, précise-t-elle. Mais, à la suite de cet entretien, la MILS m'a demandé de lui envoyer des ouvrages sur le coaching et l'annuaire de la S.F. Coach.* »

Le sujet dérange la S.F. Coach qui craint, à juste titre, d'alimenter une chasse aux sorcières.

Lentement, les idées se décantent. Au ministère de l'Intérieur, le coaching des préfets a commencé en 1999. Et c'est maintenant au tour des cadres intermédiaires d'y passer, sans que les syndicats aient trouvé à y redire. Pour prévenir toute tentative d'infiltration sectaire, le ministère de l'Intérieur a demandé à Marie-José Lacroix de l'aider à réfléchir pour sortir un document destiné aux acheteurs de formation. L'ANDCP a eu le même réflexe et Marie-José Lacroix lui a remis en 2001 un document destiné aux acheteurs de formation dans les entreprises. Il s'agit d'une check-list avec les questions à se poser quand on achète du coaching pour détecter s'il y a ou non anguille sous roche. Mais Marie-José Lacroix met aussi en garde les acheteurs en leur demandant de faire attention à leurs propres préjugés, à leurs propres résistances ou méconnaissances sur le thème du développement de la personne. À ne pas confondre la méthode et celui qui s'en sert. « *Attention à ne pas empêcher tout ce que le coaching et les formations en management et en communication apportent de positif et d'utile dans l'entreprise par excès de suspicion. Travaillez plutôt sur une confiance vigilante, armée par de l'information pertinente et le croisement des faits.* »

7 Coaching pour tous ?

Aux États-Unis, le coaching se développe dans toutes les directions : pour les jeunes, pour les parents, pour les retraités... Au moment où on parle du droit à la formation tout le long de la vie, faudra-t-il y inclure le droit de se faire coacher ?

LE COACHING venant des États-Unis, il est intéressant de savoir comment cette profession se développe là-bas, pour avoir une idée de ce qui se passera sans doute chez nous dans les années à venir. « *Le coaching par téléphone ou par e-mail marche très fort sur des sujets très ciblés, du style "aider quelqu'un à passer un cap". À l'autre extrême, on voit se dérouler des interventions où sont interviewés des parents et amis d'enfance de la personne coachée. Je n'ai pas vu cela en France* », explique un coach français qui connaît bien le marché américain. Outre-Atlantique, le coaching s'est d'abord adressé à l'univers du sport, puis au monde de l'entreprise (cadres, dirigeants, commerciaux), mais aussi des professions libérales. Ainsi, contrairement à la France, il n'est pas rare pour un avocat ou un médecin de se faire coacher. Puis la profession a littéralement explosé en importance au cours des cinq dernières années quand un coaching de troisième génération est apparu, accessible à tous les publics. Cette évolution a conduit au développement de programmes novateurs : investir sur soi, prendre sa vie en charge, développer son employabilité appartiennent maintenant aux pratiques sociales bien acceptées.

Contrairement à la France, il n'est pas rare pour un avocat ou un médecin de se faire coacher.

Tout comme il est normal de faire appel aux services d'un dentiste, d'un coiffeur ou d'un « psy », il l'est de plus en plus de consulter un masseur, un diététicien et maintenant un coach. Le marché grand public est immense. Cette tendance du "coaching pour tous" représente un courant de fond pour les années à venir. Comme d'autres coachs anglo-saxons, Patrick Williams se réclame d'un mouvement émergent intitulé « The Whole Life Coaching », que l'on pourrait traduire en français par « le coaching tout au long de la vie ». Il espère voir des coachs dans les églises, les écoles et d'autres communautés. Et il prédit une explosion des niches : coach relationnel, coach pour les parents et la famille, coach pour le bien-être et la santé, coach pour le développement spirituel... « *Deux spécialisations semblent promises à un bel* avenir, explique-t-il. *Le "relationship coach" permet aux célibataires ou aux couples d'optimiser leurs relations avec les autres, et le "protirement coach" – le terme est emprunté à Frédéric Hudson, le fondateur du Hudson Institute (Santa Barbara) – accompagne les retraités voulant définir un projet de vie pour les années qui leur restent.* » Pour faire face aux changements ou aux transitions imprévisibles affectant nos vies, pour s'en sortir dans un monde offrant des milliers d'options, le coaching sera une solution qui viendra naturellement à l'esprit.

Toutes les catégories sociales

Lors de sixième conférence mondiale de l'International Coaching Federation, du 16 au 18 août 2001 à Chicago, les coachs avaient l'embarras du choix entre assister à une conférence sur « Le courage d'être riche», animée par Suze Orman, classée en 1999 par le magazine Smart Money parmi les trente meilleurs « Power Brokers » (ces individus qui influencent le plus les fonds de pension), ou participer à un atelier baptisé « Les quatre accords », animé par don Miguel Ruiz, venu partager avec les participants au congrès l'enseignement des indiens toltèques. C'est-à-dire, selon don Miguel, un code de conduite pour atteindre la liberté personnelle dans la joie de vivre, un outil de transformation pour vous arrêter de juger, y compris vous-même, et pour retrouver la sagesse de votre moi authentique. Cette diversité caractérisant le coaching aux États-Unis est aussi perceptible en Europe. Mais à un degré moindre. Ainsi, en Allemagne, Monika Müller propose par exemple du coaching financier. Elle a même conçu un séminaire à l'intention des formateurs et des coachs intitulé : « Manager mes succès et mes finances », qui s'est déroulé au mois de juin 2001 durant trois jours près de Ludwigshafen. Aux Pays-Bas, Julia Ferguson Andriessen propose du coaching pour les expatriés. En France, Patrick Drouot propose du coaching spirituel.

Cette diversité caractérisant le coaching aux États-Unis est aussi perceptible en Europe.

La vertu de l'exemple, l'effet d'imitation devraient permettre au coaching de toucher des catégories sociales très différentes. Il existe un champ de développement gigantesque. « *Un professeur gagnerait à être coaché, tout comme un maire ou un directeur d'hôpital.*

Quel responsable ou quelle équipe peut prétendre ne pas avoir de progrès à faire ? Il faudrait un coach pour cinquante habitants », s'enflamme le célèbre coach, Vincent Lenhardt. Marine Pradal coache des sœurs travaillant dans les services de néo-natalité. Elles appartiennent aux « Filles de l'Étoile », un ordre monastique qui s'est donné pour mission de donner la vie et qui est propriétaire d'un certain nombre de maternités. « *Ces sœurs sont très exigeantes envers elles-mêmes,* souligne-t-elle, *et se considèrent au service des patientes. La cohabitation est parfois difficile avec le personnel sous statut 35 heures.* » Pour un étudiant, le premier emploi revêt une importance toute particulière. À l'échelle de ses vingt ans, les premiers pas sur le marché du travail prennent des allures définitives, même si chacun sait qu'il changera probablement de secteur et de métier au cours de sa carrière. Thierry Chavel s'occupe d'étudiants en fin de cycle de l'EM Lyon. « *La finalité du coaching des étudiants, au sein d'un électif baptisé "Projet Professionnel", est de les préparer à leur premier emploi à partir d'une pédagogie de l'éveil de choix conscient et non de conformisme social* », souligne-t-il. L'accompagnement vise ici à mieux cerner ses zones ressources et ses zones limites avant de choisir, en conscience. Chaque étudiant est amené à coacher un camarade sur le projet de ce dernier. En découvrant les mécanismes de l'écoute sans jugement, du feed-back constructif et des questions ouvertes, ils consolident un projet personnel authentique et se frottent au regard de l'autre. Dans une logique où la compétition pour les postes les plus enviés est réelle, ces binômes leur montrent qu'une logique alternative de coopération ne les dessert pas, au contraire.

Marine Pradal coache des sœurs travaillant dans les services de néo-natalité.

Contre la montée des incivilités

Le principe de l'éducation toute la vie est actuellement au centre des programmes politiques. Mais ce droit à la formation ne devrait-il pas inclure un droit de l'homme et de la femme à se faire coacher aux moments charnières de sa vie ? « *Quelque chose me dit,* souligne Louis Dugas, vice-président de l'ANDCP, *que le coaching pourrait bien être la prolongation du droit au congé formation, une manière de fidéliser les salariés, de leur donner des trucs pour eux, de* développer leur confort. Cela ne serait pas fait à fonds perdus. L'entreprise y trouverait son compte. Même sans objectif d'intérêt immédiat et mesurable. » La montée professionnelle de la fonction « accompagnement » dans quasiment tous les secteurs de la société – depuis l'accompagnement de la femme enceinte et du bébé jusqu'à celui des mourants et des proches qui leur survivent – va de pair avec la fracture des liens sociaux. Dans L'accompagnement comme art de mouvements solidaires (L'Harmattan, 1998), Gaston Pineau, professeur à l'université François-Rabelais de Tours, présente une cartographie des figures type d'accompagnement, élaborée dans la mouvance des réseaux d'échanges réciproques du savoir (le MRERS) en compagnie de Claire Hébert-Suffrin. Il précise que l'accompagnateur en histoire de vie a une position biocognitive opposée aux accompagnés. « *Le locuteur, écrit-il, est immergé dans sa vie et son principal travail est de s'en dégager suffisamment pour trouver la distance nécessaire à une vision compréhensive. L'interlocuteur, lui, est au départ physiquement autre, étranger à cette vie et doit s'en approcher suffisamment pour trouver lui aussi sa distance de vue, de compréhension.* »

Le coaching pourrait bien être la prolongation du droit au congé formation.

Le coaching a eu son mot à dire après les attentats du 11 septembre. Un mois après l'effondrement des Twin Towers, le travail restait encore perturbé. Pour aider les salariés encore choqués, l'American Management Association (AMA) montait en octobre 2001 un séminaire gratuit intitulé : « Vivre avec le traumatisme ». Quelques semaines plus tard, l'International Coaching Federation (ICF), qui compte plus de 4 000 membres dans 31 pays, lançait un programme de coaching de six mois pour assister ceux qui avaient été directement ou indirectement affectés par les attentats. Plus de 500 coachs membres de l'ICF s'engageaient à accompagner bénévolement les personnes souhaitant résoudre des problèmes professionnels ou de la vie quotidienne.

On le pressent : le coaching est un des remèdes possible contre la montée des incivilités et des actes de violence. Il ne demande qu'à se répandre dans la cité mais aussi dans les cités. Dominique Bogaievski, médecin, coache des adolescents de tous les milieux, déboussolés et en conflit ouvert avec leurs parents, pour les aider à trouver des repères. Yazid Kherfi, un braqueur devenu éducateur est devenu un « rafistoleur » de conflit et un réparateur de contact dans les cités les plus dures. Il travaille avec Charles Rojzman, fondateur de l'association Transformation Thérapies Sociales, coach et thérapeute dont le travail, basé sur l'écoute empathique, est de déminer la violence urbaine. Michel Maffesoli, sociologue et professeur à la Sorbonne où il occupe la chaire d'Emile Durckheim, estime que « *la société post-moderne est porteuse d'une harmonie qui n'est plus unanimiste mais conflictuelle* ». Elle laisse donc le champ libre aux médiateurs, aux superviseurs, aux coachs et aux accompagnateurs de tout genre. « *En 2015, un décret aura été promulgué. Une partie de la France coachera l'autre les années paires et vice versa les années impaires* », raconte avec humour Gilles Alexandre, directeur d'études chez Entreprise et Personnel, quand il fait de la prospective avec un regard de collégien.

Diplômée à 85 ans

En coaching, tout commence et finit par une conversation. D.J. Mitsch, le président de l'ICF, dit avoir vécu une expérience magnifique en se rendant à la première conférence européenne du coaching, à Grindelwald (Suisse). Un dialogue, noué avec une passagère, lui a fait saisir l'essence de son métier : « *Sonya était avec moi dans un avion de la Swissair à destination de Zurich. Elle retournait chez elle célébrer son 85ᵉ anniversaire, mais paraissait beaucoup plus jeune. Elle m'avoua qu'elle était la benjamine de trois sœurs, toutes encore en vie.* Peut-être que ça avait à voir avec le style de vie en Suisse ? Je lui demandais ce qui l'excitait à l'idée de fêter son 85ᵉ anniversaire. "Je suis contente de ne pas avoir trop de soucis, répondit-elle. Je travaille comme volontaire dans un hôpital parce que je veux travailler. Mais non parce que j'ai besoin d'argent. Je viens juste d'être diplômée d'une formation animée par Microsoft. Mon esprit se pose des défis. Je passe du temps avec des gens que j'aime… Mais le plus important, après toutes ces années, est que je me sens à l'aise avec la personne que je suis devenue et j'ai l'impression de pouvoir faire confiance à ma sagesse intérieure." Je ris. Elle me demanda alors ce que je faisais. Je lui expliquais alors en quoi consistait le métier de coach. "Ah,

Un dialogue, noué avec une passagère, lui a fait saisir l'essence de son métier.

J'ai l'impression de pouvoir faire confiance à ma sagesse intérieure.

coaching est un mot trop rude pour ce que vous faites, répliqua-t-elle. Vous aidez des gens à trouver leur sagesse intérieure avant qu'ils soient âgés de 85 ans. Je pense que vous devriez vous appeler un "éveilleur" ».

Deuxième partie

Sur le terrain

Pour palper la complexité ou toucher la réalité, rien ne remplace une bonne étude de cas. Les professeurs de grandes écoles de commerce l'ont bien compris, puisque ces études, qui ont un pouvoir démonstratif, représentent une partie essentielle de l'enseignement. Raconter des histoires vécues par des entreprises et des salariés constitue aussi bien une forme d'apprentissage que de promotion du changement. Et il est vrai qu'on capture mieux la culture d'une entreprise en écoutant ce qui s'y raconte plutôt qu'en analysant des statistiques ou des graphiques indiquant l'évolution de son activité.

Les huit études de cas présentées dans cette partie ont pour ambition, à leur manière, de donner des repères. Chacune porte en son sein des leçons qui peuvent se révéler précieuses. Par exemple, IBM et Renault mènent de véritables politiques de management des cadres liées à des modèles de compétences. Le coaching est un moyen donné aux managers pour les aider à améliorer leurs performances. Mais la manière d'associer les coachs à cette démarche varie selon ces sociétés. Chez IBM, on ne jure que par les coachs internes, alors que chez Renault on a choisi de faire appel à des coachs externes.

Il existe des cas où ne pas se voir proposer un coaching est en quelque sorte un mauvais signe. Pour celui qui aspire à être reconnu comme un haut potentiel dans l'entreprise, le coaching est un rite de passage devant lequel il n'est guère possible de reculer. Le responsable de la plus grande centrale thermique d'EDF en a tiré un grand profit professionnel mais aussi personnel.

En règle générale, les dirigeants ont été les premiers à se faire coacher, tout simplement parce qu'ils avaient la liberté de le faire sans passer par des circuits compliqués pour débloquer les budgets nécessaires. Nous vous proposons de comprendre les raisons qui ont poussé au début des années 1990 le responsable de 8 à Huit, une enseigne du groupe Promodès, à se faire coacher. Parfois ce sont les membres du comité de direction qui décident, dans une belle unité, de tester le coaching. Ils ont pour objectif de cimenter le groupe mais aussi de favoriser une meilleure acceptation les individualités. Chez Multimania, le coaching a sans nul doute permis à l'équipe de direction de gagner en maturité.

Dans d'autres cas, l'aventure démarre par un chantier collectif ambitieux : sensibilisation des cadres au management de la complexité chez Boiron, team building du comité de direction chez Socata, une filiale d'EADS, notamment. Une fois la démarche bien engagée, le directeur général peut éprouver l'envie de se faire coacher.

Même les consultants éprouvent le besoin de se faire coacher, surtout quand ils assument la responsabilité d'autres consultants. Le métier offre une visibilité commerciale réduite, ce qui est source d'angoisse et de stress. Quand on se retrouve patron de la filiale française d'une multinationale du conseil, après avoir cédé son cabinet franco-français de conseil en management et système d'information, on est heureux, pendant quelque temps, de bénéficier d'un véritable soutien. Le patron du cabinet Renaissance en a fait l'expérience et a su en tirer profit.

Renault

8 Impulser un nouveau style de management via le coaching

Le constructeur veut imposer un nouveau style de management via le coaching valorisant les compétences humaines.
Objectif : mieux faire face à un environnement changeant.

« *P*ARLER DE MANAGEMENT, *c'est parler de performance collective. Le lien doit être fait entre les deux. Mais cette performance est génératrice de tensions. Le rôle du "corporate" est d'entretenir cette tension tout en donnant à chacun les moyens de mieux la gérer* », estime Antoine de Vaugelas, directeur du conseil en management chez Renault. Engagé sur des projets à horizon de dix ans et transformé par son alliance avec Nissan, le groupe cherche à impulser un nouveau style de management via le coaching pour mieux faire face à un environnement changeant et aux risques élevés de retournement de conjecture dans l'automobile. L'objectif est de doter l'entreprise de repères partagés sans négliger le talent relationnel et émotionnel des équipes.

Ce qui est en jeu aujourd'hui est la professionnalisation des managers. Il s'agit pour un manager d'être à l'aise dans un univers multiculturel où se déploient de nombreux projets. « *Nous cherchons à leur offrir des repères – structures de fonctionnement, parcours de carrières – qui donnent du sens à leur action quotidienne et leur apportent des modes de fonctionnement pertinents*, explique Antoine de Vaugelas. *Nous voulons aussi favoriser le développement des personnes car elles travaillent dans un contexte marqué par des logiques contradictoires (métier, région, programme) génératrices de tensions. Les positions les plus inconfortables étant celles de chef d'atelier en usine ou d'animateur de réseaux commerciaux, au confluent de ces trois dimensions. Aussi un manager doit être capable d'y faire face en puisant dans ses propres ressources, en étant placé dans un environnement adéquat pour qu'il trouve les solutions. Nous attendons aussi de lui qu'il développe une ouverture personnelle aux autres et qu'il prenne le temps de comprendre comment réagit un Japonais ou un Brésilien. Ceci justifie l'utilisation du coaching, qui permet de développer une qualité d'écoute et d'empathie, une capacité d'invention liée à notre ambition d'être un créateur automobile.* »

Ce qui est en jeu aujourd'hui est la professionnalisation des managers.

Un premier choix stratégique a consisté à faire du coaching un levier du changement, au même titre que la formation « corporate », les parcours personnalisés en liaison avec des *business schools*. Il a été lié aux 14 critères comportementaux – évalués par le « 360 degrés » – qui structurent la vision du management du groupe et sous-tendent les actions destinées aux managers. La décision n'a pas été prise à la légère puisque le débat à la direction générale sur son introduction a duré presque douze mois.

En 1999, 850 personnes se sont prêtées au « jeu » de l'évaluation, 1 750 en 2000 et près de 1 900 en 2001. Tout le monde est concerné jusqu'au niveau n-2 sous le comité de direction, ce qui correspond à un chef de département d'usine ou au un responsable marketing d'une filiale commerciale à l'étranger. « *C'est un 360° dont la mise en œuvre est facile et rapide,* note Antoine de Vaugelas. *Rien n'est figé. Il permet d'aborder avec ses collaborateurs la question des pratiques managériales.* » Le président de Renault a l'habitude de présenter les résultats globaux du 360° dans toutes les réunions importantes, sans masquer les points faibles de l'entreprise, comme la délégation ou le développement de ses collaborateurs. Depuis le printemps 2001, le 360 degrés peut ainsi être suivi d'un coaching individuel ou d'un travail collectif sur les résultats, initié par une direction ou une entité, ou encore, mais c'est en période de test dans les usines, par une formation au rôle de manager coach des chefs d'unité pour qu'ils affirment leur autorité différemment.

Depuis le printemps 2001, le 360 degrés peut ainsi être suivi d'un coaching individuel.

Confidentialité oblige !

Si le coaching individuel est un outil pour développer son potentiel et renforcer ses pratiques, il semble surtout très adapté à la prise de nouvelles responsabilités avec des enjeux difficiles à atteindre. « *Mais il n'est pas vécu de la même façon suivant l'âge des intéressés,* note Antoine de Vaugelas. *Dans les classes d'âge de 30 à 40 ans la demande est explosive car elle apparaît naturelle alors que pour des dirigeants plus âgés, notre cible principale, c'est loin d'être le cas.* » Une session complète dure de trois à six mois. Un principe de confidentialité est affiché quant au contenu des entretiens entre le coach et le manager concerné. C'est le manager qui décide ce qu'il restituera à son supérieur hiérarchique des entretiens qu'il a eus avec son coach. « *On s'assure,* précise Antoine de Vaugelas, *que la relation est directe entre le manager et son coach. Les conseillers internes en ressources humaines du groupe agissent seulement pour soutenir le processus. Ils n'ont pas le pouvoir de choisir les coachs. »*

Pour agréer ceux-ci, Renault a fait appel à Benoît Melet, consultant coach et secrétaire général de l'IPM (Institut psychanalyse et management).

Celui-ci consacre environ 50 % de son temps à Renault, où il a le titre de responsable « corporate » du 360 degrés et du coaching. Il a proposé une charte de déploiement du coaching au sein du groupe pour fixer les règles du jeu. *« Le coaching est un métier en émergence qui n'est pas encore autorégulé, constate-t-il. La durée de chaque intervention est limitée à 15 heures. Notre souci est d'éviter l'installation dans la dépendance qui serait fondamentalement contraire à l'esprit du coaching. Cette approche oblige à s'interroger à l'ussue du temps fixé sur la pertinence d'un éventuel prolongement qui ferait alors l'objet d'un nouveau contrat. Le choix a été fait de faire appel à des coachs externes car ce sont des agents plus puissants de la conduite du changement du fait de leur non appartenance à l'entreprise. »* Ce sont en tout quinze coachs qui ont été homologués et sont susceptibles d'intervenir. *« Le parti pris, précise Benoît Melet, a été de ne pas homologuer de cabinets. L'équation personnelle est trop importante. »*

Les pré-requis pour cette sélection sont une formation spécifique à l'accompagnement individuel et collectif, l'intégration de référentiels théoriques, une bonne expérience des situations de management, un engagement sur des règles déontologiques de comportement vis-à-vis de la hiérarchie opérationnelle et des managers, une supervision de leurs pratiques, une prise en compte du contexte Renault et de ses pratiques managériales, à savoir les 14 critères attendus. *« Mais les coachs peuvent nous aider à faire évoluer ce référentiel »*, précise Antoine de Vaugelas.

Le parti pris, précise Benoît Melet, a été de ne pas homologuer de cabinets.

Indicateurs de progrès

La charte définit aussi le contrat type avec chaque manager. Pour chaque action se mettent en place des indicateurs de progrès et des procédures d'évaluation. Des réunions régulières quadrimestrielles sont programmées avec l'ensemble des coachs pour réguler, analyser le dispositif et surtout identifier les grandes thématiques du moment afin d'alimenter la réflexion sur l'organisation. C'est Benoît Melet qui fait passer un premier entretien au coaché. Il a pour objet de préciser la nature de la demande, d'en valider la pertinence au regard des autres dispositifs existants et d'identifier le coach le mieux adapté à la situation. La démarche est fondée sur un engagement volontaire de la personne concernée. Chaque personne reçoit une lettre personnelle du DRH du groupe où il lui est annoncé qu'il a la possibilité de faire appel à un coach.

La motivation est très liée à la qualité de la relation avec son supérieur hiérarchique.

« *Outre une demande directe de la part des managers, et c'est le cas le plus fréquent dans la mesure où le coaching est pour partie liée au 360 degrés, il peut résulter de l'échange entre le manager et le responsable hiérarchique lors de l'entretien annuel. Que vise-t-on ? La dimension personnelle, d'abord. Plus le manager se développe, plus il est capable de contribuer au développement de son organisation. La dimension relationnelle ensuite. Chacun doit trouver la distance adaptée au degré d'autonomie de ses collaborateurs. La motivation est très liée à la qualité de la relation avec son supérieur hiérarchique. Pour l'approche de la complexité, il s'agit de trouver le moyen de prendre les décisions les plus pertinentes et les plus ajustées à son environnement.* »

L'AVIS DU COACH

Benoît Melet

« *Aujourd'hui même si on a peu de recul sur le dispositif mis en place début 2001 chez Renault, les premières retombées sont bonnes* »

« Les réactions des managers sont favorables. Le bouche à oreille fonctionne de manière positive, ce qui est conforme au mode diffusion par "capillarité" que nous avons choisi. La pratique montre qu'il faut éviter, en tout état de cause, d'enfermer le coaching dans des définitions et descriptions trop restrictives. Dans le prolongement, nous avons l'idée de coupler l'approche individuelle et l'approche collective, de travailler avec les équipes de direction et les équipes projets sur la cohésion, la vision, la confiance, les valeurs partagées, la solidarité, la circulation de la parole… Nous pouvons ainsi imaginer des parcours pour les managers qui alternent des temps de formation avec du coaching individuel et d'équipe et des temps de consolidation des pratiques, au sein d'ateliers du management par exemple. »

Socata

9 Faire décoller le management participatif

Au bord du gouffre en 1997, le fabricant d'avions légers Socata, filiale d'EADS, décide de tout changer : nouvelle organisation, comité directeur remanié… Une volonté de faire table rase du passé et de plus d'efficacité manifestée par un management pas vraiment traditionnel.

HISTOIRE D'UNE REMISE À FLOT

La division aéronautique d'EADS se compose de plusieurs unités opérationnelles : avions militaires (Eurofighter), hélicoptères (Eurocopter), avions de transport léger (Socata), avions de transport Régional (ATR), conversion Cargo (EFW) et maintenance (Sogerma). Filiale à 100 % d'EADS basée à Tarbes, avec son siège social sur l'aéroport de Paris-Le Bourget, Socata fabrique une gamme d'avions légers destinés aux marchés militaires ou civils. Plus de 5 500 appareils sont actuellement en service dans le monde. Socata produit également des éléments d'aérostructure en matériaux composites, en particulier pour les Airbus A330/A340. La société possède aussi un savoir-faire dans la technologie des matériaux hybrides métal/composite et le formage de panneaux métalliques de grande dimension. Enfin, Socata réalise des travaux de développement pour plusieurs programmes aéronautiques européens, dont les avions Airbus, Mirage et Falcon et les appareils d'Eurocopter. La société a lancé une offre en matière d'aviation d'affaire au Salon du Bourget 2001. Il s'agit d'un concept de propriété partagée pour les entreprises qui veulent dépenser moins.

La Socata a un passé prestigieux mais elle a changé de nom plusieurs fois au cours de son histoire. De 1975 à 1990, sous l'impulsion d'un patron fou d'aviation animé par la passion exclusive de créer des produits, l'entreprise s'endette au maximum en régénérant toute sa gamme d'avions. Mais voilà la guerre du Golfe qui se traduira par deux plans sociaux et une chute libre de l'actvité avec de nombreuses années de résultats négatifs. En 1997, sont nommés un nouveau président et un nouveau directeur général, Jean-François Trassard. Leur tâche est de relever l'entreprise, de montrer qu'elle est solvable, de la rendre compétitive sur un plan mondial et donc de lui redonner un destin. C'est le début de la réorganisation industrielle. En 1998, le groupe Aérospatiale Matra voit le jour. Se produit alors un retour à l'équilibre : en 1999, le bilan est déjà positif ; en 2000 et 2001 les affaires repartent vraiment. La Socata décroche la construction d'un sous-ensemble de l'avion brésilien Embraer, quatrième constructeur mondial derrière Airbus, Boeing et Bombardier. Sans compter un morceau de l'A380. Le premier grand changement a été le passage à une organisation orientée client, avec trois grandes directions : les aérostructures (études, industrialisation, production), l'aviation légère (études, industrialisation, essais en vol, production) et le support client ; les directions fonctionnelles se mettant au service de ces trois directions. Puis vint le coaching.

D UR DE MAINTENIR UN BATEAU À FLOT quand la coque prend l'eau de toutes parts. C'est pourtant ce qui est demandé à Jean-François Trassard lorsqu'il est nommé directeur général de la Socata en 1997. La Socota vit alors une telle situation de crise que l'Aérospatiale envisage un moment la vente de sa filiale pour un franc symbolique (voir encadré). Deux ans durant, la réorganisation industrielle s'opère, avec notamment le renouvellement quasi complet des huit membres de l'équipe de direction. *« Elle ne pouvait pas s'appuyer sur son passé. J'ai donc cherché un facilitateur, pas un coach – je ne connaissais du reste pas le mot –, pour nous aider à réfléchir, pour avoir une équipe plus efficace »*, explique Jean-François Trassard. Marc Mesplarau, le DRH arrivé fin 1998, lui présente alors Édouard Stacke, qui avait auparavant travaillé pour l'Aérospatiale.

« Il a été instantanément accepté par le comité de direction, précise Jean-François Trassard. Et il a su prendre rapidement la juste ascendance tout en nous laissant nous exprimer. Il y avait une forte demande de solidarité. Pas à pas, s'est forgée la volonté de vaincre et de reconstruire. Tous en avaient le désir et les compétences "métiers" nécessaires. Mais en matière de management, les manques étaient réels, aussi bien au niveau du comité de direction que de l'entreprise dans son ensemble. »

Tout démarre par un séminaire de deux jours à la montagne pour travailler sur les objectifs. *« L'équipe de direction avec le président de l'entreprise ont pris conscience des dysfonctionnements collectifs et, simultanément, s'est créée une attente, relate Jean-François Trassard. J'étais conscient que la remise en question allait être forte, mais je n'étais pas préparé à cette révolution malgré mes trente ans de vie professionnelle. Je ressentais pourtant des possibilités insoupçonnées impossibles à faire éclore par le management traditionnel. »*

Je ressentais pourtant des possibilités insoupçonnées impossibles à faire éclore par le management traditionnel.

Un deuxième séminaire est alors organisé. Édouard Stacke se veut provocateur : *« Je me rappelle d'un exercice où nous étions debouts, au pied d'un muret de 1,80 mètre sur lequel il était monté et il nous a dit : "Je vais me laisser tomber. Vous allez devoir me retenir. Avez-vous confiance en vous ? Êtes-vous sûrs de bien me réceptionner ? Moi il faut* que j'ai totalement confiance en vous pour me laisser tomber." On en reparle encore entre nous ; c'était très fort. Une autre fois, il avait dessiné un damier au sol. Il n'existe qu'une seule façon d'aller de l'autre côté. Mais seul le meneur de jeu connaissait le chemin. Une équipe de cinq directeurs a été constituée. Pour progresser sur ce damier, il fallait faire preuve de complicité et trouver un mode de communication efficace. Mais, au final, son diagnostic a été sévère : l'équipe de direction n'avait pas suffisamment de vision à long terme. Pour notre défense, je dirais qu'il avait fallu reconstruire dans l'urgence. Nous avons décidé de définir des objectifs de réussite pour chaque activité. Le projet commun a jailli très facilement. Par contre, ont émergé des difficultés rencontrées par chaque directeur à son niveau. Elles étaient souvent sous-estimées par les autres directeurs ; ils n'en avaient parfois même pas connaissance. Ainsi, le support client n'arrivait pas à obtenir des pièces de rechange de la part des directions aérostructures et aviation légère, qui faisaient passer en priorité la production en série. C'est à ce moment qu'est apparu le terme de projet transversal. Les directions ont commencé à travailler en commun. »

> L'équipe de direction n'avait pas suffisamment de vision à long terme.

Actuellement, trois séminaires de ce type ont lieu par an. « A chaque fois, on fait un état des lieux sur le fonctionnement de l'équipe de direction. »

Le juste réglage

« Des attentes sont ressorties à mon égard, raconte Jean-François Trassard. Édouard Stacke était en contact avec chacun et me rapportait ce qu'il estimait devoir me transmettre. Il m'a montré des planches qu'il voulait présenter lors du séminaire suivant : il avait dessiné un directeur général trop interventionniste qui avait tendance à couper la parole. Je n'ai pas pu fermer l'œil durant quelques nuits, alors que des problèmes majeurs plus opérationnels n'affectent pas mon sommeil. Même si je suis capable d'entendre des critiques quand elles sont fondées, c'était toujours dur à accepter. Mon ego en avait pris un coup. J'ai finalement pris conscience que les huit directeurs souhaitaient pouvoir parler, débattre, se retrouver dans un système de management participatif. Mais ils attendaient aussi de moi que je décide et dirige. C'était du ressort de l'alchimie. J'ai compris l'intérêt d'établir un cérémonial en comité de direction pour évacuer les nombreux non-dits, surtout dans les cas où j'avais déjà une orientation dans la tête. C'était donc à moi de trouver le juste réglage et de faire preuve de doigté. En laissant, par exemple, des minutes d'expression supplémentaires quand un dossier l'exigeait pour avoir leur adhésion. »

Les barrières tombent

« Maintenant je ressens que l'équipe fonctionne très bien, juge Jean-François Trassard. Dans toutes nos réunions hebdomadaires les sujets abordés sont bien cernés. Aucun n'excède 20 minutes. Tout est préparé, décidé, orienté. L'équipe exprime un véritable sentiment de participation aux décisions de l'ensemble. On peut même parler du plaisir de diriger ensemble. J'y suis très sensible car j'ai vécu dans d'autres équipes de direction où je n'étais pas le patron. Chacun essayait de sauver sa peau tout en gardant le sourire. Je caricature à peine. Mais, aujourd'hui, mon impatience est ailleurs. Je me bats pour démultiplier l'opération de coaching et faire tomber les barrières dans l'entreprise. Sont déjà parties en séminaire la direction finance et commercial aérostructures et la direction achats. Ensuite ce sera le tour des autres directions. Tout le monde doit y passer. »

L'AVIS DU COACH

Édouard Stacke,
directeur d'Eurogroup RH

« Il faut inscrire la démarche de coaching dans la durée »

« Au-delà de la dynamisation de l'équipe aérostructures, qui devait faire aboutir une démarche lourde de réorganisation en efficacité industrielle, l'entreprise a souhaité faire évoluer sa culture et ses pratiques managériales pour devenir un club gagnant, capable de pérenniser le succès dans tous les domaines. La description du cas montre assez bien l'esprit qui a présidé cette relation entre un dirigeant, son équipe et le coach. La démarche s'est inscrite dans la durée avec des rencontres, deux à trois fois par an pendant deux ans, qui abordaient aussi bien les modes de fonctionnement de l'équipe que les grands chantiers d'amélioration en cours dans l'entreprise. Au total, c'est une équipe de six coachs aux compétences complémentaires qui sont intervenus sur l'ensemble de la démarche d'accompagnement. La méthodologie a associé techniques de coaching individuel, résolution de problèmes à l'aide de métaphores, créativité, stratégie de communication, gestion de projet.

L'inscription de la démarche dans la durée est un élément important de l'appropriation par l'encadrement de ces nouvelles pratiques managériales, qu'il doit explorer à son rythme, tester sur le terrain, approfondir par l'usage et la maturation. L'entreprise entre aujourd'hui dans une troisième phase de diffusion de la démarche de coaching. Les huit directions opérationnelles et fonctionnelles l'exploitent en équipe pour dynamiser les projets de chaque direction et accélérer le changement en cours. L'objectif à terme pour l'entreprise est de conjuguer performance durable et qualité du climat social. »

10 Créer une cohérence collective autour d'un nouveau projet

Chargé par la direction générale de Promodès de participer à la réorganisation du groupe en modernisant l'enseigne 8 à Huit, Luc Périssé constate que tous ses interlocuteurs ne partagent pas son enthousiasme. Une impasse dont il se sortira grâce au coaching.

LE DÉFI 8 À HUIT

En 1985, le Boston Consulting Group propose une stratégie de développement pour Promodès (avalé depuis par Carrefour en 1999, mais premier actionnaire de l'enseigne à travers la famille Halley). Il s'agit d'abord pour le groupe de faire partie du Top 3 de la distribution en France, puis en Europe, et finalement dans le monde (ce qui est le cas 20 ans après). A cette volonté s'ajoute l'ambition de devenir une véritable entreprise consumériste en donnant du pouvoir aux enseignes du groupe. Une réorganisation est alors programmée. Elle doit permettre de passer d'une culture « résultat » par région à une culture « résultat » par enseigne.

De 1985 à 1991, Promodès opère un tri entre ses enseignes. Le cas de 8 à Huit est examiné en dernier. En 1991, Promodès se donne comme objectif de donner à 8 à Huit un vrai concept de franchise. Le chantier est alors confié à Luc Périssé qui devient donc directeur du projet avec carte blanche pour trois ans et patron de 8 à Huit, chapeauté par la direction nationale Proximité. Cette réorganisation séparait les activités du groupe en trois grandes directions opérationnelles : la direction Discount (Continent et Champion) la direction Proximité (Shoppy, 8 à Huit, Codec), la direction PromoCash (activité collectivités et distribution à domicile).

Dès sa prise de fonction, en septembre 1991, Luc Périssé procède à un état des lieux qui dure six mois, avant de soumettre un projet au comité de direction. Tout commence par une phase d'étude (positionnement, concept, stratégie de développement). « *Le plus délicat,* explique-t-il, *était de définir le concept.* » Des tests étaient prévus sur dix magasins pilotes dans cinq régions. Les autres magasins suivraient à condition que les franchisés soient convaincus. Les enjeux financiers étaient importants. « *Vers la fin de la phase d'étude, j'ai commencé à mettre en place les magasins pilotes et à rédiger le concept final,* explique Luc Périssé. *Puis j'ai créé des commissions pour faire participer les commerciaux au projet.* »

Un an et demi après avoir relevé le défi, Luc Périssé s'alarme. Le chantier fait du sur-place, et pourrait même s'enliser. « *Je faisais partie du comité stratégie groupe et de la direction France. J'avais donc l'aval des patrons de Promodès. Mais les garants des résultats restaient jusqu'à la fin de la mutation les patrons de mes directeurs commerciaux, c'est-à-dire les directeurs de région responsables des entreprises de proximité. Avec eux, le courant passait mal.* » Une situation qui l'incite à faire appel au coaching. Avec succès puisque la Convention de lancement du projet aura finalement lieu le 15 mai 1995, date à laquelle fonctionnaient déjà plus de 60 magasins avec le nouveau concept.

QUAND LUC PÉRISSÉ, alors directeur commercial et marketing de la région Centre-Alpes du groupe Promodès, accepte en septembre 1991 le défi de faire de 8 à Huit une enseigne à part entière dotée d'un vrai concept de franchise, il n'imagine pas la difficulté de la tâche (voir encadré). Dix-huit mois après le début du chantier, celui-ci patine, faute de cadres coopératifs. Face à ce problème de management, il prend deux décisions qui vont se révéler décisives : « *J'ai embauché un adjoint, très pointu techniquement, garant du concept pour éviter le consensus mou non suivi d'effets. Et, comme je ressentais le besoin de me faire accompagner, j'ai décidé en même temps de bénéficier des services d'un coach.* » Son choix se porte sur Olivier Duvillard, qu'il rencontre début 1993 par l'intermédiaire de Jean-Jacques Grégoire, le patron de Codec, qui avait travaillé avec lui six mois à titre personnel avant de le faire intervenir à un niveau collectif pour travailler sur la cohésion d'équipes de l'enseigne. « *A l'époque, on parlait plus de gourou que de coach. Mais Jean-Jacques Grégoire trouvait l'expérience très positive.* »

Olivier Devillard propose d'abord à Luc Périssé de travailler sur lui-même, car il n'accepte d'intervenir en groupe qu'à partir du moment où le responsable a intégré un certain nombre de choses. Luc Périssé avoue qu'il était mal à l'aise lors des premières séances. « *J'avais la sensation d'être obligé de me déshabiller devant quelqu'un. Pour quelqu'un comme moi qui n'aime pas parler de lui, c'était difficile de revenir sur mon passé professionnel. Si je faisais l'impasse sur un point important, il me demandait de travailler dessus. Beaucoup de silences ponctuaient nos séances. Son niveau d'écoute était très fort. Je n'avais pas l'habitude. J'avais l'impression d'être plutôt avec un psy qu'avec un coach. Chaque nouveau rendez-vous était vécu comme une épreuve. Par ailleurs, j'avais du mal à comprendre comment on allait aboutir à un résultat. Heureusement, j'avais pris seul cette décision de travailler avec un coach. Si on me l'avait imposé, je crois que j'aurais rué dans les brancards. Jean-Jacques Grégoire, qui était déjà passé par là, me disait qu'il fallait être patient.* »

J'avais la sensation d'être obligé de me déshabiller devant quelqu'un.

Au bout de huit séances, une fois les inquiétudes de Luc Périssé évacuées, ils entrent vraiment dans le vif du problème : comment faire avancer le projet ? « *Olivier Devillard m'a dit : "Je vais continuer* à vous coacher individuellement, mais je vais venir aussi aux réunions de vos comités." Nous nous sommes mis d'accord sur la façon de le présenter à l'équipe "projet" et à la direction générale. » Jean-Jacques Grégoire et Luc Périssé sont les deux seuls responsables du groupe Promodès à se faire coacher. La direction générale est au courant. Elle n'était ni pour ni contre. Le supérieur hiérarchique de Luc Périssé se montre cependant plus réfractaire. Les responsables du comité « projet » sont eux aussi réservés. Luc Périssé insiste sur l'apport bénéfique d'un regard extérieur.

Luc Périssé possède les atouts et les ingrédients pour réussir à condition toutefois de provoquer un électrochoc.

Pendant trois à quatre séances, Olivier Devillard reste silencieux. Puis il arrive à la conclusion partagée que Luc Périssé possède les atouts et les ingrédients pour réussir à condition toutefois de provoquer un électrochoc. « "Je vous propose, m'a-t-il dit, de les inviter trois jours dans un lieu retiré, hors de leur contexte habituel. Je vous demande de vous exposer et de mettre votre poste en jeu en leur disant clairement ce que vous ressentez, que vous n'êtes pas prêt à aller au bout du projet s'ils ne se remettent pas en cause également. Une fois les choses bien établies, vous pourrez leur dire que vous m'avez invité à ce séminaire pour dégonfler toutes les arrières-pensées et les faux-semblants qui perturbent le fonctionnement de l'équipe. L'objectif est qu'ils repartent avec un projet qui soit leur projet et pas seulement le vôtre. Car le transfert n'a pas encore eu lieu…" »

Mise au point à Fontevrault

Je ne me rendais pas compte que les gens étaient aussi angoissés, dépassés par le processus.

« *Ça ressemblait à une proposition de consultant,* avoue Luc Périssé. *Mais j'étais demandeur car j'étais trop ancré dans mon équipe.* » Le séminaire se déroule à l'abbaye de Fontevrault, en 1994. Durant ces trois jours, Olivier Devillard se permet d'intervenir directement pour montrer le désaccord qui existait à propos du projet. Il rentre dans le cœur du problème dès la première journée ; l'ambiance est très tendue. « *Moi, j'avais l'objectif de tout faire valider,* précise Luc Périssé. *Je ne me rendais pas compte que les gens étaient aussi angoissés, dépassés par le processus.* "Mon patron, *disait l'un des participants,* n'acceptera jamais de dépenser tous ces millions". *Mon coach a accepté en quelque sorte de faire du conseil. On dit toujours qu'un coach ne peut pas rester dans une posture de coaching pur et dur au-delà d'un certain temps. C'est peut-être vrai. Aurais-je pu me passer de lui pour faire le travail ? Je ne crois pas. Je freinais des quatre fers afin d'éviter les problèmes avec les régions. Cette réunion a permis d'effacer les résistances au sein du comité qui pilotait le projet. »*

Par la suite, deux « régions » prennent Olivier Devillard comme coach. « *J'ai continué à le voir tant que ma mission n'était pas terminée* », jusqu'à la convention de lancement le 15 mai 1995, date à laquelle Luc Périssé quitte Promodès pour raisons personnelles.

Olivier Devillard, vice-président de Dexteam Conseil

L'AVIS DU COACH

« Il fallait déjouer des jeux d'influence dictés par des intérêts personnels »

« S'il s'agissait au départ d'une démarche de coaching de résolution, la suite ne relevait en aucune façon d'un telle méthodologie. C'était davantage une intervention de consultant. À cette époque, je considérais que Luc Périssé était allé très loin dans l'avancement technique de la réforme sans s'appuyer suffisamment sur les responsables locaux. Ceux-ci, fortement soudés, laissaient faire, avec un rapport de force nettement en leur faveur. Et, s'ils étaient prêts à accepter une partie de la réforme qui traitait de la forme (logos, aménagement des magasins, etc.), ils se réservaient cependant la possibilité de l'empêcher sur la partie qui remettait en question leurs modes de travail, de contrôle et de reporting. Je ne voyais pas comment le coaching pouvait arriver à la solution souhaitée compte tenu des personnalités en présence. J'ai donc proposé de conduire ce séminaire de négociation avec la volonté de l'aider à démontrer la cohérence du projet global. La difficulté résidait dans la nécessité de déjouer des jeux d'influence qui semblaient, pour certains, plus dictés par des intérêts personnels que par celui de l'entreprise commune. Ceci fut fait et tous acceptèrent, après des débats pas toujours faciles, de construire ensemble un plan d'action qui devait assurer la finalisation du projet.

A la lumière de dix années d'expérience de plus depuis que cette démarche a eu lieu et après avoir rédigé entre-temps, avec quelques confrères, les statuts et le code de déontologie de la Société française de coaching (S.F. Coach), on peut se demander si le coach peut sortir de son rôle pour prendre celui de consultant. D'un point de vue éthique, il ne semble pas y avoir d'obstacles. Il n'y a ni abus de pouvoir ni d'influence. Promodès et Luc Périssé voulaient la réussite du projet, mais les résistances naturelles au changement se trouvaient amplifiées du fait de la façon dont le processus avait été élaboré (peu de participation des intéressés en amont) et de celui des personnalités en présence.

Il est plus confortable, quand on le peut, de séparer le coaching du responsable et de l'équipe. D'une part, le coach peut-être ressenti par l'équipe comme un outil utilisé par le manager. D'autre part, les démarches de coaching sont différentes, l'une est axée sur la psychologie individuelle, l'autre sur la psychologie de groupe. »

Boiron

11 Sensibilisation des cadres au management de la complexité

Comprendre par l'art et le coaching les mécanismes mentaux qui bloquent la confiance, telle est l'approche des laboratoires Boiron connus pour leur management moderne et participatif.

LA PHILOSOPHIE BOIRON :
« L'ENTREPRISE SE NOURRIT DE L'INDIVIDU »

Aux yeux de Christian Boiron, une entreprise sans projet est comme un individu sans âme. Ce qui compte est d'avoir un cap, une philosophie assise sur une croyance. Afin que ceux qui ont en charge l'animation – le statut de cadre n'existe pas – puissent faire avancer l'entreprise. *« L'entreprise se nourrit de l'individu et nourrit aussi l'individu,* souligne-t-il. *Elle a longtemps été une place où l'individu devait s'effacer derrière le groupe. Aujourd'hui, elle est aussi un endroit où le groupe commence à s'effacer derrière l'individu. L'union fait toujours la force mais c'est la diversité, le potentiel de richesses présent dans chaque individu, qui fait la richesse. L'avenir est fait de l'acceptation des différences et non de la réduction des inégalités. D'un* côté, *il y a la mondialisation avec des évolutions gigantesques et, de l'autre, l'individu qui accède chaque jour à un peu plus de complexité. »* Un individu submergé par un ensemble de connaissances est menacé d'inhibition quand il doit passer à l'action. *« J'essaye de montrer à chaque personne qu'elle n'a pas d'autre issue que de dire ce qu'elle pense et d'être ce qu'elle est. L'authenticité débouche sur l'envie d'agir. »* Le groupe pharmaceutique Boiron, coté en Bourse depuis 1987, est présent dans 50 pays, directement ou à travers des distributeurs locaux. Son capital est divisé entre la famille Boiron qui détient 59,6 % des droits de vote, les employés et le public.

L E 1er JUIN 1999, les laboratoires Boiron organisent « le Forum de l'animation ». Un grand chapiteau de cirque est monté pour la circonstance, 320 personnes sont invitées. Le but de la réunion est de tenter de discerner ce qui marche ou non en matière de management. Les difficultés rencontrées tournent autour des thèmes clés de la confiance en soi et en l'autre, la motivation qui ne naît pas par décret, la capacité à exprimer un désaccord. Avec l'aide de comédiens de la troupe « Coup de théâtre », les découvertes des groupes de travail ont été restituées sous forme de mimes, de chansons, de saynètes. Ces Journées débouchent sur la construction d'un programme de management axé sur la confiance, la motivation et la libération de « l'énergie de désaccord ». « *C'était la confiance qui nous posait le plus sérieux problème de management,* souligne Thierry Montfort, directeur général de Boiron. *Mais il n'y avait pas de formation prête à l'emploi sur ce sujet. Cependant, notre président connaissait bien les travaux de Jacques Fradin, le fondateur de IME Formation, sur le fonctionnement du cerveau. Il nous a demandé de creuser cette thématique avec lui pour mettre en place un séminaire centré sur les facteurs qui bloquent la confiance. J'ai ensuite souhaité tester ce concept pour mieux comprendre la gestion des modes mentaux avec une douzaine de managers.* »

C'était la confiance qui nous posait le plus sérieux problème de management.

Les recherches en neurosciences montrent que notre cerveau est en bascule permanente entre deux modes de fonctionnement : le mode intelligent (ou préfrontal) et le mode automatique. Lorsque cette bascule fonctionne, on évite adroitement un obstacle imprévu, au volant par exemple. Le « complexe et l'inconnu » recrutent notre mode préfrontal, le « simple et le connu » l'automatique. Malheureusement, l'habitude ou de multiples autres raisons culturelles ou personnelles peuvent bloquer cette bascule sur de nombreux sujets : alors nous stressons et adoptons une attitude d'agressivité, de fuite ou de repli. Nos actions deviennent inadaptées ou improductives. « *Un manager, incapable de garder son sang-froid sur un sujet donné, ressent visiblement un stress,* explique Thierry Montfort. *Nous avons appris à reconnaître ces états et à mieux les gérer. Nous avons aussi compris que la confiance ne se développe que sur un terrain favorable propice à l'action.* »

Stretching des méninges

« *La compréhension des modes mentaux devrait précéder toute formation au management*, affirme Thierry Montfort. *Elle s'apparente à un stretching des méninges. Être par exemple en mesure de conduire des réunions non pas en appliquant des recettes mal digérées, mais en agissant à bon escient, demande au préalable d'avoir compris le fonctionnement de sa personnalité.* » Le groupe Boiron a donc préalablement lancé une formation « gestion des modes mentaux », qui est en quelque sorte devenue un patrimoine commun sur lequel chacun peut rebondir, soit en suivant des séminaires de formation sur la confiance, sur la motivation sur la libération de « l'énergie du désaccord », soit en bénéficiant (pour l'encadrement) d'un suivi individuel sous forme de coaching. Thierry Montfort a franchi le pas.

« *J'ai goûté au coaching sans avoir l'impression de rentrer dans une démarche formelle*, dit-il. *Avec Jacques Fradin, on ne s'est vu que trois à quatre fois. Ce n'était donc pas une démarche lourde. Chaque fois, il me demandait si j'avais réalisé des progrès ou rencontré des difficultés. Puis il me livrait son éclairage sans jamais chercher à m'influencer. J'avais en face de moi un miroir décapant et intègre qui m'aidait à prendre conscience de ce que je ressentais profondément. J'ai mieux compris les moteurs de ma personnalité : ce que j'aime faire ou non. J'ai longtemps caressé l'espoir de devenir artiste. Adolescent, mes études étaient aménagées avec au menu, chaque après-midi, du piano et encore du piano. Des camarades de cette époque ont fait une carrière de concertiste ou de saxophoniste. Moi, je suis resté avec mon rêve. Mon coach m'a fait touché du doigt cet appétit puissant de créativité artistique. Il m'a permis de saisir que le piano et l'entreprise n'étaient pas antinomiques. "Sois un artiste dans l'entreprise. Mets donc de la musique dans ta vie d'entrepreneur", m'a-t-il suggéré.* »

J'ai goûté au coaching sans avoir l'impression de rentrer dans une démarche formelle.

La musique au service de la communication

Durant l'été 2001 – la coïncidence est troublante –, le groupe Boiron demande à Philippe Fournier, chef de l'orchestre symphonique lyonnais, d'intervenir pour dynamiser les forces de ventes… Celui-ci était déjà venu faire une conférence pour expliquer devant le personnel comment fonctionnait un orchestre. Cette fois-ci, il fait intervenir sur scène des gens qui n'avaient jamais touché un instrument. Il joue une phrase musicale avec l'objectif de se mettre au niveau de son interlocuteur. De son côté, la personne n'utilise par exemple que les touches noires et doit répondre du tac au tac. Le dialogue s'instaure. Il confie aussi la baguette de chef à un novice pour diriger son quintet. La musique se met alors au service de la communication. Une démarche qui n'est guère étonnante lorsque l'on sait que Christian Boiron essaye depuis longtemps d'intégrer l'art dans l'entreprise pour son impact sur le changement. Ainsi, des baladins se promènent parfois dans les ateliers en jouant de la flûte à bec, des sculpteurs travaillent sur les sites de production. Il s'agit de favoriser de vraies rencontres. Tous les deux ans, lors des journées de l'Institut Boiron, le groupe accueille 900 médecins du monde entier. Les Bataclowns, clowns d'entreprise, s'immergent alors au sein du public. Puis d'un seul coup, ils prennent possession de la salle pour restituer ce qu'ils ont vécu.

Il confie aussi la baguette de chef à un novice pour diriger son quintet.

« *Je ne supporte pas le sentiment de nuire à autrui* », explique Thierry Montfort. En ce sens, le coaching lui a également été utile pour l'aider à se séparer d'un manager qui n'était pas à sa place. « *Une entreprise est une chaîne humaine, confie-t-il. Quand un maillon est trop faible, toute l'entreprise est menacée. Le manager doit à la fois être attentif à la croissance de ses collaborateurs et aux risques possibles de rupture. Si on a tout essayé avec quelqu'un, les contrats de progrès, les formations individualisées… sans obtenir de résultats, il faut bien se résoudre à lui demander de partir. Mais je vivais très mal ce dilemme, car j'avais de l'estime pour cette personne sur le plan privé. Les deux vérités semblaient s'opposer, ce qui déclenchait chez moi un stress terrible. J'ai pu dénouer ce conflit intérieur.* »

Thierry Montfort n'a pas suivi un cycle complet de coaching, mais il a complété ses séances en passant trois jours en tant que clown avec de vrais clowns. C'est de l'art thérapie. « *Nous étions dix personnes, tous chefs d'entreprise. C'était très dur au début. Dans la salle nue, seule une corde délimitait la scène. Pour accessoire, on avait juste un nez rouge. Il fallait improviser sans scénario préalable sous peine d'êtes renvoyé dans les cordes !* »

Jacques Fradin,
IME

« Identifier et régler les dysfonctionnements »

« J'ai une tendresse historique pour mon activité de coach. C'est un peu "la madeleine de Proust" de ma relation à l'entreprise. En tant que médecin, environnementaliste, comportementaliste et cognitiviste, c'est par le coaching que je me suis rapproché du monde économique. Il permet des interventions sur mesure : étude de la personnalité du coaché, de ses motivations connues et cachées, de ses freins émotionnels et comportementaux. Un tel "diagnostic" apporte une meilleure connaissance des moteurs et freins, une communication réellement plus ouverte aux autres, de meilleurs choix professionnels et personnels, un management plus axé sur les motivations.

J'ai commencé mon expérience de coach de dirigeant avec Christian Boiron, PDG des laboratoires Boiron et ce, longuement, de 1990 à 1995. Sa préoccupation initiale le portait à s'interroger sur des choix personnels, voire à questionner le sens de la vie. Nous avons rapidement parlé de neurosciences appliquées dans le champ très concret de la vie sociale, économique, de la compréhension des crises et de leurs causes mentales voire neuronales. La suite, c'est pour moi une une coopération croissante avec les équipes des laboratoires Boiron et pour Christian Boiron un livre qui connaît un succès notable, La Source du bonheur est dans notre cerveau (Albin Michel, 1998).

La psychologie ne connaît pas les frontières de la vie sociale. Mais développer la motivation, n'est-ce pas une irruption (positive) de l'émotionnel dans la vie professionnelle ? Certes, l'entreprise ne "doit" pas s'occuper de l'individu, réaliser une prise en charge de plus. Disons plutôt qu'elle et ses acteurs ont un intérêt convergent à participer à leurs développements réciproques. Le coaching est particulièrement efficace pour lever les obstacles "intimes" à l'intégration.

Le chantier Boiron est remarquablement ambitieux et ouvert en matière de gestion des ressources humaines en raison de la personnalité charismatique de Christian Boiron, de son engagement ancien et reconnu dans le sens d'une politique sociale avant-gardiste. Mes interventions dans cette entreprise se déclinent sur de nombreux registres, notamment le développement personnel avec la préparation à la retraite, le coaching managérial et stratégique centré sur la résolution de cas concrets préoccupant le manager, des formations au coaching.

Aucun cas ne se ressemble, mais le coaching d'un directeur général est bien spécifique, compte tenu de son expérience et de ses contraintes de temps. Comme Thierry Montfort l'a exprimé, nos séances partent d'une problématique particulière, d'un malaise d'actualité, ou d'un projet en gestation. Nous sommes là pour identifier et résoudre les dysfonctionnements. Ce type de coaching est exigeant en termes d'expérience et de compétences. Il nécessite de la patience, de la discrétion, du tact et… de la modestie. On est souvent confronté à des problématiques de réflexion stratégique, de capacité décisionnelle, mais aussi de créativité, d'aisance sociale. Nous, les coachs, nous devons acquérir, outre nos compétences techniques spécifiques, une connaissance approfondie du contexte socio-économique, de la société et du monde en général. »

Renaissance France

12 — Coaching du patron de Renaissance France

En devenant PDG de Renaissance France suite au rachat de son cabinet en 1998 par le géant anglo-saxon, Alain Thibault arrive culturellement en terrain inconnu. Se pose alors la question du choix des hommes dans cette nouvelle configuration. Le coaching va l'aider à faire preuve de plus de discernement.

E N 1998, ALAIN THIBAULT vend 100 % du capital de son cabinet de conseil Exad Galons à Renaissance, groupe international de conseil en management et en nouvelles technologies de l'information, basé à Boston. « *Notre univers a basculé et changé subitement de dimension. D'un seul coup, la structure s'est étoffée et nous sommes passés de 50 à 6 000* », souligne-t-il. Le contexte dans lequel s'opère ce rachat est plutôt positif. « *Renaissance avait peur de casser une machine qui marche, confie Alain Thibault. Il n'a donc pas cherché à déstabiliser notre cabinet. D'autant qu'il était plus rentable que le reste du groupe. Moi, je tenais à ancrer ma société dans le groupe pour lui donner une autre dimension. J'avais la main sur le levier de vitesse. Les conditions pour faire la route ensemble étaient bonnes. Il s'agissait d'une fusion d'opportunité, et non de crise. Renaissance s'implantait sur le territoire français. Nous allions acquérir une envergure internationale.* »

En tant que PDG de Renaissance France, Alain Thibault doit alors tenir compte de l'impact de la culture anglo-saxonne sur le cabinet français et aider les consultants à digérer la mutation et à rebondir. « *Les hommes et les femmes sont le point de fragilité dans toutes les fusions* », note-t-il. Il se pose alors la question de savoir si ce sont les mêmes hommes et femmes qui vont lui permettre de construire le futur. Soucieux de ne pas prendre de décisions trop rapides, ou de non-décisions, il ressent alors le besoin de s'appuyer sur un coach pour mieux approcher ces problèmes humains. Il avoue pourtant ne pas être un « *consommateur fanatique* » de conseillers particuliers. « *J'ai une forte tendance à ne pas suivre les conseils des autres. Mais là, j'avais besoin de faire appel à quelqu'un de confiance, sachant estimer mes interrogations à leur juste valeur. Dans mon esprit, cette personne devait aussi très bien comprendre notre métier. Le conseil est avant tout un métier de relations et de connaissances. Quand vous perdez un bon élément, vous perdez aussi ce réseau et donc tout un pan d'activité.* » Le nom de Daniel Oulouhodjian est naturellement évoqué. « *Nos liens s'inscrivaient dans la durée et on s'appréciait* », souligne Alain Thibault. Son parcours parlait aussi pour lui, et ses deux associés de P-Val avaient été consultants, tout comme Alain Thibault, chez Accenture.

Dans mon esprit, cette personne devait aussi très bien comprendre notre métier.

Faire table rase du passé

Alain Thibault doit aussi se pencher de près sur les attentes exprimées par les responsables de sa structure. Le véritable travail commence trois à six mois après la fusion avec l'organisation d'un séminaire auquel participent tous les cadres dirigeants de Renaissance France. La refondation du cabinet français est inscrite à l'ordre du jour : il s'agit d'introduire des principes de délégation en faisant table rase du passé. *« J'avais été un patron tout puissant qui avait monté sa boîte, j'allais devenir un patron qui serait rarement présent avec une équipe qui allait devoir faire tourner la boutique. L'électrochoc a été salutaire. Les collaborateurs ont compris que c'était le moment de jouer leur carte personnelle. Nous étions huit personnes : les anciens d'Exad Galons qui m'avaient suivi et deux ou trois nouveaux arrivés depuis six mois. A tous, j'ai proposé de se faire coacher. Une moitié a accepté, l'autre non. »*

J'allais devenir un patron qui serait rarement présent.

Si le coaching est facultatif, le coach est imposé. Or Daniel Oulouhodjian doit aussi coacher Alain Thibault, ce qui explique peut-être le refus de certains de profiter de l'opportunité. *« Ce sont les nouveaux qui ont refusé mon offre,* note Alain Thibault. *Ils ont dû penser que je connaissais trop bien le coach. Que cela pouvait être dangereux de raconter leur vie, même si j'avais pris un engagement qui était de ne pas chercher à savoir ce qui se passait. Les anciens y ont vu d'abord la chance de progresser pour aborder pleinement l'aventure extraordinaire qui nous était offerte. »* Le coaching doit durer trois mois et, si nécessaire, trois mois supplémentaires. *« Je ne voulais pas les mettre sous perfusion, mais les aider à prendre une plus grande ampleur dans leur rôle de dirigeant. J'avais monté une équipe et je ne voulais pas la détruire. Tout le monde a dû trouver de nouvelles marques »,* note Alain Thibault. Pour certains, l'effet se dilue, voire s'effiloche assez rapidement. Pour d'autres, l'impact se révèle durable. *« Le coaching,* précise Alain Thibault, *n'est utile que si le sujet estime que changer de comportement est prioritaire. »*

« La solitude du dirigeant »

La pression est souvent très forte durant cette période de 12 à 18 mois qui suit une fusion. « *J'ai dû éviter de prendre des décisions sur des coups de tête, ou être trop rationnel, vous ne décidez jamais rien. L'environnement change rapidement, ce qui demande beaucoup de vigilance. On vit ce qu'on appelle "la solitude du dirigeant". Vous ne savez pas ce que votre nouvel actionnaire a en tête. Dans votre équipe de direction, les anciens changent de rôle. Seulement, tous ne montrent pas forcément le talent attendu pour faire face à la situation et les nouveaux qui arrivent ont parfois du mal à s'intégrer. Mais, sur un marché en forte croissance, chaque difficulté trouve sa solution. Je constate qu'il n'y a pas eu de casse. Pourtant, je me rappelle d'un moment où je me suis mis à exploser car j'avais le sentiment que le comportement d'une petite minorité ne changeait pas. Pour moi, les hommes qui ne voulaient pas modifier leur comportement, devaient changer de place. Mais Daniel Oulouhodjian savait trouver les mots pour me tranquilliser. L'incertitude était très forte à gérer. C'est bon d'avoir quelqu'un qui vous coache et vous stimule en vous posant les cinq ou six questions pertinentes. Si vous y répondez clairement, c'est bon signe. Sinon vous savez que vous n'avez pas assez réfléchi. Je testais donc mes décisions auprès de lui. Je vérifiais aussi si j'étais prêt à en gérer les conséquences. Mon coaching m'a permis de gagner en sécurité et d'éviter de grosses erreurs. S'il y a un risque, vous le cernez d'abord avec votre coach. Vous êtes plus serein au moment de prendre la décision. Nous faisions aussi le point régulièrement sur une action de formation qu'il menait parallèlement sur l'ensemble de la société.* » Il se retrouvait donc dans une double posture : conseil pour la société Renaissance France, coach pour Alain Thibault et les membres du comité de direction. « *Avec lui, j'ai travaillé beaucoup par téléphone, mais cela ne m'a pas gêné*, avoue Alain Thibault. *Le terrain était propice. Avec les Anglo-Saxons, on prend l'habitude de rentrer dans des "conference call". Si le coach connaît bien votre environnement professionnel, en un quart d'heure, vous traitez des montagnes.* »

Au bout de 18 mois, en 1999, un second séminaire est organisé pour le comité de direction France. Mais sans la présence d'Alain Thibault qui s'est imposé et a été nommé entre-temps « international managing director » de Renaissance Worldwide. « *Depuis*

Mon coaching m'a permis de gagner en sécurité et d'éviter de grosses erreurs.

En un quart d'heure, vous traitez des montagnes.

que j'avais des responsabilités internationales, précise-t-il, mon équipe avait le sentiment d'être abandonnée. Ce séminaire a servi à gérer mon départ de l'entité France. » Du coaching, il pense finalement qu'il « est intéressant, s'il correspond à des moments très forts : soit une fusion avec un manque de repères stables, soit une crise interne débouchant sur une spirale négative – à l'image de deux clans qui s'affrontent –, soit une situation d'hyper-croissance qui génère trop de confusion. » En clair, il faut que la machine se dérègle ou soit en train de se dérégler. Le coaching peut aider les hommes à s'embarquer de manière positive sur des grands programmes de changements.

Le groupe compte alors 70 bureaux dans le monde et réalise un chiffre d'affaires consolidé de 800 millions de dollars. Chaque mois, les commerciaux, les responsables avant-vente, les DRH de chaque pays se réunissent en conférence téléphonique ou en visioconférence pour fixer leurs objectifs communs, s'informer, partager leurs connaissances et travailler ensemble sur des projets internationaux et les clients clés. Alain Thibault quitte cependant Renaissance quand Enterprise Solutions Group (ESG), la division conseil, est vendue au groupe britannique Cedar. Il est aujourd'hui directeur exécutif du secteur CPRD, Transports & Services chez Cap Gemini Ernst & Young, avec sous sa responsabilité au moins 800 personnes, consultants et ingénieurs informatiques.

L'AVIS DU COACH

**Daniel Oulouhodjian,
associé P-Val**

*« Je n'étais qu'un catalyseur
pour aider mon client
à aller vite »*

« Chez P-Val, la personne ou l'équipe coachée est un champion à qui nous devons donner l'envie et les moyens de réussir en l'aidant à clarifier ses motivations et ses missions, en apportant des méthodes, un cadre de réflexion et une pratique comportementale pour lui permettre de traduire ses volontés en action. Un coaching s'inscrit soit dans une démarche de performance, avec des résultats à obtenir, soit dans une démarche de croissance. Ce point est à définir au démarrage de la mission. Dans le cas présent, il s'agit d'une démarche de croissance, avec une nouvelle dimension de management dans l'évolution permanente d'Alain Thibault et de son cabinet. Cela est était d'ailleurs presque un incontournable, compte tenu de la personnalité et de l'attente d'Alain. Cela a consisté à travailler en miroir et en relais des thèmes qu'il voulait travailler.

Très souvent, un dirigeant voudra faire appel à vous lorsqu'il est confronté à une interrogation ou un problème particulier à traiter à un moment clé de la vie de l'entreprise. C'est ce que j'appelle le mode curatif. Plus nous avancions, plus les questions que j'étais amené à poser, bien que toujours liées au sujet posé, étaient ciblées dans un sens d'anticipation, ce qui peu à peu, a amené à passer en mode préventif. Exemple : avant qu'Alain devienne international "managing director" de Renaissance, nous avons parlé de sa succession à la tête de Renaissance en France et sa réflexion a évolué à partir de la question "Comment vont réagir tes directeurs en France si tu cumules les deux fonctions ou si tu tardes à trouver ton remplaçant ?" Même si les réponses ne sont pas immédiates ou éludées dans un premier temps, les questions font leur chemin, et des décisions sont prises quelques temps plus tard, sans même forcément le savoir, si ce n'est après coup.

Cela fait d'ailleurs plaisir de travailler avec des dirigeants qui comprennent vite, analysent et décident. Il voulait que je sois ce catalyseur qui l'aide à aller vite. Passer de la posture de coach à celle de conseil ne pose pas de problème, si on sait exactement dans quel rôle on est à l'instant et qu'il est clair pour l'un comme pour l'autre. En fonction du sujet que nous avions à l'ordre du jour, il s'agissait de l'un ou de l'autre. Cela peut être plus délicat pour passer d'une posture à une autre en cours d'entretien. Là il s'agit de ne pas s'emporter dans le feu de la discussion et de ne plus avoir conscience d'un changement de posture. Avec Alain, cela était d'autant plus facile qu'à 90 % du temps, il s'agissait de l'aider à élargir sa réflexion par des questions appropriées, en terme d'impact ou d'étayer une décision déjà établie. Il s'agit également de bien décoder les remarques et propos de son interlocuteur. En cela, l'écoute est et restera toujours le point clé du coaching. »

Lycos-Multimania

13 Plus de maturité collective dans le comité de direction

Le dynamisme des dirigeants d'origine a rapidement fait décoller Multimania. Mais la forte croissance a soumis les jeunes décideurs à une forte pression. Le besoin de se faire épauler pour apprendre à mieux la gérer s'est alors fait ressentir.

MULTIMANIA, LA PETITE START-UP DEVENUE GRANDE

L'épopée de Multimania débute par la rencontre en 1994 de Michel Meyer, Olivier Heckmann et Eric Robertson. Stagiaires chez Raydream, une entreprise californienne qui fabrique un logiciel d'images de synthèse, ils découvrent ensemble l'univers des start-up et le début du Web grand public. En effet, la société est entourée par les bureaux de Netscape, Silicon Graphic et Sun Microsystem. Ils mesurent de l'intérieur tout l'intérêt du capital-risque et rentrent en France avec l'intention de monter une entreprise capable à terme d'être cotée. Le 1er septembre 1995 voit la naissance de Multimania. Michel Meyer en devient le PDG et Olivier Heckmann, le responsable du développement des produits. Le modèle économique du début s'inscrit dans une logique proche de la production audiovisuelle. Il s'agit de vendre des contenus sous licence à des diffuseurs. Les clients s'appellent Wanadoo ou Club Internet. Puis ce modèle est repensé, l'objectif étant de se rapprocher des utilisateurs. Multimania se repositionne alors et monte un portail tourné vers la création de communautés thématiques. La société acquiert Mygale, le leader de l'hébergement gratuit en France, et la fusionne avec The Virtual Baguette, un site de divertissement lancé aux États-Unis par Michel Meyer et ses associés. Ce qui donne en 1999 Multimania dans son concept actuel. En octobre 2000, le site compte plus de 580 000 membres et accueille plus de 5 millions de pages Web.

« Durant l'été 1999, tout un travail est fait pour structurer notre système de ressources humaines, explique Michel Meyer. *Nous embauchons une DRH, Karine Branger, dont le premier objectif est de nous aider à recruter. Le second est de couvrir les besoins de formation, et notamment de formation au management pour les chefs d'équipe. »* Le même besoin est identifié pour le comité de direction. Il s'agit de le rendre plus performant et de dépasser la simple collection d'individus. En moins d'un an, Multimania multiplie par quatre ses effectifs, passant de 25 à 100 personnes au milieu de l'année 2000. Une croissance qui met les structures à rude épreuve et soumet le management à une grosse pression. Celle qui a entraîné l'appel au coaching.

À la fin de l'année 2000, Multimania propose un service audio-vidéo qui doit permettre à chacun de créer sa propre chaîne de télévision ou sa propre radio avec des contenus téléchargeables sur son navigateur. Au même moment, la société se rapproche de Lycos qui, à l'issue d'une offre publique d'échange en janvier 2001, détient 94 % de son capital. Selon Nicolas Véron, *« Multimania n'avait donc aucune difficulté de financement à moyen, terme, mais courait le risque de perdre des places dans la course au leadership et d'être sanctionnée ensuite par les marchés financiers. »* Le 26 avril 2001, Multimania et Lycos France signent un contrat de location-gérance pour permettre à Multimania d'exploiter le fonds de commerce de Lycos France en même temps que le sien propre, ainsi que celui de Spray Network (SA). L'ensemble des activités opérationnelles précédemment conduites par les trois sociétés sont désormais regroupées dans une seule structure juridique baptisée Lycos France, que Michel Meyer a dirigée jusqu'à son départ fin 2001.

A U MILIEU DE L'ANNÉE 2000, cinq ans après sa création, Multimania, l'un des pionniers de l'Internet grand public en France, surfe sur la vague de la Net économie. Un franc succès qui dépasse même ses cadres (voir encadré). « *Nous étions tous jeunes avec relativement peu d'expérience,* constate Olivier Heckmann, le responsable du développement des produits. *Or il fallait gérer une croissance rapide dans un contexte mouvant avec un afflux d'argent important.* » Se pose donc la question de se faire épauler en faisant appel à un cabinet de conseil en management. Mais cette solution est écartée. « *J'étais contre,* explique Vincent Pottier, *le directeur du marketing. Cela ne semblait pas adapté à notre problème.* »

Un premier séminaire, sans aide extérieure, a lieu pour sceller le comité de direction. Mais l'exercice trouve ses limites. « *Nous n'étions pas sur la même longueur d'onde et nous ne nous connaissions pas tous* », précise Olivier Heckmann. Nicolas Véron, le directeur financier, estime cependant que « *même si c'était imparfait, c'était néanmoins sympathique et utile. En effet, il nous avait été demandé à cette occasion de faire un état des lieux de chaque département et d'imaginer les étapes pour les mois suivants* ». Un second séminaire est organisé en juin 2000. Imaginé avec l'aide du cabinet de stratégie Secor, il a d'autres objectifs et va se révéler plus constructif. Deux consultants aident le groupe dirigeant de huit personnes à réfléchir sur les styles de management. « *Nous avons pris conscience que notre différence ne nous empêchait pas de communiquer et de partager une même vision* », précise Michel Meyer, dont la volonté était de structurer le management. Chacun accepte alors *de facto* le droit à l'expression et à l'individualité de l'autre sans chercher à lutter contre, mais à en tirer profit. « *Je pense que c'est rare dans une PME d'avoir ce type de démarche qui se rapproche plutôt de celle d'un comité de direction d'une grande entreprise* », confie Nicolas Véron, qui n'avait pas à l'époque d'expérience du management opérationnel.

Chacun accepte alors de facto le droit à l'expression et à l'individualité de l'autre.

Piqûre de rappel

Dans la foulée est prévu à partir d'août 2000 un suivi individuel des participants, présenté comme une piqûre de rappel. « *Nous n'avions à l'époque pas la moindre idée de ce qu'était le coaching* », avoue Vincent Pottier. Annie Sarthe-Innocenti, coach chez Secor, vient alors faire une présentation. Les « élèves » sont plutôt dissipés, mais ils attendent les premières séances pour se faire une opinion. « *Ça me semblait intéressant d'avoir quelqu'un en dehors de l'entreprise qui puisse démêler les choses et servir de relais à l'intérieur*, déclare Michel Meyer. *Nous avons donc fait un essai, même si c'était relativement onéreux.* »

Un coaching individuel est ainsi prévu pour tous les membres du comité de direction. L'un d'entre eux raconte sa vie lors de la première séance. Sa femme est « psy » et il se comporte comme s'il était en thérapie. Il ne reviendra pas pour une seconde séance et soutiendra que le coaching est une intrusion dans sa vie personnelle. Il quittera Multimania quelques mois plus tard pour d'autres raisons. Mais les autres membres jouent le jeu. « *Notre besoin était énorme, car nous gérions des affaires compliquées sur des délais très courts*, note Olivier Heckmann. *Multimania venait de passer en Bourse. Nous savions que les chances de continuer seuls notre aventure étaient faibles. Nous vivions donc la fin d'un cycle. Mais quand on court depuis longtemps, c'est difficile de s'arrêter pour examiner la situation. Et on finit donc par être toujours essoufflé.* »

Cette même année 2000, une mission d'analyse stratégique est confiée à AT Kearney. Parallèlement, Secor propose une mission de définition et de partage de vision. Mais la réponse est négative. Car, comme l'explique Michel Meyer, « *nous n'étions pas prêts à nous faire coacher et à travailler sur la vision de l'entreprise en même temps* ».

LES MEMBRES DU COMITÉ DE DIRECTION TÉMOIGNENT

Michel Meyer : « Désormais plus mûr dans ma façon de manager »

Ingénieur en informatique, Michel Meyer a fait ses études à l'ENSEEIHT, à Toulouse, au début des années 1990. Son stage de dernière année, en 1994, au sein de Raydream, une entreprise fondée en Californie par des anciens de son école, lui permet de rencontrer Éric Robertson et Olivier Heckmann. Il a été le PDG de Lycos-Multimania jusqu'à son départ en fin d'année 2001.

« Le coaching sert de catalyseur. Il permet de modifier certains de nos comportements. Il oblige à s'impliquer dans sa manière de réagir. L'impact est réel et le résultat intéressant. On se sent plus fort pour appréhender de gros enjeux : redéfinir un business plan sous la pression ou se faire comprendre de quelqu'un qui pose problème au sein de l'équipe. Le coach aide à analyser quelle va être la meilleure réponse dans un contexte souvent difficile. Il ne dit jamais "attention, tu dois choisir cette solution", mais « ne penses-tu pas que tu vas rencontrer ce type de problème ? »

Désormais, je me sens plus mûr dans ma façon de manager. Ma volonté de partager une vision et de fixer des objectifs quantitatifs est plus forte que dans le passé. Le coaching m'a permis de mieux appréhender la mise en place d'un plan social et la réorganisation complète du comité de direction de Lycos France, même si le fonctionnement de ce coaching reste un peu mystérieux pour moi. Aujourd'hui, après mon départ de l'entreprise, j'ai décidé de consacrer une partie de ma vie à ma famille (l'essentiel) plus tôt qu'à ma vie professionnelle (l'important). Là aussi, une meilleure connaissance de moi-même et de mon profil professionnel, stimulée par le coaching, me permet d'aborder cette phase avec confiance. »

Olivier Heckmann : « Cela m'a aidé à me poser les bonnes questions »

Co-fondateur de Multimania, Olivier Heckmann assume depuis les débuts de la société la responsabilité du développement des produits.

« Avoir un miroir s'est avéré précieux. Pour ma part, j'étais confronté à de nombreux problèmes que je vivais de manière brute, sans recul. Le coaching m'a aidé à me poser les bonnes questions, ce qui est paradoxal, car je venais chercher des solutions. Le contexte dans lequel on travaillait mêlait le professionnel et le personnel. Pour moi, c'était difficile de faire la différence. Comment concilier les deux et trouver un équilibre ? Il me manquait l'élément qui puisse me donner une colonne vertébrale solide.

Je n'ai pas été emballé par les premières séances, même si les discussions me semblaient intéressantes. Mais je n'y voyais pas de vraie valeur ajoutée. Le déclic a eu lieu quand Annie Sarthe Innocenti, la coach, m'a dit en fin de troisième séance que choisir, c'est renoncer. Cette petite phrase lancée comme une fusée éclairante a été une révélation. Elle n'a pas arrêté par la suite de résonner dans ma tête. J'ai visualisé un peigne qui m'a permis de faire le tri nécessaire. » ▪

R
REGARDS CROISÉS

Nicolas Véron : « J'ai été très sensible à la dimension immédiate du coaching »

Ancien du Corps des Mines, Nicolas Véron (Polytechnique promotion 1992) a travaillé au sein du cabinet de Martine Aubry, alors ministre de l'Emploi et de la Solidarité, avant d'intégrer Multimania, en février 2000, en tant que directeur du développement stratégique, responsable des partenariats et des acquisitions. Juste avant l'introduction en Bourse de Multimania, en mars 2000. Sept mois plus tard, il devient directeur financier, malgré une seule année d'expérience dans le milieu de la banque d'affaire. Il a quitté la société fin 2001.

« J'ai pris le coaching sans préjugé, avec curiosité. L'entreprise mettait un outil à ma disposition, quelqu'un était là pour m'aider à réfléchir, j'ai vu le bénéfice à en retirer. Pour ma part, j'ai suivi huit séances à un rythme irrégulier. Chaque séance est une page blanche, même si le canevas reste identique. Je ne me fixe jamais d'objectif de travail car je fais confiance au coach pour faire émerger les questions pertinentes. J'y vais en que que sorte les mains dans les poches. Annie Sarthe-Innocenti trouve une accroche en début de séance, je parle de moi et de mon travail ; la relation se fortifie avec le temps. J'ai été très sensible à la dimension immédiate.

Ces séances m'ont aidé à me poser les bonnes questions, au début de l'année, par exemple, quand nous avons dû prendre position sur la nouvelle organisation liée à la fusion des différentes sociétés : la difficulté était de trouver un équilibre entre les objectifs individuels – trouver sa place – et collectifs – l'intérêt de l'entreprise. Mais le coaching reste un grand luxe. C'est un investissement qui n'a de sens dans une organisation que si le management est stable ; la rentabilité de cet investissement est liée au turn-over de l'équipe de direction. » ▪

R
REGARDS CROISÉS

Vincent Pottier : « Je ne suis plus ce surhomme qui s'épuisait à vouloir tout faire »

Diplômé de l'Essec, Vincent Pottier œuvre chez Multimania depuis novembre 1999 en tant que directeur du marketing après avoir passé sept ans en Asie à monter des filiales et des réseaux de distribution, puis à faire du marketing stratégique en Malaisie, aux Philippines et à Singapour pour ARJ Reynolds. « J'ai eu envie de revenir en Europe pour travailler dans la nouvelle économie, à un moment où mon profil pouvait intéresser des start-up qui montaient en puissance. »

« Le coaching était parfaitement adapté à notre cas, car on demande l'impossible aux managers dans les entreprises à forte croissance. Pour ma part, j'avais été chamboulé par le rythme destructuré imposé par Multimania. Ce n'était pas la mécanique bien huilée que j'avais connue dans des boîtes classiques. Je pense que pour résoudre des problèmes professionnels, il faut faire un travail d'introspection personnelle. Ce qui suppose donc de se livrer comme on ne le fera jamais avec 99 % des gens. C'est donc primordial d'avoir un très bon contact avec son coach puisqu'on va lui donner des informations que très peu de gens connaissent.

Le coaching permet de remettre en cause des choses ancrées en soi afin de trouver d'autres modes de fonctionnement. Je suis arrivé avec une quantité impressionnante de problèmes. Il m'a bien fallu trois séances pour me décharger de l'ensemble. À partir de la quatrième, les choses ont commencé à se stabiliser. Je me suis aperçu que ce que j'avais pu raconter se résumait à deux ou trois interrogations. Tout est devenu assez limpide. Les solutions me sont venues assez naturellement durant les trois séances suivantes.

J'ai réfléchi sur la nature de ma valeur ajoutée dans le cadre professionnel. Dans l'entreprise, le temps n'est pas homogène : il est composé de moments essentiels, importants, peu importants et on n'est pas forcément au meilleur de sa forme quand les circonstances l'exigent. On peut ainsi étudier calmement un problème dans son bureau et, dix minutes plus tard, conduire une réunion interne dans laquelle il va falloir s'imposer. Nous sommes alors entrés dans un dialogue constructif et non plus introspectif, et j'ai pu constater les premiers changements. Ce n'était pas une métamorphose, mais j'arrivais à classer les priorités, à mieux gérer mon temps, à simplifier les problèmes, à prendre plus rapidement des décisions. J'avais enfin compris que le temps disponible n'était pas illimité. Ce constat est resté en mémoire, ce qui m'a permis de n'être plus le surhomme qui s'épuisait à vouloir tout faire et tout résoudre. »

R

Didier Cros : « J'arrive maintenant à distinguer mon identité personnelle et professionnelle »

Après avoir gravi en sept ans tous les échelons de la SSII Lincoln System, Didier Cros est embauché en mai 1999 comme directeur technique de Multimania, avec pour mission de s'occuper du management des équipes et des plates-formes techniques. « À mon arrivée, il n'y avait que quatre techniciens, brillants mais livrés à eux-mêmes. Dix-huit mois plus tard, ils étaient huit fois plus nombreux. On plaçait chaque jour la barre un peu plus haut. »

« Je pensais que le coaching pouvait être bénéfique aussi bien à titre personnel que pour le groupe. Mais j'avais peur que ça nous prenne trop de temps. Je m'interrogeais aussi sur les compétences du coach, mais le brouillard s'est levé rapidement. Je n'ai pas été très assidu, je n'ai en effet participé qu'à deux séances à quatre mois d'intervalle, mais ce rythme lent me convient et j'envisage de continuer.

J'y suis allé le plus dénudé possible, sans faire le beau. J'ai pu de fait établir un contact très simple avec mon coach. Cela a été un moment intense, un privilège. L'occasion à titre personnel et professionnel de faire le grand déballage d'été, d'ouvrir les vannes pour montrer ce que je masque d'habitude. J'avais une trop grande affinité avec les gens que je dirigeais, nous étions issus du même monde et intéressés par les mêmes choses. Manager des amis et des proches me posait un problème car j'avais peur d'aller au clash. Ces deux séances sont donc tombées au bon moment car je voulais sortir de cette situation.

J'ai découvert la vraie valeur hiérarchique au sens noble du terme. On peut sortir tous ensemble un soir pour faire la fête, et le lendemain en réunion dire ça ne va et prendre des décisions qui ne font pas plaisir. J'avais tendance à confondre mon identité personnelle et professionnelle. Maintenant, j'arrive à les distinguer, sans que cela soit toujours facile. Cela m'a permis de recadrer ma relation avec les anciens membres de mon équipe et d'adopter une façon de faire plus adaptée avec les nouveaux embauchés. » ▨

**Annie Sarthe-Innocenti,
de Secor**

L'AVIS DU COACH

*« Une expérience qui a permis
la réalisation de projets plus
personnels »*

« Marguerite Yourcenar parlait du plaisir de donner audience à soi-même. Je ne pense pas qu'elle ait voulu évoquer le coaching, mais je trouve que cela résume tout à fait l'expérience qu'ont vécue les jeunes dirigeants de Multimania et ce qu'ils disent avoir éprouvé.

Notre rencontre s'est située dans le contexte d'une demande de formation au management. Jeunes entrepreneurs brillants, qui avaient réussi à convaincre des investisseurs de la pertinence de leur projet, ils se sont trouvés confrontés à une problématique classique de croissance rapide de leur entreprise et ont voulu réfléchir sur leur capacité à manager et à gérer cette croissance. Dès le début, ils ont souhaité que le séminaire soit complété par un coaching individuel des membres de l'équipe de direction. Ce n'était pas le seul souhait du président, mais un désir commun partagé. J'ai donc accompagné chacun individuellement. Cela aurait pu être risqué mais cela s'est finalement avéré un exercice profitable à tous. Le travail de formation effectué au préalable avait démontré qu'il y avait une vision partagée autour d'un président reconnu comme légitime, et que les jeux de pouvoir étaient quasi inexistants entre eux. Malgré sa jeunesse, j'avais affaire à une équipe très mûre, soudée autour d'un projet enthousiasmant.

Les séances de coaching ont trouvé toute leur justification dans un accompagnement sur l'équilibre vie privée/vie professionnelle, dans une réflexion sur la gestion du stress et du temps. Le changement de cap avec l'intégration au groupe Bertelsmann a permis ensuite de travailler sur l'accompagnement et l'intégration d'une culture allemande très différente, avec un changement de taille considérable. Chacun a dû repenser sa place et son rôle dans la nouvelle organisation. Nous avons donc eu affaire à un coaching très évolutif dans le temps avec l'intégration de Multimania dans Lycos. Une pratique que nous essayons de conseiller à nos clients lorsque nous montons des universités d'entreprise : à savoir que les séminaires de formation soient suivis d'un accompagnement personnalisé permettant d'ancrer les apprentissages dans la réalité quotidienne et de faciliter un plan de développement personnel.

Dans ma pratique du coaching, le fait d'avoir moi-même occupé des postes de direction générale me facilite la compréhension des enjeux économiques et, par ailleurs, j'ai toujours accordé une grande importance à l'écoute active. Un des grands succès du coaching de Lycos-Multimania a également été de les aider à sauter le pas vers la réalisation de projets plus personnels : écriture d'un livre pour l'un, organisation de conférences pour l'autre, implication dans la vie de la cité pour le troisième.

A la fin de l'année 2001, des divergences de vue sur la stratégie à suivre ont provoqué le départ du président, Michel Meyer, et du directeur financier, Nicolas Véron. Je pense que le travail effectué lors des séances de coaching a pu les aider à traverser une période de transition avec sérénité et confiance dans leur avenir. »

EDF

Coaching d'un haut potentiel chez EDF

Chez EDF, la sélection des futurs dirigeants se fait avec beaucoup de rigueur. Le coaching est une étape, facultative, qui permet aux « appelés », si nécessaire, de progresser dans les domaines où ils pêchent.

LE SYSTÈME DE PRÉPARATION
DES DIRIGEANTS

Au début de l'année 1998, EDF et Gaz de France ont décidé de repenser le système de préparation des futurs dirigeants en se dotant d'un référentiel sur les profils attendus. *« Nous avons fait une centaine interviews auprès de responsables stratégiques et nous avons pris appui sur els grandes orientations des deux groupes »*, précise Annick Borrull. Sans rien graver dans le marbre, les entreprises ont déterminé six grands profils : dirigeant de filiale, de structure, de grand projet, de filière transverse (ressources humaines, communication, etc.), d'expert (juridique, audit). Les profils ont été validés durant l'été 1999. Ce référentiel a aussi identifié une dizaine de grandes compétences professionnelles ou managériales.

Le processus de validation par la hiérarchie pour devenir dirigeant se déroule sur trois à cinq ans avant la prise de fonction. La décision est du ressort du management. Entrent en ligne de compte le parcours professionnel, les résultats des entretiens annuels, le fait d'avoir été détecté et confirmé comme cadre à haut potentiel et une évaluation en « assessment center ». Pour un cadre identifié futur dirigeant se pose alors la question de sa préparation. Celui-ci élabore un projet individuel de développement négocié avec sa hiérarchie. Comme les groupes attendent de leurs dirigeants une ouverture sur l'extérieur, faire une immersion dans une autre entreprise qu'EDF ou Gaz de France, et, si possible, à l'étranger, est recommandé. Les futurs dirigeants peuvent également bénéficier de l'accompagnement d'un dirigeant sous forme de *mentoring*.

A L'ÉTÉ 1999, la délégation aux cadres dirigeants (DCD) commune à EDF et Gaz de France a proposé aux nouveaux dirigeants qui prennent des fonctions de manager la possibilité d'être coachés par un consultant externe. « *À partir du moment où c'est bien fait, nous pensons que c'est un levier puissant de développement personnel et professionnel. C'est pourquoi nous le proposons de façon systématique* », explique Annick Borrull, conseiller à la mission professionnalisation de la DCD d'EDF et Gaz de France. La qualité de haut potentiel de ces cadres est généralement identifiée à l'issue d'un processus mis en place depuis plusieurs années (voir encadré). « *Chez nous, dirigeant signifie : responsable de grosse structure (directeur d'une unité de production nucléaire ou d'un centre de distribution) ou diireant de filiale ou de grands projets en France ou à l'étranger. Cette population s'internationalise et se diversifie. Nous recrutons aussi des dirigeants issus d'autres entreprises* », précise Annick Borrull.

Sévères critères de sélection

Les coachs sont soigneusement sélectionnés. « *Nous avons mis en place une politique d'agrément pour constituer un réseau de coachs externes*, confiait Annick Borrull lors d'une journée organisée par le club Stratégie en mars 2000. *Mais nous agréons un individu, et non un cabinet. Les coachs sont sélectionnés selon des critères professionnels et éthiques clairs et partagés. Ce qu'on attend de leur part ? Jouer le rôle de miroir actif pour les dirigeants, poser les bonnes questions sans apporter la réponse, développer la capacité du dirigeant à mieux se situer par rapport aux enjeux des entreprises, les aider à mieux comprendre des facteurs clés de succès. Nous sommes attentifs à la formation professionnelle du coach, son éthique, ses valeurs, ses principes de travail, la façon dont il conçoit ses interventions, quel type de situation il préfère accompagner. Nous analysons son expérience et nous examinons ses prétentions financières, ses références. Nous regardons aussi les qualités attendues du coach. A-t-il une bonne capacité d'écoute ? Est-il bien rodé ? A-t-il la maturité pour accompagner un dirigeant ? A-t-il aussi une certaine notoriété, une certaine crédibi-*

Les coachs sont sélectionnés selon des critères professionnels et éthiques clairs et partagés.

lité pour faire ce métier ? Ne risque-t-il pas d'user de son pouvoir d'influence auprès de plusieurs dirigeants ? Va-t-il se cantonner dans la sphère professionnelle ? Ne prendra-t-il pas les décisions à la place du dirigeant ? Est-il lui-même en supervision ?... Quand tout cela est bien au clair, nous signons un cahier des charges pour l'agrément. Rien n'est figé. Dans le même temps, nous proposons aux dirigeants de nous dire ce qu'ils attendent d'un coach. Nous avons donc mis en place un retour d'expérience des prestations de coachs dans les entreprises. »

Pour traiter les demandes de coaching, l'entreprise utilise la liste de coachs agréés et propose deux à trois noms. Cette politique ne fait pas l'économie d'une convention de coaching entre le dirigeant et le coach. En général, le coaching dure trois à six mois. En mai 1999, quinze coachs étaient déjà agréés.

Efficacité et solidarité

Dominique Silvain a été repéré par son supérieur hiérarchique et identifié comme un de ces cadres à haut potentiel en 1997, alors qu'il dirigeait la centrale de Martigues. Quelques mois plus tard, on lui propose de passer un bilan de compétences. Ce qui l'oblige à faire un retour en accéléré sur 20 ans d'expérience et de prendre conscience qu'il a eu plus de succès que d'échecs. *« J'avais l'impression contraire et je me focalisais sur mes échecs »*, précise-t-il. Points forts et points faibles lui sont restitués dans le détail. *« Je me suis aperçu que je me connaissais mal. Je pensais être hésitant quand il fallait décider alors que ce n'était pas le cas. En revanche, j'avais le sentiment d'être attentif à ce que disaient mes collaborateurs. Or je passais pour quelqu'un d'autoritaire. »* Le bilan final se révèle positif et renferme l'idée que Dominique Silvain est adapté à des postes de management de grosses structures. Le processus continue.

Points forts et points faibles lui sont restitués dans le détail.

Huit mois après, l'étape suivante est un « assessment » en vase clos. À savoir trois jours de mise en situation professionnelle à un rythme effréné. Les conclusions rendues sont mitigées. *« Le responsable de la session s'étonne du décalage entre les tests psychotechniques qui me placent à un bon niveau et les mises en situation qui ne sont pas à mon avantage »*, confie-t-il. Il y a pourtant des situations où il fait preuve de réussite. Celle par exemple où vous est donné un dossier de 15 pages. « *Vous avez une demi-heure pour absorber toutes les données et bâtir un plan stratégique, puis seulement un quart d'heure pour le présenter devant un aréopage d'experts* », raconte-t-il. Mais il y a aussi les cas où sa prestation est jugée négative. « *Nous nous sommes retrouvés dans une salle en équipe de six personnes. Il fallait traiter dans l'urgence un incident nucléaire qui avait des conséquences pour la population. Chacun devait jouer un rôle précis pour faire face à la crise. Je suis resté en dehors. Plus généralement, certaines situations ne me motivaient pas.* »

Plus généralement, certaines situations ne me motivaient pas.

Des réflexions qui font tilt

Quelques semaines après son évaluation, le secteur de la production est réorganisé. Des postes de chef d'unité se libèrent. En juin 1999, Dominique Silvain a un entretien de deux heures avec le patron de la production. Un mois plus tard, une note interne annonce les nominations. En la consultant, Dominique Silvain s'aperçoit que son nom n'y figure pas... À l'automne 1999, le responsable de la production lui propose un poste de conseiller à Paris. Il s'agit de s'intégrer dans une équipe « projet » de réduction des coûts avec comme arrière-fond la libéralisation des marchés. Il accepte le job sereinement alors qu'il ne le considère pas vraiment comme une promotion. Ce nouveau poste se révèle finalement être une impasse, car le projet échoue. Dominique Silvain rebondit en aidant le responsable « thermique à flamme » à élaborer sa stratégie. En avril 2000, il se voit proposer un coaching, toujours dans le cadre du programme de développement des hauts potentiels. À la question « Qu'en attendez-vous ? », il répond : « *Je souhaite que l'entreprise puisse pleinement bénéficier de mon expérience qui est différente.* »

Le coaching ne lui pose pas de problème de principe. « *Je savais que la plupart de mes patrons étaient coachés. C'est une pratique courante à EDF* », explique-t-il. Il a néanmoins des craintes. « *Je craignais que mon coach me persuade d'agir en opposition avec ma personnalité.* » Surmontées les résistances, il confirme le choix de Dominique Baumgartner qui lui est proposé et EDF signe un contrat de six mois avec cette femme coach qui connaît bien le secteur public pour avoir travaillé longtemps à La Poste. Les séances se passent dans son bureau à EDF. « *Elle vous laisse parler. Puis elle fait quelques réflexions qui font tilt : "Vous êtes sûr que c'est ça ? Vous ne pensez pas plutôt que... ?" Dès de la première séance, j'ai pris conscience que je m'étais mis par ma propre attitude dans cette situation inconfortable. Le constat a été douloureux mais avoir le courage de le faire m'a ensuite permis de progresser. Mon coach m'a fait comprendre que j'avais une expérience très riche et qu'il fallait l'exploiter en changeant d'attitude. J'ai essayé de trouver une attitude de co-responsabilité plus harmonieuse.* »

Après cette prise de conscience, il demande à revoir le patron de la production et manifeste son désir de prendre un poste de direction, quitte à partir si cela n'est pas possible. Ce dernier l'a écouté et lui a proposé, seulement un mois et demi après le début du coaching, ce qui est son poste actuel, équivalent à celui d'un responsable régional : patron au Havre de la plus grosse centrale à charbon de France. « *Mon coach m'a aussi fait comprendre l'importance de l'enfance et son empreinte*, souligne Dominique Silvain. *J'ai réfléchi à des éléments qui avaient une incidence sur ma vie actuelle. C'est ma mère qui m'a donné le goût de la solidarité et mon père, cadre dirigeant d'une grosse boîte privée, celui de l'efficacité. Je retrouve dans mon comportement professionnel cette dialectique entre mon père et ma mère.* »

Je retrouve dans mon comportement professionnel cette dialectique entre mon père et ma mère.

Puis le coaching a changé de nature. Il s'est transformé en coaching de prise de fonction. « *J'ai souhaité travailler sur mes relations avec ma nouvelle équipe de direction et son fonctionnement. La situation n'était pas facile. Je sentais un manque de cohésion du comité de direction de la centrale. Dominique Baumgartner a même animé un séminaire. J'ai pu mieux identifier la psychologie de mes collaborateurs, comprendre leurs attitudes, interpréter les non-dits, analyser les relations réelles qui se développaient. J'ai gagné en clairvoyance et lucidité sur moi-même et les autres.* »

Une grève révélatrice

Dominique prolonge un an encore son expérience de coaching. Il s'agissait dans son esprit, cette fois-ci, de faire un travail de développement personnel pour augmenter sa confiance en lui. Un test grandeur nature lui a permis de mesurer sa progression : une longue grève de six semaines pendant l'hiver 2000/2001. « *La centrale s'est arrêtée de marcher. Mais je l'ai bien vécu,* constate-t-il. *Je garde l'image du capitaine qui tenait bien la barre sans être déstabilisé. Mon patron m'appelait régulièrement. Il m'a fait entièrement confiance alors que la production était complètement arrêtée. Mais la majorité du personnel appréciait mon attitude basée sur la confiance.* » Dominique Silvain se rappelle alors avoir vécu deux moments extraordinaires : « *C'était en plein milieu de la grève. J'étais sûr de moi, capable de doser, voire de provoquer la rupture.* » Après un mois de conflit, deux responsables fédéraux CGT d'EDF sont venus le voir pour l'aider à sortir du conflit : « *"Monsieur le directeur, ont-ils déclaré, il n'y a pas d'écart entre nous sur deux objectifs fondamentaux : sortir de la grève le plus tôt possible et ne pas mettre en danger la compétitivité de la centrale du Havre." Cela a été pour moi un moment très fort. D'autant plus que c'étaient des syndicalistes de haut niveau, interlocuteurs directs du numéro deux d'EDF. Plus tard, j'ai traversé une période où je me suis senti écrasé par le poids des responsabilités. Dans la centrale, tout est surdimensionné. La chaudière fait 100 mètres de hauteur. Les deux cheminées 240 mètres. J'ai travaillé sur ce sentiment de façon symbolique. Je suis monté jusqu'en haut d'une des cheminées avec un technicien. "Vous voyez, d'ici vous dominez la situation", m'a-t-il dit. C'était trop juste.* »

J'ai traversé une période où je me suis senti écrasé par le poids des responsabilités.

L'AVIS DU COACH

Dominique Baumgartner, fondatrice de Cree

« Le coaching est l'art de danser avec son client »

« Avez-vous observé ces couples de patineurs sur glace ou bien ces trapézistes de haute voltige ? Que font-ils ? Ils dansent. Défiant l'apesanteur, ils font alliance avec les éléments, dans la réalité qui est la leur ; et seule la confiance qu'ils se témoignent l'un l'autre leur permet d'évoluer dans cette réalité. Je dis que le coaching est l'art de danser avec son client. J'aurais pu choisir une autre discipline pour illustrer mon approche du coaching, mais je n'en ai trouvé à ce jour aucune d'aussi pertinente que la danse. Danser avec son client, c'est accepter de guider et d'être guidé tour à tour, les figures ne sont pas imposées, la relation entre ces deux personnes est unique. Cela fait des années que chacun, séparés l'un de l'autre, s'exerce à trouver sa chorégraphie dans la vie. Et voilà qu'à la faveur de leur rencontre, tout est remis en cause, la théorie de l'un ne correspond en rien à la situation de l'autre, et l'autre veut apprendre les pas de celui qu'il considère comme son aîné, plus habile, plus expert, plus avisé… que sais-je encore ! Et là commence la cure narcissique du coach. S'il s'égare dans le surinvestissement de son client, la danse n'a pas lieu, le coach impose ses pas, il domine son client, ce dernier s'adapte et c'est le flop ! Danger. Entre danser et danger, la différence ne tient qu'à une lettre. C'est sur cette nuance que nous dansons mon client et moi.

Mais la danse ne peut avoir lieu que quand chacun accepte d'être le miroir de l'autre : "Ce que je vois chez vous, client, m'appartient, et ce que vous voyez chez moi vous appartient." Pas de jugement, pas d'interprétation. À travers ce jeu d'ombres et de lumières, nous prenons possession de l'espace qui nous sépare, nous sommes co-créateurs des figures émergeantes de notre rencontre. Elles nous ravissent ou elles nous contrarient, peu importe, elles ne parlent que de nous. Accepter de les regarder, c'est accepter de nous voir. Pour danser ensemble, le client et le coach renoncent à leur propre tempo. Ils vont à la rencontre du troisième rythme, celui qui va les affranchir de l'apesanteur liée à la loi physique d'attraction/répulsion. Je parle bien de métaphysique, ce qui est au-dessus de la loi des oppositions ou des polarités. En l'absence de ce troisième rythme, la séance de coaching est un espace entre deux solitudes : toi et moi. Cette position méta permet aux deux personnes de sortir de la vision manichéenne du monde, d'une logique linéaire (cause, effet) et de se libérer de la relation binaire (toi, moi). Ils accèdent alors à l'intelligence symbolique de la situation qu'ils explorent ensemble. Dans le partage de cette vision symbolique du monde, la réalité exposée par le client se transforme. Une centrale thermique EDF devient un royaume, un bateau, une terre d'aventure, son manager un souverain, un capitaine, un aventurier. Au pied d'une cheminée de 240 mètres de haut, ce même manager est impuissant, tant il est écrasé par la démesure du lieu, il accepte de monter au sommet de cette tour, il expérimente sa puissance. Tant qu'il demeure en bas, il s'enlise dans la même logique :"Prendre la bonne décision", celle qui le rassure le maintient dans un état d'eunuque face à la grande mère entreprise.

Nous sommes au cœur de la symbolique, au cœur de l'archétype de la déesse mère et de la relation que chaque homme entretient avec elle. L'entreprise nourrit, protège, exploite, développe les hommes qu'elle utilise en son sein. Les grands mythes de notre civilisation témoignent du sort réservé aux hommes qui ont osé égaler la puissance des dieux, seuls habilités à contenter la déesse. Est-ce pour cette raison que les hommes de l'entreprise se condamnent à l'impuissance des relations basées sur le pouvoir ? Prostrés dans les limites qu'ils s'imposent, pensent-ils sérieusement échapper au destin de Sisyphe, Prométhée ou Œdipe ? L'impuissance, la toute-puissance, le pouvoir les maintiennent dans une logique de territoire, de supériorité, de domination, ce qui est un leurre, car tout ce qu'ils croient dominer les domine en fait.

Le manager qui se croit tout-puissant multiplie"les projets sur" ses collaborateurs (motiver, développer, faire adhérer, convaincre) tandis que le manager impuissant dégage en touche (il faut que, ce n'est pas possible de faire autrement). Dans l'un et l'autre cas, le pouvoir sert de refuge à une identité personnelle fragile et peu assertive. Une personne vraiment puissante connaît le sens de ses actes, elle sait ce qu'elle veut, et de qui elle veut l'obtenir. Elle est dans la réalité du moment et elle s'appuie sur les valeurs qui la fondent pour agir sur cette réalité. Voilà mon métier : être le témoin de la puissance de l'autre. »

IBM

15 IBM généralise le coaching à toute l'entreprise

Chez IBM France, on a compris depuis longtemps tout l'intérêt du coaching, d'où son intégration à la stratégie de l'entreprise. Cinq coachs permanents sont à disposition de quiconque en ressent le besoin.

« M ON TRAVAIL VIENT DU CŒUR ET IL EST DIFFICILE », souligne l'américaine Jane Creswell. Aujourd'hui coach externe, elle a joué les pionnières en matière de coaching chez IBM. « *Voyez-vous, c'était l'itinéraire de ma vie. J'ai démarré en 1980 comme programmatrice, mais je n'étais pas bonne. Mes patrons se sont demandé ce qu'ils pouvaient faire de moi. Ils ont découvert que s'ils me mettaient dans une équipe, elle gagnait en productivité ! Je suis donc devenue manager. Puis j'ai découvert le coaching. Je me suis formée la nuit. Je me suis mise à adorer ce que je faisais la nuit et à détester ce que je faisais le jour. Mon coach m'a dit : "Tu ne peux continuer ainsi." J'ai donc proposé à IBM d'être coach interne. Mais ce métier n'existait pas encore. "Nous ne saurons pas vous payer et évaluer votre travail", m'a-t-on d'abord répondu, avant de me laisser faire. J'ai démarré sans aucun cahier des charges, avant même de pouvoir définir ce nouveau métier.* » Très vite, Jane Creswell s'est intéressée au recrutement. « *Un des éléments les plus attrayants pour les candidats potentiels était notre proposition du coaching interne. 80 % des gens s'en vont d'une entreprise parce qu'ils n'ont pas de plan de développement.* »

Mes patrons ont découvert que s'ils me mettaient dans une équipe, elle gagnerait en productivité.

Démarré en 1993, le coaching interne n'est plus aujourd'hui une activité à part chez IBM France. Elle est intégrée à la stratégie de l'entreprise. « *Faire appel à un coach est aujourd'hui un non-événement chez nous*, explique l'un d'entre eux, Charles de Testa. *Nous proposons un coaching très opérationnel. Les "IBMeurs" qui viennent me consulter ont des profils différents. Ils cherchent peut-être une solution pour monter dans la hiérarchie vite et bien, mais ils désirent avant tout gagner du temps dans leur travail et être efficaces. La culture d'entreprise, qui valorise les hautes performances, constitue un terreau propice pour le développement du coaching. Le coaching est souvent demandé après un séminaire d'équipe. Le bouche-à-oreille joue un rôle non négligeable dans sa propagation, notamment quand un cadre ou un commercial explique à son collègue que sa réussite tient au fait qu'il se soit fait coacher. Ceci est d'autant plus important que parler de ses problèmes de management à un collaborateur du groupe serait considéré, voire interprété comme un signe de faiblesse.* »

Une cellule de cinq coachs internes fonctionne à plein temps. Tous ont exercé des fonctions opérationnelles avant de devenir coachs. Ils accompagnent les salariés pris individuellement et les équipes dans tous les secteurs de l'entreprise. Concrètement, chaque coach anime 40 à 50 séminaires par an. Initialement rattachée au service de formation interne, l'équipe de coachs est par la suite intégrée à la DRH. En 1999, pour des raisons de transparence et d'étanchéité avec la gestion des carrières, elle devient une équipe à part entière, sous la houlette d'un directeur des talents rattaché directement au président Bernard Dufau, position idéale pour ne pas être impliquée dans la hiérarchie. Aujourd'hui, elle fait partie intégrante de la division « learning service », dont Christian Comtat est le directeur pour la région West (France, Belgique et Luxembourg). « *Les coachs internes sont une pièce importante du dispositif,* explique-t-il. *Ils sont complémentaires à nos consultants en développement du capital humain. Ils interviennent aussi à l'extérieur dans le cadre des projets de nos clients.* »

Une cellule de cinq coachs internes fonctionne à plein temps.

Sous la houlette de sa directrice, Catherine Ladousse, le service de communication s'est appuyé sur les coachs maison pour renforcer ses compétences. Tout a commencé pour la responsable avec sa participation à un séminaire réunissant les 25 membres de la direction générale, à Sainte-Marie, près d'Orléans, dans une ancienne demeure très rustique. « *Il était préparé et animé par toute l'équipe de coachs internes,* note-t-elle. *J'ai été très séduite par le travail de Charles de Testa. Un courant de sympathie est passé entre nous. Nous avions la même sensibilité en matière de communication.* » Les dés étaient en quelque sorte lancés puisqu'elle décide peu après de faire partager la même expérience à son équipe, dans le même lieu, six mois plus tard. « *Celle-ci se plaignait d'être toujours au service des uns et des autres, sans que l'on ne fasse rien pour elle. J'ai donc répondu favorablement à sa demande. J'ai demandé à Charles de Testa d'animer une réunion de travail très différente de nos réunions habituelles. J'ai vécu ce moment comme une pause nécessaire pour réfléchir et agir sur notre propre façon de travailler.* »

Quelle était la problématique ? Pour diriger son département, Catherine Ladousse s'appuie sur une équipe de 15 personnes. Les anciens ont entre 15 et 25 ans d'ancienneté. Ce sont de bons professionnels, rarement capables d'être surpris. Les « faux anciens » ont entre 40 et 50 ans, mais ils ne sont pas chez IBM depuis longtemps. Les jeunes, âgés de 28 à 35 ans, ont, en général, cinq ans d'expérience et un bon profil. À 80 %, ce sont des femmes issues d'agences de communication. Il faut aussi compter avec une dizaine de stagiaires recrutés dans les écoles supérieures de commerce ou au Celsa. Intégrés dans l'équipe communication, ils restent six mois, voire un an ou deux. « *Nous jouons le rôle de conseil interne auprès des directions. Et toutes ces personnes me sont rattachées hiérarchiquement. Mais certaines sont dédiées à telle ou telle division. Cela rend les choses complexes et suppose une bonne qualité dans le travail en équipe.* »

L'envie d'être reconnue

Lors du séminaire, les langues se délient. « *Nous avons pris le temps de nous parler, de repérer le rôle de chacun dans l'équipe et de vérifier ce qui fonctionne ou non. J'ai évité d'organiser un événement sportif qui aurait pu nous souder mais d'une manière artificielle. J'ai souhaité un lieu calme où la coupure avec le quotidien puisse se faire facilement. C'est pour cela que nous avons choisi d'aller à Sainte-Marie, le contraire d'un endroit "strass et paillettes". J'avais deux objectifs : un travail sur l'équipe avec Charles de Testa – il avait la maîtrise d'œuvre sur l'animation du séminaire – et le renforcement de notre professionnalisme en communication – c'était mon domaine et j'ai fait venir deux consultants. Dominique Vastel, directeur associé de la Cofremca, a commenté une étude sur l'image des entreprises depuis dix ans et Frédéric Lenglen, de l'agence de communication I & E, a présenté les nouveaux modes et sources de communication.* » Apparaît, au cours du séminaire de façon très marquée, le manque de visibilité et même de reconnaissance de l'équipe communication à l'intérieur de l'entreprise.

« *J'ai aussi été jugée par mes collaborateurs, sans que je sois surprise par le résultat. Certains profils se sont affirmés, à l'image du responsable du service de presse "corporate" qui joue un rôle très complémentaire du mien, sans être à proprement parler un manager. Sa légitimité est apparue très clairement. Nous en avons profité aussi pour revoir les modes opératoires, comme l'ordre du jour pour les réunions hebdomadaires. Mais l'équipe veut aussi être reconnue, ce qui a*

J'ai évité d'organiser un événement sportif qui aurait pu nous souder mais d'une manière artificielle.

une valeur symbolique importante à ses yeux. Elle m'a demandé d'être le porte-parole auprès de la direction des intérêts de la communication et de rendre compte des résultats que nous obtenions. »

Bien que satisfaite des résultats de ce séminaire de cohésion d'équipe, Catherine Ladousse n'a pas fait appel ensuite à un coach individuel, comme elle en avait la possibilité. *« Je n'ai vraiment pas le temps. Je fonctionne déjà à cent à l'heure avec une tendance à bourrer l'agenda. »* Forte de cette première expérience, elle estime qu'il faut donner une image officielle et formelle au coaching et dire très clairement que parmi les avantages dont dispose un manager, il y a celui de pouvoir s'offrir du coaching.

Un cadre témoigne

Pur produit d'IBM, actif dans le groupe depuis dix-huit ans, Sylvain Nivard est directeur commercial Europe de l'Ouest de la division Content Management (Sofware). Il a sous ses ordres une équipe mixte (techniciens et commerciaux) d'une quinzaine de personnes. Grand sportif, il pratique régulièrement la course à pied, le ski, la natation et l'équitation. Il a également testé le saut à l'élastique, le parachutisme et la plongée sous-marine. Mais sa singularité est ailleurs. Il est aveugle et travaille avec un équipement adapté. *« Mon handicap, souligne-t-il, intervient seulement comme un amplificateur des problèmes que je rencontre. Il est devenu une composante de moi-même, un trait de ma personnalité, comme l'impatience et l'exigence. »*

Touche à tout, il aime croquer à pleines dents dans de nouvelles connaissances.

« L'un des avantages chez IBM est le droit à la formation. Le catalogue est épais. » Au mois de septembre 1997, il s'inscrit à un stage de sensibilisation au coaching, programmé pour la première fois et animé par deux coachs internes, Antoine Costes et Pierre-Yves Driessens. *« Je me rappelle qu'Antoine Costes a démarré la formation en prenant l'exemple d'un verre d'eau : "Quand vous entrez en réunion, a-t-il dit, vos interlocuteurs, qui peuvent être vos collaborateurs, sont comme des verres presque pleins. Si vous leur apportez encore des informations et si vous déversez des instructions à n'en plus finir, vous les faites déborder. Un bon manager coach permet à son collaborateur de vider son verre avant de l'aider à le remplir selon ses capacités." »*

L'univers du Petit Prince a servi de fil directeur à toutes les démonstrations. Il s'agissait de « *découvrir sur quelle planète était l'autre* ». « *Nous avons également fait des petits exercices*, explique encore Sylvain Nivard. *L'un d'entre eux consistait à lancer des fléchettes, les yeux bandés, pour atteindre une cible. J'ai été un cobaye idéal... Les stagiaires travaillaient souvent en groupe de trois. Nous avons appris, entre autres, à nous mettre d'accord sur l'objectif d'une séance, à donner un feed-back à l'issue de cette même séance* », relate-t-il.

Pendant deux à trois mois, Sylvain Nivard et un de ses collègues d'IBM ont essayé de se coacher mutuellement. « *C'est plutôt lui qui m'a coaché. Il avait plus de temps libre dans la mesure où il vivait une période de transition avant de prendre un poste de directeur commercial. Il était plutôt bon. On partait du problème du jour : "La démo-tivation d'un collaborateur, le méconten-tement d'un client ou encore la sous-estimation par mon chef de mon travail." Je me suis rendu compte que j'étais très autonome. Mon principal défaut était de ne pas expliquer ce que je faisais. Ce qui me desservait souvent. Mon supérieur hiérar-chique ne se rendait pas toujours compte de l'énergie que je déployais et des diffi-cultés que j'avais pu surmonter.* »

Deux années s'écoulent avant sa rencon-tre avec Charles de Testa, en janvier 2001 dans un séminaire de cohésion d'équipe. « *Tous les six mois, je réunissais mon équipe avec le même animateur parti à la retraite. Charles de Testa l'a remplacé. Après la session, il m'a demandé si ça me ferait plaisir de me faire coacher indivi-duellement. J'ai répondu "oui". C'est un coaching qui reste très centré sur les pro-blèmes opérationnels. Ainsi, j'ai découvert que j'avais tendance à me disperser. Mon job est de faire de la vente, mais je suis aussi souvent obligé de m'occuper de marketing, de ressources humaines, voire de finance. En effet, quand ces départe-ments n'ont pas le temps de m'appuyer ou n'ont pas de budget correspondant à mes besoins, j'ai tendance à faire leur boulot et donc à m'éparpiller. J'avais dans mon ordinateur un fichier rempli d'actions en attente. Avant, tout était mélangé, ce qui me polluait la vie. Suite à une séance de coaching, j'ai créé deux documents : un fichier central d'actions à réaliser, qui vont influencer directement mes ventes, et un fichier annexe listant des actions qui ne sont pas normalement de mon ressort.*

Je suis très content de me faire coacher une heure chaque mois, reconnaît Sylvain Nivard. *Mon style de management s'amé-liore. Je reste en éveil en permanence et j'essaye de ne pas retomber dans l'ornière de mes travers.* »

**Charles de Testa,
coach interne IBM**

« Chez IBM, nous avons répertorié six styles de management : coaching (pratiquer l'écoute active), partenarial (considérer les gens d'abord), démocratique (rechercher le consensus), autoritaire (se concentrer d'abord sur les tâches), "je le fais" et coercitif (faites comme je le dis), ainsi que onze compétences clés. Le champ du 360° couvre à la fois les compétences et les styles de management. Ces deux facteurs influent sur le climat d'entreprise et ont un gros impact direct sur les résultats. Pour nous, le coaching est donc à la fois un style de management et une compétence clé. C'est aussi une manière de dire : la solution est chez l'autre.

Quelle est la valeur ajoutée du coaching pour les entreprises ? Plutôt que de plaquer le coaching, observons l'entreprise et les trois mécanismes intrinsèques qui permettent déjà de créer de la valeur : le business, les équipes et les individus. Toute société est guettée par trois syndromes. Si elle oublie les individus, elle risque de fabriquer de clones. Si elle oublie le business, elle tombe dans la dimension "vacances au Club Med". Si elle oublie l'équipe, elle favorise l'apparition de "loups solitaires". Chez nous, le coaching est intégré au plus près des préoccupations de l'entreprise et couvre ces trois dimensions. Connaître le métier de ceux que l'on va être appelé à coacher peut être un handicap. Avant d'être coach interne, j'étais commercial chez IBM. Au début, quand j'ai dû coacher des équipes de commerciaux, j'avais tendance à être directif et à essayer de les conseiller sur la façon de mieux faire leur métier dans ce cas, moins on en sait sur leur métier, mieux on peut réussir dans notre activité. Là où le consultant se fait payer fort cher pour faire au sein de l'entreprise des tâches qui doivent être efficaces, le coach fait faire et permet donc à son client de trouver un solution qui lui est propre, donc pertinente pour lui. C'est dans cette différence que réside toute la finesse de notre métier.

Je coache en permanence une dizaine de personnes à titre individuel sur une durée de trois à six mois. Le coaching porte sur le style de management, la gestion du temps et une prise de fonction. En 2001, j'ai également réalisé 45 missions de coaching d'équipe. J'utilise une centaine d'outils qui se présentent sous forme d'exercices mémorisés dans ma base de données. Tout est indiqué : la durée, les consignes à donner, les effets attendus... Il existe par ailleurs une formation intitulée "Initiation au coaching" qui touche une cinquantaine de managers chaque année.

Opposer coach interne et coach externe est à mes yeux un faux débat. Le rêve secret de tout coach externe est d'être interne, et vice versa. L'avantage de "l'internat" est que l'on passe 100 % de son temps à faire du coaching. On est totalement disponible. Les clients viennent vers vous sans que vous soyez obligé de vous vendre. Vous connaissez les codes de la culture de l'entreprise. Cette présence permanente favorise les rencontres et les "collisions aléatoires". Quand je vais à la cantine, où déjeunent en moyenne 2 500 personnes, je suis souvent interpellé. L'avantage d'être coach externe est que l'on est assuré de ne pas tourner en vase clos et d'avoir des points de comparaison. Le marché vous reconnaît. La confidentialité semble au premier abord garantie, même si le coach externe a des comptes à rendre au payeur. Cependant, un coach interne qui fait un écart en matière de confidentialité signe son arrêt de mort. Tout se sait très vite... C'est pour cela que nous avons adopté le code de déontologie de la S.F. Coach. Pour l'entreprise, un autre avantage du coaching interne est le coût. Le prix d'une journée est bien moins élevé que pour des prestations en externe, ce qui permet de proposer ce service à tout le personnel. Et, chez IBM, nous intervenons aussi pour accompagner nos clients dans leur démarche de déploiement des technologies. »

Portraits
de coachs

MAGAZINE

16

Tous les chemins mènent au coaching, même les plus inattendus. Surdiplômé ou non, le bon coach doit être avant tout être très humain, voire humaniste, et savoir écouter. Portraits d'Alain Gherson, Stéphanie Féliculis-Yvonneau et René Hadjajd.

Alain Gherson, président de Dexteam

« Le coach peut dire la vérité qui fâche. »

« Il y a eu des étapes dans ma vie. Aujourd'hui j'ai trouvé ma voie », dit-il simplement. Vingt-cinq années ont été nécessaires pour que le lycéen fort en maths et en physique se transforme en coach de dirigeant. Son parcours scolaire est celui d'un ingénieur (Maths Sup, Maths Spé, Supelec), mais il prend la tangente rapidement. « Ce que j'avais étudié à Supelec me prédisposait à faire du guidage de missiles, mais devenir un expert ne m'inspirait pas. J'avais déjà une appétence pour le management. »

Après un an de service militaire, il part à Stanford faire de la recherche appliquée dans le domaine biomédical dans le cadre d'un Master of Sciences. À son retour en France en 1976, il choisit la proposition d'une société de service informatique qui lui offre la perspective de devenir un patron après quelques années de travail comme commercial et manager. « J'ai été séduit. Mon père était patron de PME. Gérer une entreprise, c'était pour moi un passage obligé pour devenir grand en assumant les risques de mes décisions. » Il passera finalement 16 ans dans ce secteur et deviendra le plus jeune président de filiale de Cap Gemini Sogetti.

Le grand virage a lieu vers l'âge de 35 ans. Il se met à souffrir d'une hernie discale et d'une sciatique paralysante un mois à peine après avoir laissé à un autre la direction de Logista. Les bienfaits de quelques séances de shiatsu, un massage popularisé par les Japonais, lui donnent la force de refuser l'opération. Son rhumatologue, qui est aussi psychanalyste, le conforte dans sa décision. Arrive une période de turbulence professionnelle : il se retrouve à la tête de Cap Sesa Selection, puis de Cap Formation qu'il est obligé de restructurer après la guerre du Golfe. Serge Kampf, le patron du groupe, lui propose de « vendre » de l'externalisation informatique. A l'époque, Alain Gherson se demande s'il est fait

Gérer une entreprise, c'était pour moi un passage obligé pour devenir grand.

pour être manager ou consultant, hésitant aussi pour la direction financière. Un bilan de compétences conclut que les trois voies sont envisageables.

En 1995, un ami lui fait rencontrer Catherine Cayard en lui disant : « *Elle fait du conseil à votre manière, mais elle appelle ça du coaching. J'ai décidé à ce moment-là que le coaching était ma voie. Je pouvais m'appuyer sur mes compétences de manager, mon désir de devenir un homme de l'ombre, d'être quelqu'un qui entraîne mais ne joue pas la partie et tire son plaisir à voir réussir ses clients.* » Deux ans plus tard, Guy de Panafieu, le nouveau président de Bull, lui propose de devenir le responsable du développement de carrière des 200 « top managers » du groupe. Ses amis coachs le poussent à saisir cette opportunité. « *J'étais obsédé par la fable de La Fontaine "Le loup et le chien". Dans mon for intérieur, je ne voulais pas reprendre un collier de salarié.* »

Elle fait du conseil à votre manière, mais elle appelle ça du coaching.

Pourtant, il prend le poste et devient DRH de Bull Europe au bout de six mois. Quand les turbulences deviennent trop fortes, il crée, en 1999, son propre cabinet de coaching et de conseil, Dexteam. « *Les coachs sont en général consultants, formateurs ou psychothérapeutes, mais ils ne savent pas compter. Moi, j'ai une calculette dans la tête et je la règle sur l'objectif de mon client. Les managers n'ont pas peur de moi car je fais partie de leur famille.* »

Demande cachée et réelle

Ses opinions sont tranchées : « *Un coach est quelqu'un qui a statutairement le droit de dire la vérité même quand elle fâche. Il a une indépendance d'expression,* affirme-t-il. *C'est toute sa richesse.* » Il est particulièrement attentif à un phénomène bien connu des consultants, à savoir le problème de la demande cachée et de la demande réelle. « *L'essence du coaching, c'est de révéler le potentiel d'un individu, ce qui n'est pas le cas de la formation. Or souvent la demande formulée ressemble à une demande de formation : apprendre à déléguer, à trouver un style de management plus empathique, etc.* » Et de raconter cette histoire où la demande initiale est devenue accessoire : « *Un manager vient me voir pour un entretien de prise de contact sou-*

lignant un problème de relation avec ses alter ego. "Ils ne m'aiment pas, alors que cela va bien avec mes collaborateurs et mes patrons", m'explique-t-il. Nous avons cherché la demande latente. Il m'a avoué : "Ma relation avec les autres est agressive car je me sens en compétition avec eux." »

Stéphanie Féliculis-Yvonneau, coach, psychologue et formatrice

« L'individu doit trouver sa cohérence interne. »

Le réel la fait vibrer plus que le rêve. D'un naturel optimiste, elle croit sincèrement au développement de l'individu et est à l'aise dans la multiplicité. Ce qui se traduit par une triple activité professionnelle : psychothérapeute, coach et formatrice. Elle a été et reste la bonne élève qui veut maîtriser son sujet. Une pragmatique qui ne veut pas s'égarer sur le terrain des spéculations. De sensibilité littéraire, elle a pourtant fait HEC. Son projet de devenir psychologue s'est construit en filigrane. L'école a répondu à ses attentes d'un point de vue des connaissances techniques (marketing, finances, etc.), mais elle en est sortie en 1988 avec des frustrations, jugeant que l'enseignement du management manque d'originalité. *« Les managers ont vraiment besoin de développer leurs compétences comportementales, mais ils y parviennent le plus souvent contraints et forcés parce qu'ils ont eu des problèmes ou fait des bévues. Le premier filtre par lequel passent leurs connaissances techniques, c'est-à-dire leur propre personne, reste souvent une zone d'ombre. »*

Elle a été et reste la bonne élève qui veut maîtriser son sujet.

Bizarrement, elle fait deux ans d'audit chez Mazars avant de se réveiller. De l'expertise des chiffres, elle passe à l'apprentissage de la psychologie, en travaillant à mi-temps dans un cabinet de recrutement. Au bout du cursus, un DESS en psychologie clinique et pathologique en 1995 et un DEA en 1997. Son mémoire est intitulé : « *Le "burn-out" chez les infirmières puéricultrices en PMI : l'identifier, le comprendre et lutter contre.* » « *À l'époque*, souligne-t-elle, *on parlait uniquement d'usure émotionnelle et d'épuisement professionnel dans le secteur social, puis ça a pris de l'ampleur avec la vogue des start-up.* »

« On peut désobéir »

Stéphanie reçoit ses patients en psychothérapie et les clients coachés individuellement dans le même lieu : un cabinet médical situé dans le XIIe arrondissement de Paris où exercent aussi deux médecins généralistes et un psychiatre. Quand elle fait du coaching à la demande d'une entreprise, elle loue des bureaux pour une demi-journée, si possible près du lieu du travail du manager concerné. La frontière qu'elle trace entre ses activités de coach et de psychothérapeute se veut bien nette. Elle est convaincue que le coaching va se développer. « *Les carrières sont plus hachées et l'individu doit trouver sa cohérence interne* », estime-t-elle. En outre, le management des hommes devient de plus en plus exigeant. « *Un responsable va surtout chercher à diriger son équipe avec des éléments qui le motivent personnellement. Si la prise de responsabilité l'enthousiasme, il aura tendance à oublier que certains de ses collaborateurs sont avant tout stimulés par le sentiment de se sentir en sécurité et de travailler dans une ambiance conviviale.* »

Les carrières sont plus hachées et l'individu doit trouver sa cohérence interne.

Stéphanie Féliculis-Yvonneau a aussi fait du bénévolat pour l'association Mots pour Maux, qui s'occupe des personnes victimes de harcèlement au travail. « *Dans les formations que j'anime pour les managers, je m'autorise à dire qu'on peut désobéir, si l'on est prêt à en assumer les risques. On peut refuser de faire démissionner quelqu'un poussé à bout pour éviter les frais de licenciement à l'entreprise.* »

René Hadjajd, du groupe Développement Management

« La curiosité profonde et le doute de soi contre la tentation de toute-puissance. »

Il incarne la solidité et respire la générosité. René Hadjajd a toujours voulu être coach, mais il ne le savait pas. À 13 ans, il voit un conseiller d'orientation qui lui conseille d'être pilote de ligne. Tout cela parce qu'il voulait faire un métier avec des responsabilités, aider les gens, voyager et gagner de l'argent. Au lycée, il joue les médiateurs face aux méchants et aidait les plus faibles à faire leurs devoirs. À 14 ans, en 1968, il commence à prendre des cours de karaté avec des copains. *« L'entraîneur avait les qualités que doit avoir un coach. A savoir une attention marquée pour tous ces jeunes gens un peu gauches qui se cherchaient. »* Mais la médaille avait son revers. *« Quand nous n'étions pas bons, il ne nous faisait pas de cadeau. »* René Hadjajd se muscle et apprend à gérer ses états internes.

En 1973, il fait son service militaire dans les parachutistes. Il se rebelle lors de grandes manœuvres contre l'encadrement. Après un DEA de management et stratégie, il débute comme représentant et vendeur de jouets en gros pour les comités d'entreprise. Il devient rapidement le numéro deux de l'entreprise, avant de créer une société concurrente. Mais, un jour, c'est le dépôt de bilan. À 35 ans, il se retrouve *« à poil »*, comme il le souligne crûment, perdant sa femme, sa maison et son job. Le trou noir ! Jusqu'à sa rencontre providentielle avec Bernard Hevin, un ancien prof d'aïkido qui monte une formation de formateur conseil dans son appartement. René s'initie alors à la programmation neurolinguistique (PNL), et à l'analyse transactionnelle. *« J'ai retrouvé chez Bernard l'attitude de mon prof de karaté. Il était en même temps cool, attentif et dur. C'est un mode de fonctionnement qui est le mien en coaching. La curiosité profonde et le doute sur soi-même sont un remède contre la tentation de toute-puissance qui peut saisir tout coach. »*

Mais, un jour, c'est le dépôt de bilan. À 35 ans, il se retrouve « à poil ».

Sa première mission de coaching, il l'obtient avec un nouveau dirigeant suisse de la filiale française d'un groupe allemand présent dans 28 pays qui doit présenter devant le comité de direction un projet stratégique pour la France. *« Je l'ai d'abord aidé à clarifier et à mettre à plat ses idées, en utilisant des techniques d'écoute propres à la PNL et en le mettant devant ses propres contradictions et ses enjeux personnels. Un dirigeant, même s'il cherche des bénéfices pour l'entreprise, espère toujours en tirer des secondaires pour lui. C'était important pour lui de remettre la filiale française au même niveau de performance que les autres, afin de se retrouver en position de futur actionnaire du groupe. »*

René coache beaucoup de femmes qui occupent des postes de direction. *« Je m'occupe d'une jeune femme de 37 ans qui a fait une belle carrière. Membre à part entière du comité exécutif, elle est sur le point de prendre un poste encore plus important. Seulement, elle est isolée, sans amis, élevant toute seule un petit garçon de trois ans. On ne peut pas travailler avec elle si on ignore les problèmes de sa vie. Les séances commencent dans mon bureau puis nous sortons dans la rue. Je lui donne la consigne de choisir un endroit qu'elle apprécie. Je la coache à la terrasse d'un café. »*

Dans sa manière d'être, René est un coach provocateur.

René aime trouver le lieu adapté. Il a ainsi emmené sur un tatami un patron en conflit perpétuel avec son équipe à cause de sa violence rentrée. Il a fait du coaching de marche en montagne avec un manager enfermé dans un système de pensée stérile. *« C'était une façon métaphorique de le faire s'ouvrir. »* Dès la première séance, René annonce la couleur : *« Il est vraisemblable que dans notre relation de travail, je puisse être amené à être désagréable en mettant le doigt là où ça fait mal. »* Dans sa manière d'être, René est un coach provocateur.

Troisième partie

Ce sont huit spécialistes aux compéten-
ces reconnues. Ils ont l'habitude de se poser des questions, de décrypter la réalité mais l'action ne leur fait pas peur. Chacun d'entre
eux affiche fièrement sa singularité et n'hésite pas à sortir des sen-
tiers battus quand c'est nécessaire. Leurs mots et leurs pensées
sont autant de graines semées dans le champ de la conscience collective. Leurs regards sur le coaching, quand ils se croisent, dessi-
nent un prisme dans lequel cette discipline se révèle dans toute sa
profondeur et sa richesse.

Thierry Chavel, expert en conduite du changement, examine le degré
de coopération possible entre conseil en stratégie et coaching.
« *Apparemment incompatibles, les deux pratiques sont pourtant
complémentaires* », note-t-il. Là, où l'une rencontre ses limites,
commence souvent l'œuvre de l'autre. Le préambule à tout plan
d'action stratégique devrait être un travail de cohésion d'équipe du
comité de direction ! Bernadette Babault, chercheuse en ressources
humaines, n'hésite pas à mettre la démarche de coaching au service
de l'organisation tout entière et non seulement au service d'individus ou de groupes d'individus. Pour elle, une entreprise est aussi un
système vivant qui doit apprendre à avoir confiance en sa vitalité.
Pour Yvon Minvielle, sociologue du travail, le coaching répond à une
forte demande sociale qui prend son sens dans un monde incertain
où les situations doivent être mieux maîtrisées. Mais il a aussi tendance à devenir un nouveau « marqueur social ». S'il y a vingt ans, il
fallait avoir fait un MBA aux États-Unis, aujourd'hui le fait de se faire
coacher est le signe de l'intérêt que l'on vous porte. Philippe
Gabilliet, professeur dans une grande école de commerce, considère, quant à lui, que l'anticipation est une clé du développement. Plus
un individu s'entraîne mentalement à explorer ses futurs critiques,
plus il est paré et musclé contre l'adversité. Il incite donc chacun à

bâtir ses propres scénarios prospectifs personnels en se faisant aider d'un coach qui ne le croira pas sur parole, mais l'aidera à examiner ses avenirs possibles. Brigitte Vallet, psychothérapeute, constate que *« les organisations devraient prendre le temps de s'arrêter, d'apprivoiser l'absence, d'aménager des espaces de transition pour rendre les ruptures moins traumatisantes, de mettre tout simplement en place les rituels de deuil qui font tant défaut aujourd'hui »*. Le coaching peut accompagner ces démarches.

Attention toutefois à garder les pieds sur terre. Le coaching n'est pas une potion magique. Il peut même devenir un poison. Henri-Pierre Debord et Jean-Luc Portier, spécialistes de la lutte contre les sectes, nous montrent qu'il est tentant de passer d'une relation d'aide à une relation de domination. Dans un passé récent, la pénétration des organismes à caractère sectaire a pu se faire à travers la formation professionnelle, l'informatique et les nouvelles technologies. « Le flou et le vide juridique, qui entourent les professions liées au coaching, favorisent cette infiltration », notent les deux conseillers.

Mais, mis à par ses risques de dérapages, le coaching peut être considéré comme un art de vivre, ou plus exactement de se vivre qui dépasse largement le cadre de l'entreprise. Il peut répondre à certains défis que posent le monde moderne tout comme il l'a fait dans le passé. Il s'invite dans le monde politique, même si le terme de coaching n'est pas nécessairement évoqué. Marc Vanghelder, conseiller politique, nous montre de quelle manière il écoute et accompagne les hommes auprès desquels il travaille. Le mot de la fin est au philosophe. François Proust, qui est aussi consultant, nous explique que le coaching, tout comme le management, est une pratique qui remonte à l'antiquité. *« À cette période, souligne-t-il, il s'appelait direction de conscience. »*

Après l'obtention de son DEA de sociologie du travail, Thierry Chavel connaît l'épreuve du feu en devenant chef de projets informatiques chez Alstom. Il devient ensuite consultant au sein du cabinet SV&GM, aujourd'hui intégré dans le pôle conseil de PricewaterhouseCoopers. Il intervient sur des chantiers de productivité industrielle, de management de la qualité ou d'accompagnement de fusions-acquisitions. C'est en 1999 qu'il rejoint Mediator International pour faire du coaching individuel de dirigeants et de l'accompagnement de projet de changement sur un mode coaching (réorganisation, cohésion d'équipes, etc.). Il supervise et anime aujourd'hui les cycles de coaching didactique de dirigeants du cursus européen « Professionnalisez votre coaching ». Il est l'auteur de *La Conduite humaine du changement* et *Le Coaching démystifié,* parus aux éditions Demos.

17 L'expert en conduite du changement

« *Pas de stratégie sans coaching ?* »

Pour les assister dans leur mission de pilotage, les dirigeants font de plus en plus appel à des consultants en stratégie et à des coachs d'états-majors. Pourtant, l'un et l'autre semblent aussi différents qu'un architecte et un psychothérapeute. Ces deux approches sont-elles incompatibles, concurrentes ou complémentaires ? Thierry Chavel, coach de dirigeants chez Mediator International, fait le point.

Pas de stratégie sans coaching ?

Quels pratiques recouvrent le coaching et le conseil en stratégie ?

Même si les termes de « conseil » et de « coach » sont devenus des lieux communs du discours managérial, ils recouvrent en réalité des pratiques opposées. Ainsi, le coaching suppose une rencontre singulière entre le dirigeant et une personne physique, son coach. Fondée sur l'implication neutre de ce dernier, la relation de coaching mobilise le vécu subjectif qu'a le décideur de son propre rôle. Elle permet, par un questionnement sans à priori inspiré de Socrate, de mettre en cohérence le discours et les actes du chef d'entreprise, qui élabore lui-même sa vision stratégique. La proposition de valeur du coaching est de permettre au dirigeant de choisir en conscience de ses représentations, de ses affects et de ceux de son entourage. Inspiré du champ psychothérapique, le coaching part donc des émotions du dirigeant pour l'amener à formuler sa vision personnelle et sincère du futur, préalablement à tout discours stratégique sur la société. Il interroge les représentations que le gérant se fait de son entreprise. Jugements, à priori, croyances, présupposés sont quelques exemples des filtres à partir desquels il construit une vision fondée sur ses convictions et sa perception du monde extérieur. Dans ce cadre, le chef d'entreprise n'envisage pas la réalité comme un fait objectif, mais comme le champ d'action où se rencontrent diverses représentations de l'entreprise, de sa concurrence, de ses marchés et de son système productif.

Jugements, à priori, croyances, présupposés sont quelques exemples des filtres.

De son côté, le conseil en stratégie a pour sujet la stratégie proprement dite. Il repose sur l'expertise économique d'un cabinet, qui est une signature réputée indépendamment des consultants sollicités. En s'appuyant sur des systèmes d'aide à la décision, d'outils de benchmarking et de modèles d'analyse de la stratégie par portefeuilles d'activité, le conseil expert produit des scénarios formels visant à simplifier les arbitrages stratégiques du dirigeant : diversification ou recentrage ? Croissance externe ou interne ? Logique de rentabilité ou de volume ? La proposition de valeur du conseil en stratégie consiste à objectiver la stratégie d'entreprise sous forme d'options rationnelles, et souvent quantifiables.

Le conseil en stratégie repose donc sur un modèle de « réalisme managérial » qui permet d'alimenter le contenu d'un plan stratégique ou de son déploiement dans l'organisation avec des options de coût, de qualité et d'agenda.

La limite d'une telle approche est qu'elle ne questionne pas les présupposés (éthiques, culturels, politiques, etc.) du modèle économique utilisé par le conseil expert, pas forcément transposable d'une entreprise à l'autre. Un cas particulièrement flagrant de ce « réalisme managérial » est le schéma organisationnel implicite, qui influence le regard des consultants sur l'entreprise accompagnée. La structure même des cabinets de conseil expert est souvent d'inspiration néo-taylorienne : spécialisation fonctionnelle des consultants, parcellisation des tâches entre consultants juniors, seniors et chefs de projet, chronométrage des tâches qui structure le contrôle de gestion interne par les relevés déclaratifs de temps, stricte division des tâches entre l'exécution confiée aux juniors, le contrôle laissé aux managers et la conception d'offres dévolue aux associés.

Dans le conseil expert, une approche « froide » de la stratégie prédomine.

Lorsque des cabinets de conseil expert parlent de coaching, ils désignent en fait une approche systématisée d'accompagnement du changement ou de développement humain inspirée de la conduite de projet, de l'ingénierie salariale, de l'*outplacement* ou de la formation managériale. Dans le conseil expert, une approche « froide » de la stratégie prédomine.

Comment ces deux pratiques se déclinent-elles dans l'entreprise ?

Convoqués pour aider à formuler une vision stratégique susceptible de fédérer les énergies et d'assurer la pérennité de l'entreprise, consultants et coachs déploient des méthodologies radicalement opposées – prescripteurs *versus* accoucheurs – autour d'un enjeu commun : aider le dirigeant à maîtriser un jeu politique interne et externe parfois complexe. Si le conseil en stratégie s'appuie sur des modèles rationnels réputés objectifs, il n'en est pas moins tributaire des jeux de pouvoir dans les directions d'entreprise. De fait, les préconisations d'un grand cabinet expert se traduisent souvent par la montée en puissance ou la disgrâce d'une division, d'un projet ou d'un dirigeant. En conséquence, un décideur peut instrumenter les scénarios et les recommandations d'un consultant en stratégie à des fins politiques plus ou moins avouées. Le conseil se trouve ainsi dans une situation analogue à celle des ONG dans un conflit militaire. Partagé entre l'impératif de neutralité transparente avec tous les acteurs et la tentation de prêter allégeance au camp qui lui garantira son activité la plus durable, le consultant est parfois limité dans son action, faute d'une réelle volonté de l'équipe dirigeante de dépasser des querelles de territoire pour engager une réflexion stratégique sur l'avenir de l'entreprise.

L'œuvre du coaching de dirigeants commence souvent là où le conseil rencontre ses limites.

L'œuvre du coaching de dirigeants commence souvent là où le conseil rencontre ses limites. Il part de la situation présente du comité de direction et sert de révélateur des dysfonctionnements, des divergences de vue et des incompréhensions empêchant l'émergence d'une vision partagée. Aussi le travail de cohésion et de cohérence de l'équipe dirigeante autour d'un sens commun se pose en préalable à tout plan d'action stratégique. Le manager est donc face à une alternative ambiguë : soit il tente de contourner une querelle de pouvoirs en déplaçant le débat ou en habillant sa stratégie aux couleurs d'un cabinet de conseil renommé, moins contestable ; soit il essaie de changer délibérément le rapport de force entre les décideurs concernés en convoquant un coach supposé impartial dans le cercle de direction.

Une entreprise informatique sortait de dix années difficiles et souhaitait choisir les options de filialisation les plus adaptées au redéploiement de la société. À qui fallait-il faire appel ? Un cabinet de conseil fut d'abord sollicité. Adoptant une « analyse de la valeur » privilégiant une lecture financière des actifs du groupe, il se heurta rapidement à des conflits d'intérêt qui le dépassaient. Lorsque l'équipe de direction fit appel à un cabinet de coaching de dirigeants, celui-ci fit face aux incertitudes économiques et sociales du passage du métier de constructeur à celui d'intégrateur de solutions technologiques. Le point que justement personne n'osait trancher.

Que recherchent les coachs et les conseils en stratégie ?

Ayant des interlocuteurs identiques, les coachs de dirigeants et les consultants en stratégie sont amenés, *de facto*, à traiter une problématique similaire et à produire une vision stratégique : l'un a tendance à déconstruire ce que l'autre élabore… Le consultant expert a besoin de mettre entre parenthèses les dimensions affectives et symboliques de la fonction de direction, pour produire une analyse de la valeur quantifiée, argumentée et synthétique. Les peurs, croyances, désirs et espoirs des acteurs clés de la stratégie se trouvent relégués au chapitre de l'« irrationnel ». À titre d'anecdote, le comité conseil d'une start-up de la Net économie était composé de deux consultants en stratégie, d'un professeur de management et d'un coach de dirigeants, tous actionnaires de l'entreprise. Ce cercle consultatif, antichambre entre le comité de direction et son conseil d'administration, était le théâtre de divergences de vues entre la logique formelle du conseil expert et la démarche maïeutique du coach et du pédagogue.

À l'inverse, le coach cherche à démystifier les instruments « rationnels » de décision stratégique, pour valider la cohérence entre enjeux immatériels et actes symboliques dans la vision stratégique : quelle profession de foi sous-tend tel discours aux actionnaires ? Quelles convictions intimes révèlent un conflit avec un membre de l'équipe de direction ? Quelle éthique est à l'œuvre dans telle architecture de changement organisationnel ? Dans un centre de soins mutualiste, le directeur bénéficiait d'un coaching et souhaita mettre en place une commission médicale d'établissement (CME) pour restaurer un climat de confiance dégradé entre administratifs et soignants. La démarche organisationnelle et juridique proposée par un consultant ne faisant qu'exacerber le rejet du directeur par les divers corps de métier, le directeur mit en œuvre sa propre vision de la CME, fondée sur le volontariat des médecins et sur sa propre légitimité. Elle rencontra un vif succès.

Le coach cherche à démystifier les instruments « rationnels » de décision stratégique.

Ces approches peuvent-elles être complémentaires ?

Une entreprise connaît des temps forts : rupture technologique, nouvel entrant sur un marché, mutation de la demande, etc. Dans ces moments-là, la gestion par la résolution de problème grâce à un consultant en stratégie est payante. En effet, l'avis d'expert représente un avantage concurrentiel pour un décideur. Le temps et l'information lui manquant généralement, l'appel à un spécialiste d'une cible de clientèle, d'une technologie de projet ou encore d'un métier fonctionnel lui permet ainsi d'éviter des écueils tels qu'un lancement de produit raté, le retard de sortie d'un nouveau service ou la défaillance d'un système de support aux opérationnels. Dans ces temps forts, en véritable « passeur à l'acte », le coach trouve lui aussi son utilité, en amont et en aval de ces moments critiques. Par un questionnement approprié, il interroge la cohérence de la stratégie et sa mise en œuvre, remet en perspective des décisions dans la globalité de l'entreprise et libère la réflexion créative du leader.

Dans ces temps forts, en véritable « passeur à l'acte », le coach trouve lui aussi son utilité.

Dans une entreprise high-tech, leader sur le marché du software grand public, la perspective du passage aux 35 heures inquiétait le directeur des sites d'ingénierie et de marketing en Europe, qui voyait là une menace sérieuse pour l'équilibre financier de l'entreprise et la motivation des équipes d'ingénieurs. Il décida donc de faire appel à un coach et à un avocat de droit social, qui conduisirent ensemble l'accompagnement de l'entreprise dans le passage au temps réduit. L'avocat rassura les salariés sur les enjeux à court terme, construisit un dispositif judicieux pour tous les partenaires sociaux et pilota la signature de l'accord d'entreprise. Le coach, lui, permit au dirigeant de changer de regard sur la question du temps de travail, d'élargir la problématique aux attitudes individuelles qu'il entendait favoriser et de faire travailler le comité de direction sur son exemplarité de conduite dans ce changement. Cet exemple prouve que les deux approches peuvent donc s'avérer complémentaires dans la prise en compte du cycle de vie organisationnel d'une entreprise. Encore faut-il soigneusement sélectionner le coach et le consultant.

Ce cas d'entente cordiale tient malheureusement de l'exception. Ainsi, le dirigeant faisant appel à un coach et à un consultant en stratégie doit s'assurer de l'harmonie entre les deux pour éviter une déperdition d'énergie et de sens pour lui et ses collaborateurs directs. Par expérience, un chef d'entreprise a tout intérêt à employer les mêmes critères de sélection pour l'un et l'autre, à commencer par l'« intuitu personæ » : il est indispensable de rencontrer physiquement la ou les personnes amenée(s) à intervenir auprès d'un état-major, pour s'assurer d'une empathie réciproque, au-delà des compétences et des recommandations apparemment incontestables.

Le bon conseiller sera donc celui qui sait s'effacer derrière son client.

Un dirigeant averti doit également refuser toute lecture monolithique exclusive de la problématique de l'entreprise. Il n'y a en effet pas de « One best Way » en matière de stratégie, et pas davantage de grille idéale de développement en coaching de dirigeant. Pluri-disciplinarité et humanisme sont donc de rigueur. Attention aussi aux comportements de star ! Un manager a souvent déjà suffisamment à faire avec son propre ego pour ne pas s'encombrer de celui des prestataires. Le bon conseiller sera donc celui qui sait s'effacer derrière son client pour que celui-ci porte la vision stratégique et permette aux équipes de se l'approprier. Enfin, les plaquages de schémas préconçus sont à proscrire : aucun concept stratégique, technique ou humain, aussi pertinent soit-il, ne saurait être plaqué d'une entreprise à l'autre. Une prise en compte réelle du besoin du dirigeant, et une souplesse manifeste en cours d'échange sont donc essentielles pour la relation de confiance entre les trois parties prenantes.

Ces approches peuvent-elles desservir le dirigeant ?

À force de faire appel à des sociétés de conseil ou à des coachs, certaines entreprises peuvent voir leur destin leur échapper partiellement. Compte tenu de l'intensification de la concurrence et de l'accélération des changements affectant des secteurs comme la banque, les télécommunications ou les services informatiques, les dirigeants confient de plus en plus à un conseil en stratégie, non seulement l'analyse stratégique du portefeuille d'activités de l'entreprise, mais aussi la mise en œuvre de changements pouvant toucher tout un pan de la société. L'essor de l'infogérance et du management intérimaire prouve que certains dirigeants n'hésitent plus à externaliser l'exploitation, voire le génie propre de certaines activités jugées périphériques. Certains services de comptabilité, d'administration du personnel, sans parler de centres d'appels de « back office » dans les services, sont ainsi « outsourcés », y compris physiquement, auprès de cabinets de conseil en organisation et systèmes d'information. En substituant un contrat commercial à un rapport salarial traditionnel, ces sociétés allègent certaines charges, mais elles transfèrent aussi leur autorité auprès d'un conseil expert, avec qui la négociation devient une clé de bon fonctionnement de l'entreprise. La crédibilité des managers est incontestablement affaiblie lorsque certains consultants sont installés à demeure, dans les locaux mêmes de l'entreprise : pourquoi paie-t-on plusieurs millions de francs de prestigieuses institutions de conseil en stratégie sans résultat magistral ? Qu'advient-il de la continuité de gestion et du climat social lorsque les consultants s'en vont ? Désormais, l'usure du pouvoir atteint les experts externes devenus supports opérationnels d'entreprises « sous perfusion » de consultants.

De son côté, le coaching reste encore mystérieux pour beaucoup de managers, ce qui alimente un certain discrédit quant au sérieux et à l'efficacité de telles interventions en sciences humaines auprès des équipes de direction. Ainsi, l'image du gourou, de l'éminence grise ou du fou du roi fait florès dans certaines entreprises. Par conséquent, les décideurs ont trop souvent une représentation négative du coaching, vécu comme une sanction individuelle au même titre qu'un bilan de compétences, voire un « outplacement » ! Comment y remédier ? La transparence sur les finalités d'un accompagnement personnel ne peut que dissiper de tels à priori. Ainsi, les dirigeants qui font du coaching un accélérateur de leur propre performance professionnelle déclinent souvent ce concept dans leur politique de ressources humaines. Ils permettent aux managers qui le souhaitent d'assurer leur développement professionnel en cohérence avec la stratégie de l'entreprise en matière de mobilité interne, de gestion des carrières et de suivi des cadres à haut potentiel.

Les décideurs ont trop souvent une représentation négative du coaching.

Quel avenir pour ces métiers ?

La sphère des directions d'entreprise est un monde en soi, parfois même un État dans l'État, avec ses rites, ses héros, ses signes d'appartenance, son langage et ses mythes fondateurs. Il n'est donc pas étonnant que le conseil en stratégie et le coaching de dirigeants participent tous deux de ses attributs symboliques et de ses paradoxes. Apparemment incompatibles, souvent en concurrence, ils sont cependant appelés à être de plus en plus complémentaires, si les décideurs ont pour objectif de redonner du sens à leur entreprise. Désormais, le pouvoir n'appartiendra plus à ceux qui accumulent de l'information mais à ceux qui la trient : en passant de l'ère Gutenberg à l'ère Internet, les nouveaux conseillers de synthèse sont devenus à la fois un peu stratèges et un peu coachs.

La sphère des directions d'entreprise est un monde en soi.

Diplômée de l'École polytechnique (promotion 1979) et de l'École nationale supérieure des télécommunications, elle quitte un poste de manager chez Thomson pour entrer chez McKinsey en 1993. À l'époque, elle s'intéresse à la gestion du changement. Six ans plus tard, elle prend une année sabbatique pour dessiner ce que pourrait être son métier dans les vingt années à venir. Dans la base de données des anciens élèves de Polytechnique, elle s'est inventé une fonction « développement du coaching ». Elle consacre désormais l'essentiel de son temps à la recherche sur une approche inscrivant le coaching dans une amélioration globale de la vitalité de l'entreprise. À ses yeux, le coaching possède un potentiel énorme sous trois facettes : le coaching individuel, qui nous aide à retrouver notre boussole interne, le coaching de groupe ou d'équipe pour retrouver notre intelligence collective et le coaching de l'organisation, pour aller vers « l'entreprise au plus juste ».

18 La chercheuse en ressources humaines

« L'entreprise au plus juste »

« Coacher l'entreprise pour lui offrir de nouvelles perspectives. » Le coaching d'une entreprise est un facteur d'amélioration globale de sa vitalité. Bernadette Babault de McKinsey a inventé le concept de « l'entreprise au plus juste », celle qui concentre son énergie sur le renouvellement permanent des initiatives.

L'entreprise au plus juste

D'où vous est venue l'idée que l'on peut coacher une entreprise ?

Je m'intéressais au coaching, mais je constatais que l'approche déclinée de façon mécanique dans l'entreprise négligeait la dimension humaine sur laquelle il se construit. Comme un individu ou un groupe, une organisation se considère comme un système qui se commande et se contrôle, mais qui peut aussi retrouver le sentiment d'être vivant et apprendre à avoir confiance en sa vitalité. Le coaching donne à l'entreprise la même permission qu'à l'individu : celle d'être pleinement lui-même, réconcilié avec ce foisonnement de vie, à la fois chaotique et structurant.

Le coaching donne à l'entreprise la même permission qu'à l'individu.

Le coaching d'entreprise, qui est un nouveau métier n'existant pas encore, ne propose pas d'inventer un fonctionnement inédit mais de prendre conscience de ce qui se passe dans le détail des activités quotidiennes, ce que les programmes et les processus de management ne balisent pas. Il faut se pencher sur ce monde des détails pour réaliser que tout est important et que rien n'est permanent, que tout se rejoue à chaque instant et échappe complètement à nos directives. On comprend aussi ce que le management peut gagner en fluidité et en simplicité en s'inspirant du dessin des initiatives quotidiennes. En pratique, dans le coaching d'entreprise comme dans les approches classiques, il s'agit d'interagir avec des individus ou des équipes pour qu'ils élargissent leurs perspectives, en les aidant à changer de regard sur leur organisation pour se fier progressivement à son foisonnement naturel. Il faut les encourager à l'écoute et au dialogue pour en faire leur principal outil de management, qui se substitue aux tableaux de bord, aux réunions budgétaires et au pilotage par les objectifs. C'est un sésame extraordinaire qui ouvre des perspectives nouvelles simultanément pour une personne, son équipe et son entreprise. Sésame est un nom qui lui va mieux que coaching.

Quel est l'objectif du coaching individuel dans ce contexte ?

C'est d'entraîner la curiosité bienveillante là où les habitudes poussent à juger et à se protéger. Le jugement limite notre intelligence des situations en les colorant d'à priori qui réduisent le champ des possibles, alors que la curiosité bienveillante le garde ouvert. C'est l'occasion de progresser par des questions qui débouchent sur une meilleure compréhension des problèmes et sur des solutions d'un autre ordre. Dans ce contexte, le coaching individuel des dirigeants ouvre simultanément des perspectives sur leur comportement et sur celui de l'entreprise, par l'observation fine de leurs expériences professionnelles. Décortiquer ce qui est au cœur des moments importants fait apparaître une forme d'adaptation complexe et fiable qui donne foi en ce qui se passe et qui n'est pas toujours visible. Cette confiance permet de réagir moins et d'observer plus. L'observation fine et objective mobilise la curiosité qui encourage l'observation et cette dynamique court-circuite le jugement et les réactions négatives. Le physicien David Bohm écrit que le dialogue est à un groupe d'hommes ce que l'effet laser est à la lumière : une mise en phase qui transforme l'énergie dispersée en faisceau cohérent. Il a lancé il y a vingt ans des groupes qui, au fil des mois, ont appris ensemble à laisser ce qui est important pour chacun : conduire le groupe afin d'ouvrir des perspectives plus larges. Cette pratique se répand aujourd'hui dans les entreprises, avec un triple impact : des échanges directs et ouverts, des actions individuelles cohérentes sans prise de décision formelle et la disparition des actions inutiles.

Le dialogue est à un groupe d'hommes ce que l'effet laser est à la lumière.

Comment fonctionne l'entreprise au plus juste dont vous avez inventé le concept ?

Les firmes aujourd'hui se focalisent sur leur rôle d'opérateur qui maintient le plus longtemps possible une formule qui marche. L'entreprise « au plus juste » insiste beaucoup plus sur la remise en question permanente de ce qui marche. Elle ne cherche pas à rassurer en privilégiant ce qui donne une impression de continuité ou à éviter les situations difficiles. Elle ne cherche pas à maintenir une activité n'ayant plus de raison d'être, à minimiser la cannibalisation interne ou à garder à tout prix des clients ou des partenaires récalcitrants. Elle concentre son énergie sur le renouvellement permanent des initiatives débouchant sur d'autres activités, clients et partenaires. Elle ne s'épuise pas à rassurer ses actionnaires mais les aide à comprendre comment contribuer à sa vitalité et à sa performance.

Le fonctionnement « au plus juste » est contagieux, mais il faut une période d'incubation pour qu'il se propage aux employés et aux actionnaires. Les premiers pas sont décisifs. Plus une entreprise va mal, plus elle ressasse ce qui ne va pas. Pour évoluer, elle doit lire dans ses inquiétudes et ses soucis l'idée limitée qu'elle se fait de ses possibilités. Elle doit retrouver la mémoire des possibilités, en revenant dans le détail à ce qui a joué dans les moments forts du passé.

Plus une entreprise va mal, plus elle ressasse ce qui ne va pas.

Les dirigeants ont intérêt à consacrer du temps à ces explorations alors que l'inquiétude des troupes et des actionnaires pousse plutôt à multiplier les décisions sans prendre le temps de s'écouter. Par exemple, dans une organisation en difficulté, les managers se plaignaient de passer leur temps à préparer et échanger des chiffres douteux, accusaient le retard des solutions informatiques, ne voyaient pas d'issue à court terme. Les structures sont complexes. Auparavant, les échanges directs compensaient le manque de fiabilité des chiffres, mais quand l'organisation s'est compliquée, les managers ont considéré ce type d'échanges impossible, reportant toutes leurs attentes sur les tableaux de bord et les systèmes d'information. En revenant sur ce qui marchait dans le passé, ils ont décidé de limiter les demandes liées au développement des systèmes et au reporting, quitte à retarder la mise en place de nouvelles solutions génériques. Un choix destiné à encourager leurs collaborateurs à développer les contacts nécessaires en traitant les situations au cas par cas. Même si la tentation de redonner plus d'importance aux solutions informatiques et aux procédures revient régulièrement, c'est un premier pas vers un management « au plus juste ».

Comment une entreprise peut-elle rester en bonne santé économique ?

Le rôle d'une entreprise vivante est d'entretenir les conditions de la création de valeur : curiosité, ouverture, compréhension globale de la situation, multiplication des points de vue, fluidité des échanges. Chaque manager chargé d'entretenir cet état d'esprit est à l'écoute de ses soucis ou de ses inquiétudes et en fait des sources de curiosité. Il transforme les pressions externes en occasions d'explorer, il démine ses réactions défensives et retrouve sur ce qui l'agresse un regard curieux et ouvert. Il voit dans la pression des actionnaires sur les résultats un signe de leur intérêt pour la santé de l'entreprise et y répond par une focalisation plus grande sur les leviers de création de valeur. Il connaît le risque à voir l'actionnaire comme un dictateur, ainsi que le coût pour l'entreprise de la pression sur les résultats vécue comme une tyrannie qui se propage. Il a tiré les leçons de l'époque où les managers appliqués à montrer leur bonne volonté et les consultants soucieux de les aider passaient leur temps à analyser les chiffres et rêvaient de faire disparaître les problèmes. La santé, c'est d'avoir sans arrêt des situations nous aidant à progresser. Dans l'entreprise vivante, tout ce qui se passe est l'occasion d'apprendre et d'optimiser. Toute situation est intéressante et transitoire. La règle fondamentale est qu'il ne faut ni manquer ce qu'elle apporte, ni s'y appesantir.

Dans l'entreprise vivante, tout ce qui se passe est l'occasion d'apprendre et d'optimiser.

Doutez-vous parfois du bien-fondé et de l'efficacité du coaching ?

Pour moi, le coaching est avant tout une manière d'être présent et transparent, sans attente ni jugement, à l'écoute, comme l'amitié. « Coaching » est un mot nouveau, barbare et trompeur, pour quelque chose de précieux ayant toujours existé et qu'on n'a jamais su codifier. J'avais peur qu'en faire un métier ne me fasse perdre de vue cet esprit. Des dialogues de sourds et des pièges existent dans le coaching, mais ils ont le mérite de nous rendre plus sensibles à ce qui est insaisissable et vital, de créer des occasions de faire dialoguer ce qui ne dialogue pas.

Se positionner en coach, c'est donner l'idée qu'on sait trouver le chemin mieux que la personne que l'on coache ; c'est l'encourager à compter sur nous pour ce qu'on ne peut pas faire à sa place. Tout ce qui relève des méthodes et des techniques nous écarte de cette humilité fondamentale, de l'écoute dépouillée de toute attente. Quand on fait du coaching son métier, c'est difficile de rester aussi dépouillé, de laisser sur sa faim le coaché qui s'imagine qu'il va être aidé, de le laisser réaliser que personne ne peut faire le chemin à sa place. L'appeler « coaché », c'est déjà l'encourager à attendre de l'aide. Dans une réunion entre coachs, une femme présentait à un confrère une situation qu'elle avait besoin de clarifier. J'étais frappée par la différence de style : elle, hésitante et en exploration, lui, plein de certitudes et lui disant : « *Là tu te fourvoies* », me donnant l'impression de ne pas l'écouter. Mais elle ne se braquait pas, elle rebondissait avec curiosité sur les critiques. Elle l'avait choisi pour l'aider et prenait dans ce qu'il lui disait ce dont elle avait besoin.

L'appeler « coaché », c'est déjà l'encourager à attendre de l'aide.

Sociologue du travail, conseil d'entreprise, éditeur et universitaire, Yvon Minvielle enseigne à l'École Polytechnique (séminaire sur le monde des entreprises) et est professeur associé à Paris VI où il dirige le DESS Ingénierie de formation. Il est le fondateur et animateur du club Stratégies qui, depuis 1995, propose une veille sociale et des rencontres sur le thème du travail, de l'emploi, du management du savoir ou encore de la mise en place des 35 heures. Il a également créé Anemos Conseil, qui intervient auprès d'entreprises, de ministères et d'organisations professionnelles et syndicales sur les questions de stratégies et de développement de compétences. Auteur de nombreux articles sur la formation, il a publié *Éducation et Alternance* (Edilig 1982), *Socialisation et formation* (Païdeia, 1990) et, avec Henri Vacquin, *Le Sens d'une colère* (Stock, 1996) sur les événements sociaux de décembre 1995.

19 Le sociologue du travail

« *Le coaching, nouveau marqueur social* »

Il y a vingt ans, il fallait par exemple avoir fait un MBA dans une bonne université américaine pour être reconnu. Le voyage à Rome a pour ainsi dire joué le même rôle chez les intellectuels du XIXe siècle. On peut considérer aujourd'hui que le fait de se faire coacher constitue une marque de l'intérêt que l'on vous porte. Le regard de Yvon Minvielle, du club Stratégies, sur une pratique favorisée par la perte de repères de notre société.

Le coaching, nouveau marqueur social

Pourquoi cette émergence du coaching ?

Notre époque est caractérisée par l'extrême mobilité et la fragilité des liens sociaux, amicaux et territoriaux. Les repères traditionnels ne sont plus au rendez-vous, ils ne remplissent plus leur fonction. Le rôle des personnes âgées dans les villages n'a pas disparu, mais celui-ci s'est vidé et il n'y a plus personne pour les écouter. On vit un processus de décomposition, lente ou rapide, et de recomposition, incertaine ou possible. Ce constat est valable quel ce soit le cadre : familial – ne parle-t-on pas aujourd'hui de familles recomposées alors que le taux de divorce n'a jamais été aussi fort ? –, amical, citoyen, professionnel ou spirituel. Nombreux sont ceux qui, au sein de tous ces espaces, ont l'impression de ne plus être écoutés. Le coaching émerge dans un univers perdant ses repères, où ceux-ci se décomposent et ont du mal à se recomposer.

Qu'est-ce qui distingue le coaching des autres pratiques d'accompagnement ?

Le coaching renvoie au « chaud », à l'intime, au rapproché.

Cela peut être une manière d'accompagner particulièrement riche, mais qui survalorise le sujet. Le coaching renvoie au « chaud », à l'intime, au rapproché. Il correspond à une forte demande sociale prenant son sens dans un monde incertain, fluctuant, à changement rapide où il faut transmettre vite et, si possible, de manière opératoire. Il est flagrant que nos formations professionnelles, initiales ou continues, sont en échec total simplement parce qu'elles reposent sur l'idée que la connaissance permet la maîtrise des pratiques et que celui qui sait peut agir, voire très bien agir. Or il n'y a rien de plus faux. Nous disposons par conséquent de jeunes, parfois fort bien diplômés ou ayant acquis quelques savoirs pratiques en plus de la théorie dispensée par l'école, qui ne sont pas pour autant en capacité d'agir avec pertinence. Ils n'ont pas su bénéficier de la transmission du geste professionnel, de ce qu'il faut faire pour bien gérer les situations dans lesquelles ils sont appelés à intervenir. Certes elles sont sans cesse renouvelées, les processus deviennent plus complexes, mais il n'y a pas de transmission possible sans humains. Au mieux, il y aura communication de ressources mais en aucun cas ce qui a été construit par la génération d'avant ne pourra nourrir ce dont le présent a besoin.

Notre époque est caractérisée par une multiplication des situations d'exercice professionnel qui fonctionnent aujourd'hui sur des bases immatérielles. On appartenait auparavant à tel ou tel territoire ; on est aujourd'hui au cœur d'une multiplicité de réseaux. L'individu solide et sans problème que l'on était a aujourd'hui laissé la place à quelqu'un de bien peu solide, mis en difficulté, voire contesté ou mis de côté. Par ailleurs, les activités professionnelles sont désormais composées de processus protéiformes et d'arborescences complexes pas toujours faciles à gérer. Pour parvenir rapidement à une maîtrise acceptable, c'est-à-dire qui soit source d'efficacité, il paraît souhaitable que ceux qui ont la connaissance totale ou partielle de ces processus accompagnent ceux qui accèdent à ces nouvelles activités. Reste que l'appel au coach n'est pas seulement un appel à celui qui a déjà maîtrisé, c'est aussi un recours à une meilleure gestion des situations.

Le mentoring serait-il une forme de coaching ?

En marge : *Coaching et mentoring sont les deux versants d'une même pratique d'accompagnement.*

En effet. Je pense au coaching sportif : on a rarement vu un ancien footballeur s'occuper d'un joueur de rugby. Pour prétendre faire du coaching dans une organisation, il faut en connaître l'esprit et les règles du jeu. Coaching et mentoring sont les deux versants d'une même pratique d'accompagnement où seule change la position : le mentor est interne à la structure dans laquelle il intervient, le coach externe, chacune de ces positions offrant des avantages.

Que pensez-vous du modèle des Compagnons ?

Ils se plaisent à dire que la spécificité de leur démarche de formation est la transmission. C'est un modèle assez révélateur offrant des similitudes avec la gestion des hauts potentiels. À une différence majeure : l'entreprise détecte et sollicite elle-même les hauts potentiels alors que les jeunes demandent à entrer chez les Compagnons. Ces derniers nous apprennent aujourd'hui que l'accompagnement n'est pas seulement le fait d'une seule personne, mais de toute une communauté. Le jeune en formation initiale bénéficie d'un coach singulier qui sert de médiateur, de lien entre lui et la communauté qui défend son histoire. Mais, après la formation initiale, il doit se conformer à un rite de passage lui permettant d'être accepté et adopté par son univers professionnel. Ce rite est symbolisé par un Tour de France (dix contrats de travail à honorer sur une durée de cinq ans), une sorte de parcours initiatique qui s'est élargi hors des frontières nationales. Il oblige à découvrir à chaque étape, par la rencontre avec les autres Compagnons, des manières d'être, fondées sur des valeurs comme l'amour du travail bien fait et la solidarité. Car, au-delà du travail manuel, c'est l'homme tout entier que le compagnonnage entend former. Ce Tour constitue le pivot d'un système proprement éducatif, c'est-à-dire d'un apprentissage global refusant l'émiettement des savoirs et cherchant à atteindre l'homme dans toutes ses dimensions. Le compagnonnage s'affiche donc comme une figure de l'avenir, utile pour la professionnalisation des jeunes générations.

C'est l'homme tout entier que le compagnonnage entend former.

Être coaché deviendra-t-il une obligation pour exercer des responsabilités en entreprise ?

Je crois que le coaching pourrait faire office de marqueur social. Il y a vingt ans, il fallait par exemple avoir fait un MBA dans une bonne université américaine. Chez les intellectuels du XIXᵉ siècle, le voyage à Rome a pour ainsi dire joué le même rôle. Ce marquage aura-t-il un sens ? Sera-t-il efficace ? C'est une autre histoire. Dans certains groupes, à l'image de Suez, les jeunes cadres doivent faire un stage sur le terrain de deux mois. Ils sont mis, comme on le dit, à fond de cale, histoire de vérifier s'ils tiennent le choc. Ils subissent en quelque sorte un marquage social. Ce qui n'a rien à voir avec ce que pourrait être un véritable parcours initiatique pour s'approprier la culture d'entreprise. Aujourd'hui, je fais l'hypothèse que les entreprises qui poussent leurs cadres à se faire coacher ne se soucient pas vraiment de l'utilité du coaching.

✗ La fonction du coaching serait donc de donner sens à la pratique de l'autre ?

C'est un bonne question, mais je préfèrerais parler des fonctions du coaching. Le fait de « donner du sens à la pratique de l'autre » en est une parmi d'autres. Pour ma part, j'en nommerai cinq. Il y a d'abord la socialisation. Il ne faut pas oublier que nous vivons dans des communautés de pratiques professionnelles en décomposition-recomposition constante et que l'une des fonctions du coaching professionnel, c'est d'organiser en quelque sorte des socialisations courtes, intenses et rapides (autant que cela puisse avoir du sens). Celles-ci permettent aux nouveaux entrants de ces communautés de s'approprier le plus vite possible les manières de faire, de penser, de sentir, de réagir et de raisonner des personnes qui les constituent. Le coaching, un substitut de socialisation ? C'est un peu fort de dire et de penser cela, mais pourquoi pas ? Peut-être est-ce l'un des rêves qui hantent ceux qui, sans le dire, pratiquent un coaching qui voudrait substituer leur pratique à une socialisation historiquement fondée, patiemment construite et socialement efficace.

Il y a aussi la fonction de modélisation. Le souci de l'action pertinente posée au bon moment anime un bon nombre de pratiques de coaching. Pour eux, il s'agit de transmettre à une personne des manières d'intervenir lui permettant d'être efficace en un temps très court. Cette modélisation de l'action ne se fait pas par inculcation brutale et directe, elle se construit au fil de pratiques de découverte et d'accès à un modèle qui, même s'il n'est pas complètement défini et achevé, fonctionne néanmoins comme tel. Vient ensuite la mise à la norme. Au-delà de la modélisation de l'activité, le coaching peut parfois correspondre à des manières de « mise à la norme » des comportements et des manières de faire, attendues par la société organisant les pratiques de coaching. Mon propos sera sans doute reçu comme désagréable, voire agressif, par certains coachs, mais il ne l'est pas. Il vise simplement à nommer des fonctionnalités. Ce n'est pas parce qu'on tient un discours niant les pratiques de mise à la norme que l'on ne contribue pas, directement ou indirectement, à en produire. Ainsi, accompagner des commerciaux et consultants dans certaines grandes sociétés infor-

Le coaching peut parfois correspondre à des manières de « mise à la norme » des comportements.

matiques semble relever de cette mise à la norme qui, bien entendu, accompagne la recherche de l'efficacité évoquée précédemment et a pour effet d'intégrer des communautés de pratiques.

Et comment le coaching peut-il contribuer à renouer le lien social ?

Dans notre société, certains assurent le rôle de couturier, de ravaudeur, retissant de la toile là où se font les trous dans le social, permettant la recomposition de certains liens, même si ce n'est que pour un temps très court. Enfin, le coach est quelqu'un qui va élaborer un discours, ou du moins contribuer à ce qu'un discours soit produit, qui va faire « se tenir » les pratiques du coaché. C'est un discours de bonne tenue qui, inévitablement, va déboucher sur du sens, c'est-à-dire qu'il va contribuer à dire ou à faire dire ce vers quoi on va ou on souhaite aller, ainsi que les valeurs dans lesquelles on se reconnaît. Mais il ne faut pas prendre ici – et cela nous l'avons quelquefois entendu – le discours du coach comme étant la nouvelle parole socratique. Celui-ci produit du sens parce que comme tout discours, même s'il ne se veut pas directif, il organise les pratiques, il fabrique du lien et il nomme des destinations.

Dans notre société, certains assurent le rôle de couturier, de ravaudeur.

Le travail du coach consiste, dans une société de temps courts, à fabriquer des appropriations rapides et des marquages sociaux suffisants pour être repérés. Ces marquages sont d'autant plus importants que cette société est aussi constituée d'espaces surdimensionnés et que les déplacements rapides qui sont les nôtres d'un bout à l'autre de la planète, sur des territoires forcément plus grands que ceux de nos aïeux, supposent que nous puissions, à l'intérieur de ces espaces, être rapidement reconnus et repérés grâce à nos utilités et à notre efficacité.

Sa vocation initiale était l'enseignement et la recherche. « Je suis revenu à mes premiers amours après un long détour par le conseil », précise Philippe Gabilliet, professeur affilié à l'ESCP-EAP dans le domaine de la psychologie des organisations et de la conduite du changement, maître de conférence au CNAM. Il anime des séminaires de prospective, de leadership et de développement personnel. *« Regarder l'avenir, c'est déjà bouleverser les choses. Dans un monde en changement perpétuel, chargé d'incertitudes et marqué par le sceau de la complexité, l'anticipation peut être considérée comme l'une des clés essentielles du développement »*, dit-il. Auteur fécond, il a plusieurs ouvrages à son actif, dont *Savoir anticiper. Les Clés pour maîtriser son futur* et *Se former soi-même* (tous deux chez ESF), ainsi qu'un petit manuel d'automanagement chez Marabout.

20 Le professeur d'une grande école

« Anticiper pour mieux se développer »

Plus une personne s'entraîne mentalement à envisager ce que pourraient être ses futurs, plus elle est parée et musclée contre l'adversité. Fonction psychologique essentielle de l'individu libre, créateur de sa vie et maître de son destin, l'anticipation est une dimension que le manager, le responsable des ressources humaines ou le coach peuvent aider à développer chez leurs collaborateurs ou leurs clients. Philippe Gabilliet explique comment.

Anticiper pour mieux se développer

Est-ce important d'anticiper ?

L'avenir n'a pas bonne presse : c'est le syndrome du devin média-tique, qu'il soit astrologue des puissants ou grand couturier. Mais, contrairement à nombre d'idées reçues, anticiper n'est ni prévoir, ni deviner, ni planifier, encore moins prophétiser ou prédire. C'est une fonction que l'on pratique de manière innée. Et certains le font mieux que d'autres. À leur propos, on dit qu'ils voient loin, qu'ils ont de l'intuition, de la chance, etc. Anticiper va bien au-delà des modes traditionnels de projection dans le temps. Cela permet de se préparer à l'imprévisible en explorant le probable autant que l'improbable, en recherchant à chaque instant et en tout domaine les liens qui pourraient demain rapprocher des individus ou des événements aujourd'hui éloignés. Dans la vie professionnelle, on a peu le temps de se mettre en posture mentale d'anticipation. On est plutôt dans le présent et le futur immédiat, sauf si on est mis sous pression.

Se préparer à l'imprévisible en explorant le probable autant que l'improbable.

Voir venir ne va pas de soi. Pourtant, certains problèmes de gestion sont des problèmes d'anticipation. Ainsi, le leadership, la capacité à faire adhérer ne se comprennent que par rapport à une perspec-tive. Le meneur possède une capacité à polir, à faire vivre des représentations du futur dans la tête de ses collaborateurs. On a longtemps cru à la rationalité illimitée en gestion. Or l'anticipation est une irrationalité limitée. Elle constitue l'une des fonctions psy-chologiques essentielles de l'individu libre, autonome, créateur de sa vie et maître de son destin. C'est une dimension essentielle que le manager d'équipe, le responsable des ressources humaines ou le coach peuvent aider à développer chez leurs collaborateurs ou leurs clients.

Quels regards peut-on porter sur son avenir ?

Je n'ai pas la même façon de penser mon avenir si je suis Africain, Asiatique ou Américain. Il est mal-aisé de sortir de la conception culturelle du temps dont a hérité. Mais c'est un objet d'apprentissage. Nous avons tous un progiciel intégré d'anticipation prêt à fonctionner dès la naissance. Chacun va le paramétrer à sa façon avec son vécu, son histoire, son expérience. On se retrouve face à un ensemble très structurant de dispositions d'un individu à produire des images d'avenir : un modèle mental du futur, en quelque sorte. On considère que ces dispositions sont relativement stables, même si on peut les faire évoluer.

Nous avons tous un progiciel intégré d'anticipation prêt à fonctionner dès la naissance.

Le travail initial d'un coach est d'aider quelqu'un à arpenter mentalement la carte de ses futurs possibles. Tout individu qui se projette dans le futur se positionne naturellement sur quatre dimensions : d'abord la qualité pressentie du futur. Certaines personnes envisagent ce qui est à venir comme meilleur quand d'autres sont dans une logique de régression. Cela n'a rien à voir avec l'âge, c'est le logiciel qui est comme cela. Il peut avoir été bogué par l'existence. Lorsque vous coachez un dirigeant d'entreprise, vous ressentez très vite s'il est dans une logique de progression ou de régression. Puis il y a la forme de la trajectoire à venir (continuité, stabilité, discontinuité, changement, rupture). Demain certains croiront qu'ils ne seront que ce qu'ils sont aujourd'hui, même avec quelques légères différences. D'autres, en revanche, vont se penser en discontinuité. Certaines personnes vous diront : « *Je ne serai plus le même dans dix ans.* » Ils anticipent de la rupture avant tout. Vient ensuite la confiance ou la peur dans le futur (sentiment de sécurité et de confiance, d'insécurité et de méfiance). On peut être dans un futur négatif et y évoluer de manière sereine. Si trois ans sont nécessaires pour fermer une usine, les gens accepteront sa disparition au bout d'un certain temps. C'est un futur de régression vécu dans la sérénité. Enfin, il y a le degré de contrôle du futur (sentiment de maîtrise ou de soumission). Certains diront : « *Nous sommes les maîtres du jeu* » alors que d'autres pensent ne rien pouvoir contrôler. Il y a deux sortes de problèmes : ceux auxquels on croit pouvoir s'attaquer et ceux contre lesquels on a le sentiment de ne pas pouvoir faire grand-chose.

Beaucoup de personnes sont handicapées par leur modèle mental d'anticipation.

Tout cela va produire un cadre mental d'anticipation créateur de contraintes et d'opportunités. Beaucoup de personnes sont handicapées par leur modèle mental d'anticipation, leur attitude quasi réflexe leur fermant la plupart des portes du possible. Mais tout est ressource dans l'individu. Les dimensions négligées de notre progiciel intégré d'anticipation peuvent être réveillées à un moment ou un autre.

> Le rôle du coach est donc d'aider son client à imaginer un futur probable pour prendre des décisions ?

Pas seulement ! Au départ, la modélisation du futur est issue de la prospective stratégique. C'est un corpus de connaissances et de techniques validé par une communauté scientifique internationale. Je pense que ces outils d'aide au changement organisationnel peuvent aussi être utilisés pour le développement individuel. Le point crucial est de savoir d'où l'on tire l'énergie qui nous permet d'agir à un moment donné. Le coach va alors être celui qui aide l'individu à explorer alternativement les trois temporalités : le passé pour l'aider à réinterpréter des situations qu'il a traversées – c'est l'hypothèse analytique –, le présent et la nature des liens activés avec son environnement – c'est l'hypothèse systémique – et le futur avec toutes ses projections et un travail sur la création d'énergie – c'est l'hypothèse prospective où la cause des situations actuelles se situe paradoxalement dans le futur. Le coaché va alors avoir devant lui des images qui le tirent, qui l'attirent dans telle ou telle direction et le coach lui donnera la permission de faire ses propres anticipations.

Ce qui caractérise la puissance d'un individu est, à un moment donné, la mise en synergie de ces temporalités. Comme certains jouets de gosse, chacun dispose de trois « piles » – une pour le présent, une pour le passé et une pour le futur. Si une de ces trois « piles » ne fonctionne pas, attention à la panne de temps. Il est donc dangereux pour un être de s'appuyer seulement sur une « pile ». Mais aucune d'entre elles ne doit être survalorisée. Le rôle du coach est de faire travailler son client sur ces trois « piles ».

> Existe-t-il des outils pour dégager les bases de son futur ?

L'échelle du futur est un outil qui permet de s'interroger sur celui-ci. Elle met l'individu ou le groupe qui l'utilise en posture d'anticipation. Que ce soit à titre individuel comme aide à la réflexion sur son parcours à venir et ses propres options, ou à titre collectif, en coaching d'équipe, quand il s'agit de permettre à des dirigeants de partager leur représentation de l'avenir leur institution. Dans un comité de direction, au-delà de la qualité de la relation entre les membres, c'est le partage d'éléments communs d'anticipation qui importe. Si le relationnel est médiocre, il est quand même possible d'avancer. Mais si la vision du futur diverge, le blocage est immédiat.

Mais si la vision du futur diverge, le blocage est immédiat.

L'échelle du futur est dotée de six barreaux. Elle est basée sur l'hypothèse que le futur que vous ne voulez pas est tout aussi structurant que celui que vous recherchez. Ces différents barreaux sont :

- Le futur socle : Quels sont vos invariants ? Qu'est-ce qui pour vous, dans votre vie, était vrai hier et ne changera pas demain ? On part de ce qui est inscrit dans le marbre. C'est le lieu de résistance à l'anxiété et un antidote à la folie. Cette dimension symbolise les repères fondamentaux dont on est porteur.

- Le futur nécessaire : qu'est-ce qui est déjà joué, inscrit de façon sûre et inéluctable dans votre devenir ? C'est le lieu de ce qui est déjà écrit, même si en apparence c'est devant moi. C'est le lieu de l'angoisse non maîtrisable, ce contre quoi je ne peux lutter.

- Le futur tendanciel : quelles sont les tendances de toutes natures, déjà discernables en vous ou dans votre environnement, pouvant avoir un impact sur votre futur ? Ce sont les vagues sur lesquelles l'individu croit surfer, les mouvements de fonds qui l'emportent dans telle ou telle direction. Le futur tendanciel est plus classique et moins implacable que le futur nécessaire. Mais une tendance peut s'infléchir, voire se retourner.

- Le futur contingent : quelles sont les zones d'incertitude majeures ou les points aveugles quant à votre avenir ? C'est le lieu des doutes et des risques maximaux, des interrogations fondamentales par rapport à mon devenir. J'utilise souvent la question : « *Si vous étiez devin, qu'auriez-vous besoin de savoir sur les dix ans à venir pour vous y préparer de façon optimale ? »* L'individu est sur une ligne de crête et peut chuter d'un côté ou de l'autre.

- Le futur interdit : quels sont les futurs dont vous ne voulez sous aucun prétexte et/ou que vous considérez personnellement comme impossible ? L'individu est confronté à ce qu'il ne veut pas, aux options qu'il estime interdites, invraisemblables, non envisageables en tout état de cause. C'est par excellence l'anti-anticipation. C'est un outil de travail permettant la validation du premier barreau de l'échelle, c'est-à-dire le socle. Ces deux niveaux fonctionnent en boucle. Tout ce qui peut menacer le socle est mis dans l'interdit. Le futur interdit permet de prendre conscience d'éléments appartenant au socle mais passés inaperçus.

- Le futur libre : qu'est-ce qui est de votre ressort ? En quoi êtes-vous maître de votre futur ? C'est un outil de mise en roue libre. Le coach reprend alors la main là où il a l'habitude d'avancer. Le travail d'accompagnement d'un individu consiste à travailler sur ces zones de liberté. Chacune d'entre elles correspond à des apprentissages dans lesquels il peut décider de rentrer. Ce que vous deviendrez sera finalement le produit de ce que vous allez apprendre.

Le travail d'accompagnement d'un individu consiste à travailler sur ces zones de liberté.

Faut-il se bâtir des scénarios personnels ?

Plus un individu s'entraîne mentalement à explorer ses futurs critiques, plus il est paré et musclé contre l'adversité. L'approche par scénario, utilisée en prospective pour les organisations, est très complexe. Si on la transpose à l'univers personnel, elle est délicate à utiliser seul. Il est préférable, dès lors d'être confronté à un coach, c'est-à-dire à un professionnel qui ne vous croit pas sur parole. Il est là pour mettre son client en situation de regarder ses avenirs possibles, tout en l'aidant à élaborer un chemin sous la forme de scénarios La démarche que je propose est inspirée des travaux prospectifs de Peter Schwartz (*The Art of Long View*, 1991) et comprend huit étapes. Chacun étant libre, s'il en éprouve le besoin, d'en retrancher ou d'en ajouter. À chacune de ces étapes correspond une question clé et un processus de réflexion personnelle. On obtient un nombre restreint de scénarios contrastés, de ceux se présentant sous les conditions les plus favorables à ceux ayant le plus grand niveau de contraintes. Le but du coach est de travailler avec son client sur deux scénarios alternatifs en les enrichissant et en les nourrissant de façon à trouver impérativement un cheminement pour atteindre son objectif ou prendre sa décision. Et ce même, voire surtout, si les conditions sont défavorables, voire très défavorables. Pour aboutir, *in fine*, après avoir établi une liste de signes avant-coureurs attenants à chaque scénario, à celui apparaissant non seulement comme le plus probable, mais aussi le plus dynamique, le plus porteur de changements réels.

« Je suis née à l'école du deuil, qui est l'école de la révélation de soi », avoue Brigitte Haziza-Vallet. À 7 ans, elle quitte Oran et l'Algérie pour la France. Le Bac en poche à 15 ans, elle obtient ensuite une licence d'anglais et d'espagnol. Mais sa passion est le piano. Pourtant, après son premier prix du Conservatoire de Paris, elle décide de guérir les âmes, devenant psychothérapeute à 24 ans. *« Ma carrière n'a pas commencé le jour où j'ai été certifiée coach. Je l'étais déjà au fond de moi »,* confie-t-elle. Psychanalyste d'obédience jungienne, créatrice de sa propre formation au coaching, elle s'appuie sur un réseau de cinquante professionnels avec lesquels elle s'associe selon les projets.

21

La psychothérapeute

« Le coach, agent du deuil »

Ici on souffre en silence. C'est un peu le mot d'ordre implicite dans les entreprises. Départ d'un collègue, projet achevé, rêves qui ne verront jamais le jour, etc., autant de situations pouvant s'avérer fortement déstabilisantes pour certains et dont il faut faire le deuil. Les coachs sont-ils les mieux placés pour permettre à une organisation de prendre le temps pour regarder son passé, de vivre le présent de la souffrance, d'apprivoiser l'absence, d'aménager des espaces de transition, de mettre en place des rituels de deuil qui font tant défaut aujourd'hui ?

Le coach, agent du deuil

Comment traite-t-on le deuil dans l'entreprise ?

Le terme de deuil évoque le plus souvent la mort d'un être cher, mais c'est aussi la réaction à la perte d'une personne aimée ou d'une abstraction : la patrie, la liberté, un idéal, etc. Il représente cette frange d'insatisfaction ou d'horreur, selon le cas, par laquelle le réel nous blesse et nous tient, d'autant plus fortement que nous tenons davantage à lui. C'est la loi du silence et de l'occultation qui règne. Dans les entreprises, cette réalité concerne une multitude de situations, comme le départ des personnes sous diverses formes, depuis le départ en retraite jusqu'au licenciement, en passant par les promotions, mutations… Par extension, cela se conçoit également pour d'autres situations de perte, comme les fins de projet, les déménagements, mais aussi le renoncement à quelque chose qui n'a jamais vu le jour.

Le silence s'installe symbolisant le tabou autour de la perte. Son intensité varie selon la nature de la « disparition » et des circonstances organisationnelles et environnementales. Autrefois existaient dans la société des rituels de deuil qui aidaient les individus à traverser ces moments difficiles. Aujourd'hui, dans l'entreprise, le salarié se retrouve confronté à lui-même du fait de l'absence de processus de deuil. Celui-ci tend alors à devenir non seulement une aventure strictement privée, mais encore une expérience purement intérieure, devant rester aussi discrète que possible. Pire encore, si, au sein de l'entreprise, l'endeuillé manifeste trop ostensiblement sa douleur, s'il prend trop de temps à renoncer à ses anciens attachements, il a toutes les chances de susciter des réactions phobiques de rejet, non seulement de la part des nouveaux venus, mais aussi de la part de ses collègues, qu'il aura traumatisés. Un discours très spécifique se fait alors entendre sur l'incapacité de certains à évoluer, à s'adapter à de nouvelles méthodes de travail… De la douleur et de la souffrance de la séparation, il ne sera pas question.

Le silence s'installe symbolisant le tabou autour de la perte.

Comment faire face à ce déni de la douleur ?

La disparition des rituels n'a pas pour contrepartie le retour à quelque expression plus « naturelle » et plus authentique de l'affliction. Reste donc pour chacun à improviser et à inventer une façon « convenable » de vivre et de dire son deuil sans l'appui de la tradition et sans le secours de la nature. On constate peu d'actions de soutien et d'aide individuelle, mais plutôt des attitudes perverses ou phobiques de la part des organisations.

Quand il s'agit d'une « mort » annoncée pour une date ultérieure, il va s'agir d'en rapprocher l'échéance. Nous pensons en particulier à toutes ces périodes de préavis qui ne sont pas effectuées dans l'entreprise. Elles seront cependant payées au salarié. Dans bien des circonstances, il s'agit de les gommer, de les supprimer, de faire comme si elles n'avaient pas lieu. Ceci offre en particulier l'opportunité de ne pas être confronté à la culpabilité. De même, on peut évoquer la quasi-impossibilité pour la plupart des managers d'annoncer dès qu'ils le savent le licenciement des collaborateurs. Ils en retardent au maximum l'annonce. Le jour où ils le font, cela ressemble davantage à un passage à l'acte qu'à un acte de management. Récemment, nous avons encore vu un directeur général annoncer à l'ensemble des collaborateurs d'une filiale que le nouveau directeur arriverait une dizaine de jours plus tard, le départ de l'actuel directeur ayant à peine été évoqué. La rumeur et les bruits de couloir n'avaient devancé cette annonce que d'une petite semaine dans l'entreprise concernée, à peine plus dans la société mère. Même un départ à la retraite, pour le moins prévisible et généralement moins traumatisant pour les collaborateurs, pourrait-on penser, est souvent mal géré. Le poste libéré reste souvent vacant après le départ de la personne parce qu'il a été impossible d'anticiper le recrutement de quelqu'un qui viendrait occuper la même fonction.

Même un départ à la retraite est souvent mal géré.

Ne peut-on anticiper ce deuil ?

Prendre le temps, cela veut dire le prendre quand on l'a devant soi. Tous les travaux cliniques tendent à démontrer que les morts annoncées sont moins douloureuses que les morts inattendues. On a eu le temps d'apprivoiser cette idée et cette souffrance à venir. Anticiper les départs permet également la mise en place de rituels collectifs de séparation qui font se conjuguer deuil social et collectif. Ces derniers autorisent l'expression de sentiments forts partagés. Parce que la mort, la séparation et les départs créent du désordre, la remise en ordre en sera facilitée ultérieurement après ces cérémonies marquant le passage. Tous ces rituels permettent de construire des lieux de transition entre le monde psychique de l'individu et le monde extérieur de l'entreprise. Les sociétés les connaissent et en pratiquent un certain nombre à l'occasion du départ en retraite, comme le « pot d'adieu » ou le repas pris en commun, rappelant les souvenirs liés à la personne, jusqu'aux cadeaux de départ. Pourquoi exclure, comme c'est presque toujours le cas, les situations de licenciement de ces pratiques si fréquentes ?

En quoi un coach peut-il être utile ?

Ceci serait un plaidoyer pour la réhabilitation des émotions au sein des entreprises et pas seulement de ces émotions nobles, comme l'enthousiasme, la joie, la satisfaction, la fierté, mais aussi celles qui signent la faiblesse et la faille de l'homme. Le refus d'aborder le deuil correspond à un déni de la douleur en tant qu'aveu de faiblesse. Le déni de l'agressivité, de l'ambivalence, des désirs hostiles, voire de l'envie de meurtre, jouent également un rôle important dans cette faillite du travail de deuil. Qu'on arrête de réitérer sans cesse, dans toutes les formations au management et au changement, qu'il est important que les individus s'investissent dans leur travail, dans leur entreprise au-delà de ce qu'elle ne pourra jamais leur rendre. Qu'on cesse de leur faire miroiter ce que le changement va leur apporter, en omettant de leur signaler, ce que par ailleurs ils n'ont pas envie d'entendre, qu'il faut aussi perdre et renoncer pour progresser.

Le refus d'aborder le deuil correspond à un déni de la douleur.

Qu'on en finisse avec les discours lénifiants qui maintiennent tout le monde dans un état de dépendance infantile. Peut-être est-ce là un ensemble de missions bien ambitieuses pour les managers qui sont déjà si préoccupés de leurs performances et divers ratios et ont bien du mal à faire avec les « âmes » ? Dans un univers qui se veut et se fantasme sans faiblesse, la simple tristesse n'a pas sa place et les mouvements de l'âme symbolisent en effet l'imperfection. Voilà peut-être des missions qui doivent être prises en charge par des personnes moins prisonnières des enjeux du moment ! Le soutien d'un coach peut être utile, plus spécialement quand le collectif est mis en faillite par des histoires personnelles trop douloureuses. Mais n'est-ce pas le rôle de tous de rétablir un peu d'humanité dans ce monde pouvant être si barbare ?

FLAGRANT DÉLIT DE DEUIL POUR GEORGES

« Compte tenu de ses qualités… C'est normal, les choses changent. À mon stade, ça c'est bien passé. » *C'est ainsi que Georges commence son récit, relatant le départ d'Isabelle, dont il était le proche collaborateur, promue dans la société mère. Les remplaçants d'Isabelle sont compétents, voire sympathiques.* « J'ai vu arriver Alexandre et Esther avec plaisir, ils semblaient très ouverts. Cela se passerait sûrement très bien. Seulement j'ai senti qu'il fallait que les choses bougent très vite. Or, j'avais des choses en cours. Je voulais bien rentrer dans leur jeu, mais il me fallait du temps », *explique Georges. Esther n'entend rien, trop préoccupée par d'autres difficultés organisationnelles.* « Elle avait l'impression que je ne rentrais pas très vite dans son jeu. »

Voilà Georges au banc des accusés : il refuserait l'autorité de ses nouveaux supérieurs hiérarchiques. Jugé par ses pairs, il ne réagit pas. Son silence ne traduit pas son approbation, mais plutôt le désespoir, l'incapacité, et le renoncement à se faire comprendre. Comment défendre sa cause quand l'acte d'accusation n'a pas de sens ? La pensée se fige, comme souvent dans la dépression. Combien de cadres ont-ils eu ainsi à rendre compte devant des responsables fraîchement débarqués de leur fatale loyauté à un disparu, alors que celle-ci n'était que l'impossibilité momentanée à investir leur énergie vers de nouvelles tâches et un nouveau patron, trop mobilisés, immobilisés devrions-nous dire, par le processus de séparation ?

Plus tard, quand Esther entend Georges, c'est finalement pour rejeter en bloc à la fois le discours et l'homme. « Un beau jour, elle m'a dit : "Georges, je ne crois pas qu'on puisse travailler ensemble", mais je savais qu'elle avait des visées sur quelqu'un d'autre. J'ai commencé à comprendre que le fil était cassé. Je n'avais pas de plaisir à travailler avec eux. » ▪

Le décret de création du 7 octobre 1998 définit ainsi les fonctions de la Mission interministérielle de lutte contre les sectes (MILS) : analyser le phénomène sectaire à partir d'informations venues des différentes administrations, inciter les services publics à prendre des mesures appropriées pour prévoir et combattre les actions des sectes, participer aux travaux relevant de sa compétence dans les enceintes internationales, informer le public… Les sectes ont des caractéristiques communes : elles pratiquent la déstabilisation mentale, portent atteinte à l'intégrité physique des adeptes et les exploitent financièrement, elles entraînent la rupture avec la famille et le milieu social, elles sanctionnent fréquemment le délit de désobéissance, elles tentent d'infiltrer les institutions publiques et privées ainsi que les entreprises… Mais, si leurs agissements sont bien réels, l'existence juridique de chacune s'avère complexe et délicate à découvrir dans sa globalité, compte tenu de la multiplicité des structures rattachées à un centre décisionnel. La MILS définit les sectes comme des associations de structure totalitaire, déclarant ou non des objectifs religieux, dont le comportement porte atteinte aux Droits de l'Homme et à l'équilibre social. *« Le développement personnel constitue actuellement une sphère d'influence privilégiée et un terrain fertile pour les organisations à caractère sectaire »,* constate Jean-Luc Portier, chargé de mission à la MILS. Une parenté de nature existe entre les sectes et le développement personnel. *« Le flou et le vide juridique entourant les professions liées au coaching favorisent cette infiltration,* note Jean-Luc Portier. *Il est tentant de passer d'une relation d'aide à une relation d'influence et d'une relation d'influence à une relation de domination. »*

22 Les conseillers de la lutte contre les sectes

« Un coach peut cacher un gourou »

Dans un passé récent, la pénétration des organismes à caractère sectaire a pu intervenir à travers la formation professionnelle, la thérapie, l'informatique et les nouvelles technologies. Le flou et le vide juridique entourant les professions liées au coaching favorisent cette infiltration. Les conseils de deux spécialistes des sectes pour éviter d'être trompé.

Un coach peut cacher un gourou

Comment savoir si l'on a affaire à une secte ?

Henri-Pierre Debord : Nous préférons parler de groupements à caractère sectaire. Une définition juridique de référence ne résoudrait pas tous les problèmes posés par la complexité organisationnelle et juridique de ces structures. La MILS travaille sur les pratiques frauduleuses et les comportements répréhensibles (délit et crimes), passibles de sanctions administratives ou de condamnations pénales. Ce n'est pas la nature de l'organisation qui compte mais le risque de déviance qu'elle représente par rapport aux lois et aux règlements applicables. Néanmoins le phénomène sectaire est, dans sa complexité, porteur d'un risque particulier. Et de plus, dans un certain nombre de cas, le comportement illégal peut provenir de l'émission d'un discours typé et connoté.

Ce n'est pas la nature de l'organisation qui compte mais le risque de déviance qu'elle représente.

La liberté d'association peut entraîner des assemblages d'entités juridiques de natures variées qui posent problème en tant qu'ensemble coordonné et organisé. Avec un partage des rôles entre une association qui s'exprime et des organismes de natures juridiques diverses développant une activité économique, sociale, culturelle, financière… Cette forme composite risque de déboucher sur le non-respect de l'État de droit. Parmi les modes les plus utilisés par les sectes, il convient de relever l'entrisme dans les organisations non gouvernementales (ONG), notamment dans celles accréditées auprès des organismes internationaux. L'utilisation dans les entreprises de la forme juridique ONG mérite de retenir notre attention car désormais, partout dans le monde, il est fait appel au dynamisme de la « société civile ». Des discours, des prises de position peuvent aussi nous orienter. Toutefois, il ne faut pas se limiter à l'observation des idées. Dans un pays de liberté, l'approche de la menace sectaire, son évaluation et sa détection passent par l'analyse des comportements illégaux et des risques que ceux-ci représentent pour la personne et sa santé. C'est le rôle de l'État de détecter le phénomène sectaire. C'est aussi celui des dirigeants d'entreprises de préserver le cadre de liberté qui est le leur.

Justement, le partenariat développé entre les entreprises et la MILS est-il efficace ?

Henri-Pierre Debord : On peut aujourd'hui répondre par l'affirmative. Depuis 1999 a été initié un plan de partenariat avec quelques entreprises publiques, qui a par la suite été étendu aux entreprises privées. Il s'agissait à l'origine d'expérimenter un mode de relations. Nous pensions pouvoir réagir à des préoccupations immédiates, comme une interrogation sur un nouveau prestataire extérieur ou à propos de l'insuffisante clarté d'un contrat. Nous pensions aussi pouvoir sensibiliser des cadres dirigeants sur l'intrusion sectaire dans les entreprises. Nous voulions à la fois répondre à des questionnements concrets et monter des schémas de formation. Les grandes maisons, à l'image de France Télécom, de la SNCF, d'EDF, du CNES ou du CEA ont leurs propres services de sécurité, d'intelligence économique et de management des ressources humaines, mais d'autres entreprises sont moins outillées. Il faut donc trouver le bon niveau de réponse pour chaque interlocuteur à travers des formules de partenariat simple ou formalisé. Certaines précautions doivent être prises car les attaques des sectes sont feutrées, multiformes et presque toujours habilement menées.

Nous sommes dans une démarche patiente et modeste. Nous répondons pour l'instant surtout à des interrogations concrètes. Exemple : un directeur général ou un DRH reçoit une plaquette commerciale d'un organisme de formation ou d'un spécialiste en développement personnel. Il s'interroge sur le contenu du programme et la qualité des prestations proposées. Il demande alors à la MILS si elle connaît cet organisme et s'il faut s'en méfier. Nous fonctionnons un peu comme la librairie du coin où l'on vient chercher de l'information en urgence. Mais nous agissons parallèlement en direction d'instances représentatives, syndicats professionnels, clubs d'entrepreneurs, bailleurs de fonds sous la forme de conférences et de réunions. Cette politique de partenariat avec les entreprises doit à mon avis se poursuivre dans les années à venir, afin de prévenir autant que possible les infiltrations du sectarisme dans le domaine économique.

Nous fonctionnons un peu comme la librairie du coin où l'on vient chercher de l'information en urgence.

✖ *Pourquoi avoir voulu rencontrer la S.F. Coach ?*

Jean-Luc Portier : Le yoga ou la sophrologie sont des méthodes sans apparente dangerosité. Ils appartiennent pourtant aux moyens employés par des organismes sectaires pour prendre des individus dans leur engrenage. De même, le coaching n'est pas toujours une pratique innocente. C'est pourquoi nous avons souhaité rencontrer des prestataires de service, leurs instances représentatives, des organismes de certification qualité et les financeurs des actions de formation. C'est dans ce contexte que nous avons demandé à entendre une représentante de la S.F. Coach pour qu'elle nous apporte un éclairage sur les pratiques et les finalités du coaching. Apparemment la Société française de coaching a été créée dans un souci d'éthique, mais surtout pour crédibiliser et valoriser cette nouvelle profession. Un des moyens permettant d'éviter des dérives est de donner des repères forts. Le mérite de la S.F. Coach est d'avoir créé un cadre à cette profession en lui donnant des statuts, un code de déontologie et un principe de titularisation.

La quête de sens en entreprise est une notion sinon nouvelle du moins moderne.

✖ *Trouvez-vous suspect cette omniprésence de la quête de sens dans la bouche des coachs ?*

Henri-Pierre Debord : La quête de sens en entreprise est une notion sinon nouvelle du moins moderne. Au départ, le terme n'a pas de connotation péjorative. Mais si on l'examine de plus près, on constate qu'il est abusivement utilisé par des organismes à caractère sectaire et leurs satellites commerciaux. Ceux-ci profitent de l'air du temps pour mieux infiltrer les milieux des entreprises. Ces organisations tentent en général de mettre en place des relations contractuelles avec des personnes ciblées. La première phase, celle d'attirance-séduction, s'appuie sur un besoin de réponses à des questionnements de personnes en manque de repères, aspirant à un autre mode de vie ou cherchant une sortie à une impasse temporaire, personnelle, professionnelle ou sociale. Les réponses apportées sont des formules type « prêt-à-penser » ou « prêt-à-agir ». Le lien est souvent formalisé par un achat/vente de produit ou de service. Cette phase peut notamment se dérouler dans le cadre de préoccupations partagées au sein de l'entreprise par les dirigeants, les cadres et les salariés autour de la quête de sens ou encore au travers d'approches à priori novatrices en matière de développement personnel ou d'acquisition de compétences managériales. L'intervention de prestataires de services, d'animateurs ou d'experts extérieurs garantit la plupart du temps la mise en œuvre de cette étape. Prenons comme exemple une prestation de coaching : de quelle façon le contrat prend en considération la quête de sens de l'utilisateur ? Ne s'inscrit-elle pas en opposition au principe de loyauté des clauses contenues dans les contrats établis ? Correspond-elle à la quête de sens de l'entreprise ? Débouche-t-elle sur une phase d'accoutumance, voire de coercition ?

Les réponses apportées sont des formules type « prêt-à-penser » ou « prêt-à-agir ».

Du premier contrat passé librement aux accords ultérieurs conclus entre « partenaires », deux facteurs caractérisent l'évolution de la relation au seul bénéfice de l'organisation à caractère sectaire : un accroissement des exigences vis-à-vis de l'acheteur et de l'utilisateur en attente de bénéfices professionnels découlant des termes apparents de ce contrat ; une augmentation de la dépendance psychologique, matérielle et financière.

Enfant, Marc Vanghleder ne rêve que de deux choses : être coureur automobile et juriste. Il fera donc quelques courses, mais surtout des études de droit. Par la suite, il occupe différents postes dans les coulisses de l'administration préfectorale, puis il fait du marketing pour des produits grande consommation dans un grand groupe mondial, avant de bifurquer pour tâter de la communication institutionnelle dans le groupe Publicis. Des expériences variées qui lui seront très utiles pour faire du conseil politique. En 1988 se présente l'opportunité de créer la société RSCG Public, avec le soutien de Patrick Salomon. *« Ce fut une étape décisive pour moi. La difficulté était de faire cohabiter dans la même boutique des consultants de sensibilité différente, mais aussi de démontrer avec Stéphane Fouks, mon alter ego à gauche, que le consulting politique pouvait exister en dehors des campagnes électorales. »* Cinq ans plus tard, il quitte le cocon de RSCG, racheté par Havas, pour créer sa propre entreprise de conseil politique : Leaders & Opinions, dont il est le président.

23 Le conseiller politique

« Accompagner, c'est influencer »

Beaucoup d'hommes politiques estiment aujourd'hui indispensable d'avoir à leurs côtés un conseiller, qui, par certains traits, s'apparente à un coach. Omniprésent dans l'ombre de son client, son pouvoir d'influence le rend progressivement incontournable. Mais les faux pas sont à éviter. Une expérience sur le fil du rasoir que vit au quotidien Marc Vanghelder, président de Leaders & Opinions.

Accompagner, c'est influencer

Quand ils font appel à nous, certains hommes politiques pensent qu'en un minimum de temps, simplement en les écoutant, nous allons concevoir une affiche avec leur visage souriant et le slogan qui les fera élire sans difficultés. Or notre action est bien différente. On interroge d'abord notre nouveau client, ainsi que son entourage. Puis nous allons à la rencontre de la ville, de la région ou du pays, donc de la zone géographique qui sera notre terre d'action. Il est très rare que les informations ainsi recueillies soient en phase avec les données de notre client. Arrive alors la première opération difficile : celle qui consiste à expliquer à celui-ci qu'il n'a peut-être pas vu juste et que la problématique n'est pas tout à fait celle qu'il imaginait. Cette phase d'écoute achevée et le problème repositionné, vient alors le travail sur la stratégie à dérouler. Elle inclut le programme, la définition des actions, le choix des outils, des supports de communication ainsi que leur planification. Chaque étape compte : elle doit être mûrement réfléchie et débattue entre les proches du client et l'équipe conseil. Il ne faut jamais avoir peur d'échanger, voire de s'affronter. Cette confrontation est nécessaire car, au final, nous tomberons d'accord pour une ligne stratégique et « un plan de bataille ». C'est alors la fin de la première partie de notre mission, celle qui peut s'apparenter à celle du médecin spécialiste diagnostiquant le mal et les remèdes. Nous pouvons alors nous transformer en médecin généraliste. Celui qui va accompagner au jour le jour son client, en mesurant quotidiennement la pertinence de son discours, recadrant au besoin l'image et le plan d'action.

Il est très rare que les informations ainsi recueillies soient en phase avec les données de notre client.

L'homme politique ne s'adresse pas à la même population. Les hommes et les femmes composant un électorat représentent avant tout des consommateurs gratuits. Ils sont donc exigeants, changeants, féroces, sans aucune complaisance face à l'homme politique qui, bien souvent, n'a pour se défendre qu'un programme, sa force de conviction, voire un bilan. Contrairement au chef d'entreprise, il ne peut pas faire valoir ses résultats économiques, son rendement amélioré, sa rentabilité démultipliée pour satisfaire ses actionnaires, faire plaisir à son banquier et tranquilliser autant que possible les représentants syndicaux. Chaque électeur pense que l'homme politique détient une parcelle de pouvoir, sans toutefois en connaître le contour et les limites. Les questions qu'il se pose sont toujours les mêmes : « Qu'a-t-il fait de son pouvoir hier ? » et « Qu'en fera-t-il demain ? » Nous sommes dans le verbe : à nous de trouver les mots justes qui feront la différence et démarqueront notre client des autres hommes politiques. Il nous faut être ambitieux, en mariant pour celles et ceux qui vont l'écouter le sérieux et la juste part de rêve qui donneront envie de voter pour lui. Une fois le client et son conseil unis, nous allons vivre en permanence sur le fil. Il faut être d'autant plus fort que l'homme politique devient craintif et angoissé avec le temps et l'échéance qui se rapproche.

Allez-vous jusqu'à materner vos clients ?

Il faut différencier la période électorale, propice aux crises d'angoisse, aux questions à répétition, à l'énervement du client et de ses proches, du travail en continu. Le conseil à l'année, sur les stratégies, se déroule dans un climat serein et d'amitié où chacun s'interroge et fait preuve d'une grande imagination. En l'absence de pression, y compris médiatique, les hommes politiques sont des personnalités très agréables à côtoyer. C'est la proximité des échéances électorales qui modifie leur personnalité. Il me semble d'ailleurs que les vrais responsables du changement que l'on peut observer sont davantage les entourages, les militants et tous les « amis » qui se targuent de connaître la politique, pour ne pas dire la communication. Le ton monte et les questions se multiplient, sans aucune raison. Nous entrons alors dans une phase où l'irrationnel est roi. Nous devons pourtant insister et tenir bon car une

C'est la proximité des échéances électorales qui modifie la personnalité des hommes politiques.

stratégie ne se change pas toutes les cinq minutes. Notre métier de conseil consiste alors, à chaque instant, à réassurer le client et lui démontrer en permanence que ce que nous avons décidé ensemble est juste et qu'il n'y a pas motif à bouleversement. Ce laps de temps est sans conteste le plus délicat. On donne souvent l'impression d'être « borné », sourd aux idées nouvelles, alors même que nous savons qu'il suffirait d'accepter telle ou telle suggestion pour lâcher un peu de lest. Nous répétons à notre client qu'il faut être « cool », calme, ne pas multiplier les messages et poursuivre notre analyse à froid, au risque de paraître prétentieux, voire suffisant.

Êtes-vous bien accueilli par l'entourage professionnel ?

C'est généralement le patron politique qui choisit le conseil, ce qui ne manque pas de déranger, sauf quand l'entourage a bien perçu qu'il existait un problème. Ce cas de figure est le plus confortable, mais vous n'êtes jamais accueilli comme le Messie : il vous faut faire la démonstration de votre savoir-faire ; aucun chèque en blanc ne vous sera signé à l'avance. L'autre hypothèse, la plus fréquente, c'est que l'entourage n'a pas pris conscience de la nécessité de s'ouvrir à un conseil extérieur. Il le vit au début assez mal, car cela apparaît, à tort, comme une remise en cause de son pouvoir, voire de sa compétence. Il nous faut tenter de lui démontrer qu'on sera seulement un « plus », fort de notre regard extérieur, riche de notre expérience acquise ailleurs, dans des situations parfois similaires. Contrairement à cet entourage en charge du quotidien, nous disposons d'une plus grande liberté d'action. Cette mini confrontation passée, la phase d'observation commence : ce conseil ramené dans « les bagages » du patron est-il aussi bon que cela ? On sait que rien ne nous sera épargné. On a une obligation absolue de réussir. Au fur et à mesure que nous travaillons ensemble et que nous engrangeons les bons résultats, le climat se détend et la confiance s'installe, mais il est rare que des liens d'amitié naissent entre cet entourage et nous.

Contrairement à cet entourage en charge du quotidien, nous disposons d'une plus grande liberté d'action.

▶ Les proches ont-ils leur mot à dire ?

L'épouse est assez souvent présente. À tort ou à raison, au-delà du simple fait d'être aux côtés de son mari, on lui fait jouer souvent un rôle, qu'elle accepte plus ou moins. Elle se mêle rarement de la stratégie, mais nous lui demandons parfois son avis et, bien entendu, son accord sur certaines actions que nous aimerions mener avec elle au bénéfice de son mari. Les rapports avec les amis sont par contre plus délicats. Ils aiment généralement se mêler de tout, il faut donc les canaliser, les freiner, et, parfois même, leur interdire certaines actions. Les relations peuvent alors devenir très tendues, et l'homme politique est appelé à rappeler à ces amis, qui veulent trop bien faire, qu'ils doivent rester à leur place, sans franchir la ligne blanche. Restent les co-listiers, les militants ou les proches politiques soutenant notre client. Le travail est clair avec eux : ils ont des compétences, à nous de les exploiter au mieux et de les insérer dans le puzzle de notre stratégie.

▶ Ne finissez-vous pas par avoir une étiquette d'« éminence grise » ?

Le temps et la réussite de votre mission vous transforment évidemment au yeux des autres en une personne qui compte et que l'on écoute. La politique, c'est avant tout une notion de pouvoir. Quand vous êtes partie intégrante de la garde rapprochée d'un patron politique, vous devenez respecté et craint. En effet, ce genre de personnalité est avant tout méfiante, travaillant avec peu de gens et se livrant à un nombre très restreint de proches. Il se méfie à juste raison de celles et ceux qui veulent l'approcher, lui demander mille et un services et lui prodiguer de bons conseils. C'est pourquoi il se replie sur sa garde, sur ses « incontournables », par qui il est bon de transiter. Ceci posé, si notre pouvoir semble très important, il est bien souvent exagérément grossi. Il est vrai que notre mission évolue bien souvent. De fil en aiguille, après avoir travaillé sur la stratégie de communication, nous sommes sollicités sur d'autres aspects plus techniques. Il est fréquent que nous réfléchissions sur des sujets aussi divers que l'éducation, les problèmes de santé, les

Si notre pouvoir semble très important, il est bien souvent exagérément grossi.

transports ou l'aménagement du territoire. Nous avons même été jusqu'à repenser et réécrire une Constitution dans le Sud-Est asiatique et à négocier pour le compte d'un pays d'Amérique du Sud sa limite frontalière avec l'un de ses voisins.

Entrez-vous dans l'intimité de celui pour qui vous travaillez ?

L'homme politique est avant tout un homme : il a donc besoin d'écoute, envie d'échanger, de confronter son opinion avec d'autres en qui il a confiance. Ce sont avant tout des liens d'amitié, souvent forts, qui se nouent entre le client et le conseil. Le fait d'être extérieur à son cercle quotidien et notre réputation de discrétion absolue lui apportent aussi davantage de liberté et de confiance, ce qui le conduit à nous livrer mille et un petits secrets. Mais les connaître n'a aucun intérêt en soi ; ce qui est très agréable, c'est de mesurer aux travers de ces confidences la confiance et, encore une fois, l'amitié qui finissent par nous unir. Il faut bien avouer qu'il est plus agréable d'évoquer notre mission dans un contexte amical et détendu, que ce soit en jouant au golf ou chez eux, en famille.

Il est plus agréable d'évoquer notre mission dans un contexte amical et détendu.

Quelles erreurs vous sont interdites ?

Même si on met des mois, voire des années à construire l'image d'un homme politique, elle reste cependant très fragile. Ainsi, nous ne sommes jamais à l'abri d'une erreur d'appréciation face à un événement imprévu, ou, pire, d'un lapsus devant une assemblée ou les médias. L'unique recette est d'être le plus présent possible. Nos consultants doivent donc se tenir informés en permanence, participer aux réunions d'état-major autour du client. Cette participation active du conseil en collaboration avec l'entourage permet d'éviter la majeure partie des crises. L'autre erreur à ne pas commettre, c'est de se prendre au sérieux, ou de s'identifier tellement à son client, qu'au cœur du pouvoir, on parle ou l'on agit en son nom. Il faut prendre la mesure de sa mission et s'y tenir et surtout ne jamais se laisser griser par le pouvoir. Nous devons donc rester dans l'ombre. J'entends certains conseillers se répandrent dans les médias dans le dessein de se faire « mousser », pour dire combien ils sont importants auprès de telle ou telle personnalité. Ces propos sont des erreurs, des fautes déontologiques. On peut être fier d'avoir signé une belle campagne de publicité pour une entreprise, un produit, ou même une collectivité territoriale, mais on n'a pas le droit de s'approprier les propos d'une personnalité politique. En notre qualité de conseil, nous sommes là pour servir, et non pour se servir. Tous ceux qui dérogent à cette règle devraient changer de fonction car ils n'ont rien compris à la mission première qui est la nôtre.

Directeur du cabinet conseil Réseau Pensant, François Proust a successivement été professeur, journaliste au *Monde,* consultant à la Banque mondiale, conseiller technique au cabinet de Norbert Ségard, ministre de la Poste et des Télécommunications, chargé de mission au ministère de la Recherche et de la Technologie, puis consultant depuis 1986. Il a écrit *Maximes à l'usage des dirigés et de leurs dirigeants, Le Consultant* aux éditions Payot/Rivages et *Moïse et l'Organisation scientifique du travail* aux éditions Point de mire.

24 Le consultant philosophe

« *Une pratique remontant au IVe siècle avant J.-C.* »

Dans l'Antiquité, le coaching était l'une des formes de la direction de conscience que Socrate a inventée sous le terme de maïeutique. Les écoles philosophiques, grecques, puis romaines, avaient sur ce sujet des pratiques formalisées. Dans les années 1950, aux États-Unis, le coaching, popularisé par Carl Rogers sous la notion d'empathie, s'exerçait sous le nom de relation d'aide. Courte histoire du coaching avec François Proust, directeur du cabinet Réseau Pensant.

Une pratique remontant au IVe siècle avant J.-C.

Faut-il s'inquiéter de l'engouement autour du coaching aujourd'hui dans les entreprises ?

S'agit-il d'une pratique révélatrice d'un nouveau mode de gestion caractéristique de notre époque ou d'une mode anglomaniaque, comme l'entreprise en a tant digérées depuis les années 1980 ? Quelques-unes de ces modes n'étaient d'ailleurs que la remise sur l'établi de normes, comme celles de la qualité, qui n'auraient jamais dû disparaître des préoccupations du monde de la production. L'irruption de l'anglicisme « coaching » dans l'univers de la pédagogie, de l'éducation, de la formation, de la psychothérapie agit comme une puce à l'oreille. Vingt-cinq siècles qu'en Europe la pédagogie est l'objet de débats et d'innovations, et il n'existerait pas un seul mot français, une seule expression, pour désigner cette notion ? Le mot « coaching » vient de l'image du cocher dans le mythe de l'attelage ailé du *Phèdre* de Platon. Enfin, l'anglicisme laisse croire que le coaching est une pratique récente alors que la relation d'aide formalisée, car c'est bien de relation d'aide qu'il s'agit, consubstantielle à toute socialisation, remonte aux philosophes grecs au IVe siècle avant Jésus-Christ et fait partie de ces « exercices spirituels » dont la redécouverte due à Pierre Hadot (*Exercices spirituels et philosophie antique,* Institut d'études augustiniennes, Paris, 1993) a exercé une influence décisive sur les derniers travaux de Michel Foucault.

Le mot « coaching » vient de l'image du cocher dans le mythe de l'attelage ailé du Phèdre de Platon.

Dans le coaching, la plupart des praticiens ne visent que le modèle d'entraîneur à sportif, dans lequel il s'agit d'améliorer la performance du candidat aux records. Le mot « coach » a été employé dans d'autres professions que le sport, avant de devenir dans les années 1980 une métaphore managériale. Ainsi, dans les années 1940, coach s'employait-il, et s'emploie toujours, aux États-Unis comme en France, dans le domaine théâtral, lyrique et cinématographique. Lors du tournage de son dernier film, *The Misfits* (John Huston, 1961), Marilyn Monroe avait une coach, Paula Strasberg.

Elle faisait répéter son rôle et servait de confidente à l'actrice dépressive en cours de séparation d'avec son mari, Arthur Miller, scénariste du film. L'écrivain détestait Paula Strasberg et la désignait du nom de gourou.

L'illustration montre que le coaching est utilisé dans deux univers différents aux frontières poreuses : l'univers de la vie professionnelle et celui de la vie personnelle. Dans le premier, attitudes et connaissances sont transmises par un ancien à un moins expérimenté. Il s'agit de tutorat, de parrainage, d'apprentissage, de compagnonnage. Quatre mots français ! Pour désigner le plus ancien et le plus expérimenté de ces deux acteurs appartenant à la même structure, l'entreprise parle aujourd'hui de coach interne. Si ça fait plaisir ! Le second univers, celui de la vie personnelle, engage la totalité du sujet et son histoire. Ses deux pratiques modèles sont la psychanalyse et la psychothérapie.

Quel est le véritable intérêt de faire appel à un coach ?

Le coach est ou devrait être un professionnel qui, dans le cadre d'une relation plus ou moins contractuelle, fait progresser une autre personne par des techniques de dialogue et/ou par l'exemple d'une pratique réglée. Le coach collabore ainsi à l'autonomie du coaché et à son indépendance, c'est-à-dire à l'édification de soi, au gouvernement de soi. L'« *Oxford Thesaurus* » donne les synonymes suivants de coach : « tutor », « trainer », « instructor », « teacher » et « mentor ». C'est à son ami Mentor qu'Ulysse confie l'éducation de son fils Télémaque au moment de son départ pour la guerre de Troie. Les finasseries entre coaching et mentoring sont sans fondement. De l'Antiquité à nos jours, le coaching ricoche sous des notions comme maïeutique avec Socrate, correction fraternelle avec les Épicuriens, direction de conscience avec les Stoïciens ou relation d'aide avec Carl Rogers (*La Relation d'aide et la psychothérapie*, ESF éditeur, Paris, 1993.), mais il n'a pas changé de visée. En tant que coach, s'il faut parler ainsi, Socrate manifestait peu d'empathie, l'un de ses interlocuteurs le compare à un poisson-torpille qui lance des décharges ; le philosophe-dialoguiste prati-

Les finasseries entre coaching et mentoring sont sans fondement

quait les questions fermées quand il voulait faire accoucher d'une réponse précise et prévisible. Du dire à la question ouverte, il y a différents degrés dans la parole du coach.

Pour illustrer l'histoire du coaching en gardant à l'esprit l'idée de relation d'aide, appuyons-nous sur deux références chronologiquement extrêmes : La Bible et Marcel Proust. D'abord, le chapitre 18 de l'Exode. À notre connaissance, c'est la première fois dans la culture occidentale qu'est utilisé le mot « conseil ». Première fois aussi qu'est énoncé un conseil de manière organisée et procédurale, comme un mode d'emploi : celui de la délégation. Première fois toujours qu'est décrite une relation de conseil d'un beau-père, Jéthro, à son gendre, Moïse, lequel gendre n'a rien demandé alors qu'il gère mal et son temps et son stress, lequel beau-père quitte la scène et s'en va dès qu'il a donné son conseil : il ne contrôle pas, il respecte l'autonomie du conseillé, seul décideur. De plus, le beau-père intervient après avoir observé, première forme de l'audit, son gendre. Enfin, ce texte est fondateur de sept pratiques qui préoccupent quotidiennement dirigeants et consultants : le conseil qui est, ici comme toujours, notamment dans *Les Lettres à Lucilius* de Sénèque, une relation d'aide, la délégation, l'organisation, la gestion du temps, le recrutement, le principe de solidarité et le principe de subsidiarité.

Du dire à la question ouverte, il y a différents degrés dans la parole du coach.

Le deuxième texte est dans « Journées de lecture » de Marcel Proust (*Pastiches et mélanges*, Gallimard, 1992). Il date de 1905, cinq ans après la publication du texte fondateur de la psychanalyse, *L'Interprétation des rêves* de Freud, et l'année même de la mort de la mère de Proust, événement après lequel le romancier ne sortira plus de chez lui. À condition de suivre le texte avec son doigt, tout est dit ici, et plus ou presque, sur le coaching. On se doute que de Moïse et des philosophes grecs et romains à Marcel Proust, il s'est passé un certain nombre de choses dans le conseil et la relation d'aide : les conseillers de la Renaissance, les moralistes français, les lettres de Descartes à la neurasthénique princesse Élisabeth de Bohême et à la reine Christine de Suède, etc. Plus difficile d'accès, voici le texte :

« *La lecture est au seuil de la vie spirituelle ; elle peut nous y introduire, elle ne la constitue pas. Il est cependant certains cas, certains* » *cas pathologiques pour ainsi dire, de dépression spirituelle, où la lecture peut devenir une discipline curative et être chargée, par des incitations répétées, de réintroduire perpétuellement un esprit paresseux dans la vie de l'esprit. Les livres jouent alors auprès de lui un rôle analogue à celui des psychothérapeutes auprès de certains neurasthéniques. On sait que dans certaines affections du système nerveux, le malade, sans qu'aucun de ses organes soit lui-même atteint, est enlisé dans une sorte d'impossibilité de vouloir, comme dans une ornière profonde d'où il ne peut se tirer seul, et où il finirait par dépérir, si une main puissante et secourable ne lui était tendue. Son cerveau, ses jambes, ses poumons, son estomac, sont intacts. Il n'a aucune incapacité réelle de travailler, de marcher, de s'exposer au froid, de manger. Mais*

Autant
d'écritures et
de lectures
destinées à
l'édification
de soi, au sens
monumental
d'édifice.

ses différents actes, qu'il serait très capable d'accomplir, il est incapable de les vouloir. Et une déchéance organique qui finirait par devenir l'équivalent des maladies qu'il n'a pas serait la conséquence irrémédiable de l'inertie de sa volonté, si l'impulsion qu'il ne peut trouver en lui-même ne lui venait du dehors, d'un médecin qui voudra pour lui, jusqu'au jour où seront peu à peu rééduqués ses divers vouloirs organiques. Or, il existe certains esprits qu'on pourrait comparer à ces malades et qu'une sorte de paresse ou de frivolité empêche de descendre spontanément dans les régions profondes de soi-même où commence la véritable vie de l'esprit. Ce n'est pas qu'une fois qu'on les y a conduits, ils ne soient capables d'y découvrir et d'y exploiter de véritables richesses, mais, sans cette intervention étrangère, ils vivent à la surface dans un perpétuel oubli d'eux-mêmes. » De La Bible à Marcel Proust, le coaching, forme du conseil, n'a donc pas changé de visée. Les modalités, usages et formes ont en revanche varié en engendrant six genres littéraires : le dialogue, la lettre, la maxime, la fable, le journal intime (Marc Aurèle, Kafka), et la biographie avec Plutarque : autant d'écritures et de lectures destinées à l'édification de soi, au sens monumental d'édifice.

Le coaching ne serait-il pas surtout bénéfique à l'entreprise ?

La réponse ne peut être ni courte ni tranchée. Disons qu'étrangement la mode du coaching interne ou externe arrive vingt ans après la mode de l'entretien annuel de progrès, ou entretien annuel d'appréciation du personnel, qui pose à chaque fois des problèmes techniques et moraux. Véritable exercice spirituel et introduction de l'intime sur la scène semi-publique, cet entretien qui suppose du coaching entre le manager et le collaborateur est censé rendre ledit collaborateur plus efficace et plus autonome. Tout coach devrait inviter au gouvernement de soi, à un meilleur usage de soi. Pour y parvenir, les cabinets de formation jouent sur la gestion du temps et du stress, thèmes souvent maltraités. Ce gouvernement de soi nous semble être l'une des demandes adressées aujourd'hui par l'entreprise aux salariés, d'où la littérature sur le stress et l'anxiété et ce qu'on appelle l'implication subjective des travailleurs. Le coaching, généralement délégué en interne ou en externe, n'est-il pas un moyen habile pour les managers de se débarrasser d'un devoir, au profit des clients et des affaires disposées maintenant au cœur de l'entreprise ?

Ce gouvernement de soi nous semble être l'une des demandes adressées aujourd'hui par l'entreprise aux salariés.

Nul doute que l'entreprise se serve explicitement de cette technique pour transmettre les bonnes pratiques, sécuriser ses projets, fidéliser les jeunes ingénieurs, introduire de la coopération à l'heure de l'individualisation des carrières, motiver, gérer les compétences et alléger les tâches managériales. Au moment où un manager, à lui seul, peut être responsable de dizaines de projets, la relation d'aide interne s'impose. Bref que le coaching du métier soit utile à l'entreprise, certes. Qu'il soit utile aux salariés, aussi, surtout s'ils en font une occasion de prendre conscience de leur autonomie eu égard aux injonctions non dites de l'organisation. Mais le coaching, disons de personnalité, ne peut être pris en charge que par des professionnels formés à la clinique.

Cela vous gêne-t-il que le coaching ait pris tant d'importance au sein des entreprises ?

Ce qui me préoccupe, ce n'est pas que cette technique fasse travailler des bataillons de cadres et de consultants, lesquels y trouvent un nouveau marché, mais qu'ils ignorent tout de son histoire. Quelle importance, dira-t-on ! Si un Prix Nobel de physique peut tout, ou presque, ignorer de l'histoire de la physique, il n'en est pas de même pour un praticien des sciences humaines et de la société.

Celui-ci se doit d'avoir une culture historique et théorique de sa pratique tant les bases de ces sciences sont mal assurées et ont toujours besoin d'être réfléchies dans leur histoire par ceux qui les utilisent, sous peine d'en mésuser. Si un touriste vous demande place de l'Étoile où est l'avenue des Champs-Élysées, allez-vous vous livrer à une séance de coaching au nom de la constitution du sujet ? Le coaching a et ses ridicules et ses méconnaissances. Le pape n'a pas autorisé la confession par fax, les coachs interviennent par téléphone, laissez-moi préférer la philosophie dans le boudoir.

R

REGARDS CROISÉS

Mémento
pratique

Glossaire

Méthodes et outils du coach

L'Analyse transactionnelle

Quand des individus entrent en relation, les trois états du moi (parent, adulte, enfant) se croisent, se rencontrent, mais ils peuvent également se heurter, voire s'affronter. Pour qualifier ces échanges, l'analyse transactionnelle (AT) parle de « jeux » ou de « transactions ». Elle postule que s'élabore dès les premières années de la vie un scénario que nous adaptons ensuite et auquel, parfois, nous nous conformons tout au long de notre existence.

La PNL

La PNL permet de décoder tous les « comment » d'un comportement ou d'une stratégie d'excellence, d'identifier les composantes du talent de quelqu'un pour mieux les reproduire. Ses initiales donnent : P comme Programmation (elle décode les programmes mentaux conscients et inconscients pour pouvoir les reproduire, les améliorer ou les modifier) ; N comme Neuro (ces programmes utilisent notre neurologie et son architecture biologique pour se manifester) ; L comme Linguistique (ils s'expriment au travers de langages sensoriels dont la syntaxe nous permet de comprendre et d'agir sur les couches profondes de l'être humain).

L'Hypnose Éricksonienne

L'hypnose traditionnelle introduit des suggestions et des modes de comportements extérieurs au sujet, qui n'entrent pas dans son « répertoire de vie » habituel. Le sujet ne peut reconnaître dans cette suggestion extérieure à lui-même le produit de ses propres capacités. L'hypnose éricksonienne est fondamentalement différente car elle respecte l'intégralité du patient : la suggestion directe en est exclue. Le coaché est accompagné par le coach qui, au cours d'une simple conversation, lui permet d'accéder aux ressources de son inconscient : c'est dire que le sujet est totalement respecté dans sa structure psychique et qu'il trouve, lui-même, la réponse à son problème dans la gamme de ses capacités personnelles. Cette approche souligne l'intérêt de la transe hypnotique pour activer les ressources latentes en chacun de nous. Elle utilise des techniques de suggestion indirecte à base d'histoires et de métaphores.

La Gestalt Thérapie

Cette approche vise à amener la personne à réagir dans une situation « ici et maintenant ». Au lieu d'aller chercher dans le passé le pourquoi des difficultés d'une personne, on lui propose de sentir ce qui se passe dans l'instant. Ceci à tous les niveaux : sensoriel, affectif, intellectuel, social... le travail s'effectue donc à partir de ce qui émerge dans l'instant. Pour amener à la prise de conscience des sentiments physiques, des sensations et des perceptions, la Gestalt a recours aux exercices corporels, au psychodrame, à la relaxation, au contact physique et à la provocation.

Le Taibi Kahler

Ce modèle aussi baptisé Process Communication (PCM) définit six types de personnalité tous présents chez l'individu mais à des taux d'intensité différents : empathique, « travaillomane », rebelle, promoteur, persévérant et rêveur. Chaque personne fonctionne de façon préférentielle selon un ou deux d'entre eux.

Les Préférences cérébrales

Ce modèle prend la forme d'un diagramme qui fonctionne comme une sorte de carte simplifiée des différents modes de pensée utilisés par un être humain. Il va au-delà du schéma binaire cerveau gauche/cerveau droit puisqu'il comporte quatre quadrants (espace cortical gauche, cortical droit, limbique gauche, limbique droit). Chacun de nous, de manière naturelle, évite, utilise, ou préfère fortement fonctionner en s'appuyant sur l'un ou l'autre de ces quatre quadrants. Le quadrant A est rationnel, réaliste... le quadrant B est prudent et évite de prendre des risques... le quadrant C est sentimental, émotif... le quadrant D est plutôt imaginatif, artistique...

L'Ennéagramme

Ce modèle considère que la personne est organisée autour de trois centres : mental, émotionnel et instinctif. Chacun d'entre nous est plus à l'aise avec l'une de ses trois fonctions et a tendance à l'utiliser plus souvent par rapport aux deux autres. Cette utilisation des centres fait que l'énergie d'une personne est canalisée dans une certaine direction. L'ennéagramme distingue neuf orientations possibles de cette énergie qui sous-tendent neuf profils de personnalité. Le symbole est une étoile à neuf branches incluse dans un cercle.

Le MBTI

Le Myers-Briggs Type Indicator est un indicateur de personnalité construit sur quatre dimensions principales qui sont chacune définies par deux pôles opposés : l'orientation de l'énergie : Extraversion (E) ou Introversion (I) ; les modes de perception : Sensation (S) ou Intuition (N) ; les critères de décision : Pensée (T) ou Sentiment (P) ; le style de vie : Jugement (J) ou Perception (P). Leur combinaison en seize types est présentée habituellement sous forme d'une table : Les « I » vivent dans le monde des idées et occupent les deux lignes du haut, les « E » réalistes, les deux lignes du bas. Les « S » sont dans les deux colonnes de gauche, associées au présent, alors que les « N » sont dans les deux colonnes de droite, associées au futur. Les « T » peu émotifs se trouvent dans la première et la dernière colonne, protégeant ainsi les « F » au « cœur d'artichaut » situés dans les deux colonnes centrales. Les « J » rigoureux encadrent, première et dernière ligne, les « P » flexibles, placés dans les deux lignes du milieu pour leur éviter de se disperser.

Le 360°

Apparue en France dans les années 1990, l'évaluation managériale à 360° se développe doucement dans les grandes entreprises et se transforme progressivement en porte d'entrée pour le coaching. Certains l'appellent « le retour d'information à 360° », d'autres « 360° feed-back », « perception managériale à 360° » ou encore « évaluation multi-perspectives ».

Quel que soit son nom, il s'agit pour une personne de faire distribuer un questionnaire à son entourage (son supérieur hiérarchique, ses pairs, ses collaborateurs, et parfois ses clients et ses fournisseurs) pour obtenir un feed-back sur ses comportements. Puis de comparer cette restitution confidentielle à sa propre perception. L'anonymat des observations est de rigueur sauf pour le supérieur hiérarchique.

Les facettes du coaching en entreprise

Le coaching individuel

Prend la forme d'une série d'entretiens entre une personne (le coaché) et un professionnel (le coach) qui ont pour but d'aider le coaché à atteindre ses objectifs dans sa vie professionnelle.

Le team building

Est une co-construction à partir des représentations des participants pour accompagner des changements profonds en cours comme une nouvelle organisation de la direction commerciale ou un nouveau fonctionnement du comité de direction.

Le coaching en équipe

Est le coaching d'individus dans une équipe. Il s'agit alors de dénouer des situations bloquées, de travailler sur la capacité à vivre des désaccords sans craindre le conflit.

Le séminaire action/réflexion

Est le coaching du « pauvre ». Il s'agit de développer dans le cadre d'un collectif une logique de coopération.

Les attitudes du coach

Savoir se synchroniser

La première étape d'une séance de coaching est la synchronisation. Il s'agit pour le coach d'ajuster son ton, son niveau d'énergie, ses mots pour refléter ceux de l'autre, sans se comporter comme un automate. Se synchroniser avec quelqu'un c'est en quelque sorte atteindre l'endroit où l'on est en résonance avec l'autre, c'est écouter avec tout son être et rejoindre l'autre où il est.

Examiner les projections

La projection consiste à vouloir convaincre l'autre de la justesse de son opinion personnelle, lui vendre son point de vue comme seul valable. Quand un coach s'imagine que l'autre raisonne comme lui, il a tendance à le conseiller sur ce qu'il lui semblerait légitime de faire, s'il était à sa place. Il est donc essentiel pour lui d'examiner ses projections mais aussi celles du coaché qui s'attend à ce que le coach perçoive la situation de la même manière que lui. Le coach doit avoir le regard de l'anthropologue et donc le souci permanent de sortir de lui pour aller regarder l'autre. Son outil majeur est le recadrage.

Gérer les résistances

La résistance est un mécanisme qui nous protège dans notre identité et dans nos repères en introduisant une forme de constance dans un univers en perpétuel changement. Pour aider un coaché à intégrer des éléments nouveaux et à reconstruire ses marques, le coach doit faire preuve de bienveillance tout en acceptant la confrontation quand elle s'avère nécessaire.

Être en supervision

La supervision permet au coach de prendre conscience des problèmes relationnels ou méthodologiques en matière de coaching, de les solutionner seul avec son superviseur ou avec aussi l'aide de ses pairs dans un groupe. Cela lui permet également de rester lui-même et de ne pas se perdre tout seul dans une situation qui lui paraît inextricable et sans espoir. C'est un lieu privilégié pour le professionnel où il peut exprimer ses doutes et questionnements, faire le lien entre ses difficultés et ses affects.

Les postures cousines du coaching (selon Robert W. Dilts)

Selon la PNL, la combinaison des dimensions variées de notre expérience subjective s'incarne sous la forme de circuits neurologiques pouvant être activés grâce à des schémas de langage, des stratégies cognitives et des clés d'accords sensoriels. Chaque niveau requiert également un type particulier de soutien pour l'apprentissage et le changement.

Le guide/gardien

Conduire est le processus de diriger une personne le long du chemin en la menant d'un état présent à un état désiré. Cela présuppose que l'on connaît déjà cet état et par conséquent le meilleur moyen de l'atteindre. Être un guide ou un gardien implique de créer un environnement sécurisant et d'apporter un soutien. Et donc de s'assurer que le nécessaire sera à disposition, sans interférences ou distractions inutiles.

Le coach

Coacher est le processus permettant d'amener une personne à optimiser de façon maximale ses capacités. Cela implique d'extraire les forces d'une personne et de l'aider à surmonter des résistances internes et des interférences pour faciliter son bon fonctionnement en tant que membre d'une équipe. Un coach pertinent observe le comportement d'une personne et la conduit à s'améliorer dans des situations et contextes spécifiques.

L'enseignant

L'enseignement s'apparente au fait d'aider une personne à développer de manière cognitive ses capacités et ses compétences. L'enseignement se focalise plutôt sur des qualifications générales que sur la réalisation dans le cadre de situations spécifiques. Un enseignant aide à développer de nouvelles stratégies de pensées et d'actions. L'accent se situe davantage sur l'acquisition de connaissances nouvelles que sur l'affinement de la performance.

Le mentor

Un professeur enseigne, un coach fournit un feed-back comportemental spécifique en vue d'aider une personne à apprendre et à grandir. Les mentors par contre nous guident à la découverte de nos propres compétences inconscientes et fortifient nos croyances et valeurs, souvent d'ailleurs par leur propre exemple. Les mentors sont en général des personnes mises sur notre route pour donner forme et influencer nos vies positivement par « résonance », libérant ou dévoilant des choses profondément enfouies en nous.

Le sponsor/parrain

Parrainer comporte la création d'un contexte permettant aux autres d'agir, de grandir, d'exceller. Le sponsor n'a pas forcément le rôle de modèle pour l'individu ou le groupe parrainé. Le parrain crée plutôt un contexte favorable, les contacts et ressources permettant au groupe ou à l'individu parrainé de se concentrer et de développer ses propres capacités et qualifications. Le sponsoring s'apparente au développement de l'identité et du noyau. Il implique de sa part un engagement à la promotion d'un potentiel existant mais pas encore manifesté pleinement.

L'éveilleur

Un « éveilleur » crée le contexte et les expériences qui permettent à une personne d'exprimer au mieux sa compréhension de l'Amour, du Soi et de l'Esprit. Les qualifications de l'éveilleur comprennent, mais aussi dépassent, celles de tous les autres niveaux. Ainsi être un éveilleur cumule toutes les capacités requises pour être un coach, un enseignant, un mentor et un parrain, mais également d'autres dimensions. Un éveilleur « éveille » les autres par son intégrité et sa congruence. Il révèle les autres à leurs propres missions et visions en étant totalement associé à sa propre mission et vision.

Bibliographie

Les ouvrages de base sur le coaching

- Thierry Chavel, *Le coaching démystifié, comment réenchanter le management*, Les Éditions Demos, 2001.
- François Délivré, *Le métier de coach*, Éditions d'Organisation, 2002.
- Chantal Higy-Lang et Charles Gellman, *Le coaching* (nouvelle édition), Éditions d'Organisation, 2002.
- Vincent Lenhardt, *Les responsables porteurs de sens, culture et pratique du coaching et du team-building*, Insep Éditions, 1992.
- Édouard Stacke, *Coaching d'entreprise*, Village Mondial, 2000.
- John Whitmore, *Le guide du coaching*, Maxima Laurent du Mesnil Éditeur, 1996.

La dimension « coaching » du management

- Nello-Bernard Abramovici, *Les 9 défis du manager*, Maxima Laurent du Mesnil Éditeur, 2000.
- Michael Fradette et Steve Michaud, *L'organisation cinétique ou le renouvellement constant*, Village Mondial, 1998.
- Philippe Cruellas, *Coaching, un nouveau style de management*, ESF éditeur, 1993
- Béatrice Gautier et Marie-Odile Vervish, *Le manager coach*, Dunod, 2000.
- Pascal Leleu, *Le développement potentiel des managers – la dynamique du coaching*, L'Harmattan,1995
- Christian Maisons, *Le coaching stratégique*, Maxima Laurent du Mesnil Éditeur, 1999.
- Bernard Radon, *Le coaching des managers « la méthode du dragon »*, Les Presses du Management, 1999.
- Dominique Tissier, *Management situationnel*, Insep Consulting Éditions, 2001.

La gestion des émotions au travail ou ailleurs

- Jean-Yves Arrivé, *Savoir vivre ses émotions*, Éditions Retz, 2001.

- Daniel Goleman, *L'intelligence émotionnelle*, Robert Laffont, 1997.
- Daniel Goleman, Richard Boyatzis et Annie McKee, *L'intelligence émotionnelle au travail*, Village Mondial 2002.
- David Rybak, *Putting emotional intelligence at work*, Éd. Butterworth & Heinemann, 1997.
- Jacques Salomé et Christian Potié, *Oser travailler heureux*, Albin Michel, 2001.
- Hendrie Weisinger, *Emotional intelligence at work*, Éd. Jossey-Bass, 1998

La boîte à outils du coach professionnel

- Pierre Cauvin et Geneviève Cailloux, *Devines qui tu es ?* Guide pratique, Le Souffle d'Or, 1999.
- Fabienne et Patrice Chabreuil, *Comprendre et gérer les types de personnalité*, guide de l'ennéagramme en entreprise, Dunod 2001.
- Gérard Collignon, *Comment leur dire… La Process Communication*, InterÉditions, 1994.
- Robert Stromboliev, *Fondements énergétiques du dialogue intérieur*, Le Souffle d'Or.

Le coaching des groupes et des équipes

- Alain Cardon, *Profils d'équipe et cultures d'entreprises*, Éditions d'Organisation, 1992.
- Olivier Devillard, *la dynamique des équipes*, Éditions d'Organisation.
- Cynder Niemela et Rachel Lewis, *Leading high impact teams, the coach approach to peak performance*, www.highimpact-teams.com , 2001.

Les autres postures d'accompagnement

- Roland Brunner, *Le psychanalyste et l'entreprise*, Éd. Syros, 1995.
- Gaston Pineau, *L'accompagnement comme art de mouvements solidaires*, L'Harmattan, 1998.

- Carl Rogers, *La relation d'aide et la psychothérapie*, ESF Éditeur, 1993.
- Alain Weiss, *The ultimate consultant, powerful techniques for the successful practitioner, Pfeiffer*, 2000.

Modèles mentaux et comportementaux

- Tim Gallwey, *La dynamique interne du travail*, Village mondial, 2000.
- Alain Fustec et Jacques Fradin, *L'entreprise neuronale*, Éditions d'Organisation, 2000.
- Bernard Hevin et Jane Turner, *Construire sa vie adulte, comment devenir son propre coach*, InterÉditions, 2000.
- Sonja Radatz, Beratung ohne Ratschlag, www.isct.net, 2000.
- Andreu Solé, *Nos possibles, nos impossibles*, Éditions du Rocher, 2000.
- Ken Wilber, *A brief history of everything*, Shambhala Publications, 2001.

Adresses utiles

Formations à la pratique du coaching

France

- Chidharom conseils
  6A, rue Principale – 68210 Hecken
  Tél : 03 89 25 91 03
  www.chidharom.fr

- Transformance
  90, rue Anatole France – 92300 Levallois-Perret
  Tél : 01 47 48 18 18
  www.transformance.fr

- École Brigitte Warnez
  150, avenue Emile Zola – 75015 Paris
  Tél : 01 45 77 19 69

- Eurogroup RH en partenariat avec Institut du coaching
  Tour Framatome – 92084 Paris La Défense
  Tél : 01 47 96 19 99

- IFAS
  5, rue Kepler – 75116 Paris
  Tél : 01 53 23 05 20
  http://members.aol.com/ifas75

- IFOD
  25, rue de Ponthieu – 75008 Paris
  Tél : 01 45 86 29 75
  www.coaching-ifod.com

- Institut Brigitte H.Vallet
  48, avenue Jean-Baptiste Clément – 92100 Boulogne
  Tél : 01 46 05 17 88

- Institut Créare
  www.creare-coaching.fr

- International Mozaik
  14, bis rue de Milan – 75009 Paris
  Tél : 01 53 20 11 94
  www.mozaik.fr

- GDM (Groupe développement management)
  7, rue Taylor – 75010 Paris
  Tél : 01 42 00 10 11

- JBS Coaching
  www.jbs-coaching.com

- Le Dôjô
  2, Square Vermenouze – 75005 Paris
  Tél : 01 43 36 51 32

- LKB Associates
  3, parc de Lattre de Tassigny – 92400 Courbevoie
  Tél : 01 49 05 46 31

- Mediat-Coaching
  2, avenue de Saint-Ouen – 75018 Paris
  Tél : 01 42 94 98 93

- Mediator international
  14, rue de Marignan – 75008 Paris
  Tél : 01 56 59 19 70

États-Unis

- Coach U Inc
  www.coachu.com
  www.ccui.com

- Coaching Training Institute
  www.thecoaches.com

- Érickson University International
  www.erickson.edu

- Newfield Network
  www.newfieldnetwork.com

Allemagne

- Professio (Stuttgart)
  www.professio.de

Autriche

- Institut fûr systemisches coaching und training (Vienne)
  www.isct.net

Suisse

- Coaching services (Lutry)
  www.coaching-services.ch

- IDC (Genève)
  Tél : 41-22 823 07 37

- Institut de coaching international (Genève)
  www.institutdecoaching.com

Formations spécialisées complémentaires

- EATO (École d'analyse transactionnelle champs organisations)
  9, rue Richan – 69 000 Lyon
  Tél : 04 70 30 01 41
  www.eato.net

- École parisienne de Gestalt
  27, rue Froidevaux – 75014 Paris
  Tél : 01 43 22 40 41

- Institut français d'hypnose Éricksonienne
  162, boulevard de Grenelle – 75015 Paris
  www.hypnose-ericsonienne.com

Formation au MBTI

- Osiris Conseil
  33, rue du Montoir
  77680 Vernou la Celle
  Tél : 01 64 23 06 10
  www.osiris-conseil.com

- IFPNL (Institut français de programmation
  neuro-linguistique)
  21, rue Sébastien Mercier – 75015 Paris
  Tél : 0810 810 804
  www.ifpnl.fr

- IFAT (Institut français d'analyse transactionnelle)
  1, rue de Metz – 75010 Paris
  Tél : 01 47 70 22 62
  www.ifat.net

- Institut français de l'Ennéagramme
  66, avenue des Champs Elysées – 75008 Paris
  Tél : 01 44 35 71 72
  www.enneagramme.com

- Institut ressources PNL
  54 Grand Chemin – 1380 Lasne
  Belgique
  Tél : 32 2 633 37 82
  www.ressources.be

Les cursus universitaires

- Diplôme d'université
  « Formation au Coaching »
  Centre de formation permanente
  Université Panthéon-Assas Paris II
  116-122, rue de Vaugirard – 75006 Paris
  Tél : 01 53 63 86 26

- Diplôme international de « consulting » et de coaching pour le changement
  (HEC/Insead)
  HEC Executive Development Center
  78351 Jouy en Josas Cedex – France
  Tél : 01 39 67 70 19
  www.hec.fr

Clubs et associations

- Bureau français de ICF (International Coaching Federation)
  4, villa Jacquemont – 75017 Paris
  Tél : 06 70 20 38 30

- Société française de coaching
  Siège social : 10 rue de Presbourg – 75116 Paris
  Tél : 01 44 17 18 42
  www.sfcoach.org

- Société romande de coaching
  Case Postale 130
  1000 Lausanne 6
  Fax : 021 617 34 13

- Syntec Conseil en évolution professionnelle
  Siège social : 3, rue Léon Bonnat – 75016 Paris
  Tél : 01 44 30 49 20
  www.syntec.evolution-professionnelle.com

Sources d'information

- Le Portail professionnel du coaching
  www.mediat-coaching.com

- Revue Management & Conjoncture Sociale
  Numéro spécial « 8èmes rencontres du coaching, EM Lyon »
  Été 2002 – n° 615 – Tiré à part

- Entreprise et Personnel
  Étude « Le coaching, une ressource humaine ? »
  Juin 2000 – Gilles Alexandre

- Universitaet St Gallen (Suisse)
  Sonderausgabe der Management Information (I-VW)
  « Coaching, beiträge zur methode and praxis »
  2000 – Dr Roberto Buner et Katalyn Hankovszky

- Consulting Today
  « Coaching 2000 Special Issue »
  www.consultingtoday.com

Index

www.ingramcontent.com/pod-product-compliance
Lightning Source LLC
Chambersburg PA
CBHW082138210326
41599CB00031B/6029